辛亥 1911
皇城根下的风暴
［京畿辛亥革命史略］

王　培　刘延兵　著

XINHAI REVOLUTION

- 北京市北京学基地　资助项目 -

北京日报报业集团
同心出版社

图书在版编目（CIP）数据

辛亥1911：皇城根下的风暴：京畿辛亥革命史略 / 王培，刘延兵著. —北京：同心出版社，2011.10

ISBN 978 – 7 – 5477 – 0280 – 2

Ⅰ.①辛… Ⅱ.①王…②刘… Ⅲ.①辛亥革命 – 史料 – 河北省 Ⅳ.①K257.06

中国版本图书馆 CIP 数据核字（2011）第 204566 号

辛亥1911：皇城根下的风暴——京畿辛亥革命史略

出版发行：	同心出版社
地　　址：	北京市东城区东单三条 8 – 16 号　东方广场东配楼四层
邮　　编：	100005
电　　话：	发行部：（010）65255876
	总编室：（010）65252135 – 8015
网　　址：	www.bjd.com.cn/txcbs/
印　　刷：	北京昌联印刷有限公司
经　　销：	各地新华书店
版　　次：	2011 年 10 月第 1 版
	2011 年 10 月第 1 次印刷
开　　本：	787 毫米 × 1092 毫米　1/16
印　　张：	18
字　　数：	240 千字
定　　价：	38.00 元

同心版图书，版权所有，侵权必究，未经许可，不得转载

引 言

从 1840 年第一次中英鸦片战争至 1900 年八国联军镇压义和团运动的侵华战争，衰落的中国惨遭资本－帝国主义列强的欺凌，国破山河碎，逐步从一个古老的封建国家沦为半殖民地半封建国家。

尤其是腐败的清朝政府，为了维持苟延残喘的统治，不惜与侵华列强勾结，大肆出卖民族权益，使亿万民众陷于日益深重的苦难之中。

面对内忧外患，中国人民发扬光荣传统，奋起抗争，举行了一系列反帝反封建的英勇斗争。19 世纪末资产阶级改良派发动的变法运动以失败告终，以孙中山为代表的资产阶级革命派开始担负起领导民众，拯救中华民族的历史重任。

20 世纪中国第一个伟大事件就是辛亥革命的爆发，它推翻了满清王朝 268 年的统治，结束了两千多年的封建君主专制制度，仿照近代西方民主政体，建立了具有资产阶级共和国政权形式的中华民国，为中国近代历史的发展创立了丰功伟绩。

辛亥革命是一个重要的历史时期，大约分为酝酿、爆发、延续等三个阶段。

酝酿阶段：从 1901 年 9 月签订《辛丑条约》至 1911 年武昌起义爆发前；爆发阶段：从 1911 年 10 月武昌起义爆发至 1912 年 1 月南京中华民国临时政府的成立；延续阶段：从 1912 年 2 月孙中山辞去临时大总统职务至 1913 年 3 月宋教仁被刺案件的发生。

在辛亥革命汹涌澎湃的历史潮流中，京畿地区的救国革命斗争是一波壮丽、惊险、悲怆的浪涛。京畿，特指国都及其附近地方。京畿辛亥革命史略，则是简要记述 1900 年至 1913 年，发生在北京及其周边的直隶（河北）地区有关辛亥革命的重大事件。

此间，这个地区的革命斗争，始终建立在各界民众持久的反帝反封建的爱国民主运动基础上，斗争锋芒直接撼动清廷统治的中枢北京，有力地策应了南方革命政权的巩固和革命军的北伐。孙中山让权于袁世凯之后，京畿地区依然是巩固和建设民主共和制度，捍卫辛亥革命成果的重要阵地，在这里民主进步与专制独裁两大势力之间，继续进行了一系列尖锐复杂的生死较量。

辛亥革命虽以挫败而告终，但京畿地区革命斗争的伟大功绩永载史册，无数英勇牺牲的革命先烈为世代铭记。京畿地区辛亥革命的精神将永远激励后人奋进，努力实现中华民族的伟大复兴。

上篇：风起云涌

| 第一章　劫后京津 ································ 3 |
| 一、血雨腥风 ································ 3 |
| 二、灾难深重 ································ 6 |
| 第二章　各界民众自发的反帝爱国运动 ·············· 12 |
| 一、京师大学堂的"拒俄"怒涛 ···················· 12 |
| 二、各界民众"抵制美货"的狂潮 ·················· 19 |
| 第三章　革命党人的反清斗争 ······················ 24 |
| 一、"中央革命"方略 ···························· 24 |
| 二、创立革命团体 ······························ 34 |
| 三、办报唤醒民众 ······························ 43 |
| 四、敌巢潜伏密战 ······························ 48 |

五、渗透北方新军 …………………………………… 52
　　六、无畏刺杀敌酋 …………………………………… 59

中篇：风雷激荡

第四章　武昌起义震撼京畿 …………………………… 81
　　一、武昌起义告捷 …………………………………… 81
　　二、京师动荡不安 …………………………………… 82
第五章　新建革命组织 ………………………………… 86
　　一、天津"共和会" ………………………………… 86
　　二、同盟会京津保分会 ……………………………… 90
　　三、北方革命协会 …………………………………… 91
第六章　新军第二十镇的"兵谏" …………………… 97
　　一、永平秋操与密谋兵谏 …………………………… 97
　　二、发动兵谏与截留军火 …………………………… 101
　　三、吴禄贞遇难与张绍曾离职 ……………………… 106
第七章　京城起义与直隶张家口、任丘、雄县起义
　　……………………………………………………… 115
　　一、京城起义 ………………………………………… 115
　　二、直隶张家口、任丘、雄县起义 ………………… 118
第八章　滦州起义 ……………………………………… 122
　　一、筹划起义 ………………………………………… 122
　　二、创立中华民国北方军政府 ……………………… 132
　　三、雷庄殊死血战 …………………………………… 137
第九章　通州起义 ……………………………………… 145
　　一、策反毅军 ………………………………………… 145
　　二、惨遭镇压 ………………………………………… 151

第十章　暗杀团狙击袁世凯与彭家
　　　　珍刺杀良弼 ················ 155
　　一、狙击总理大臣袁世凯 ·········· 155
　　二、刺杀宗社党首领良弼 ·········· 160
第十一章　天津起义 ················ 169
　　一、王熙普英勇就义 ·············· 169
　　二、刺杀天津镇总兵张怀芝 ········ 171
　　三、天津起义 ···················· 174

下篇：风云变幻

第十二章　民国初创的京畿局势 ······ 185
　　一、南京临时政府的成立与京津的及时报道 ····· 185
　　二、袁世凯扩张权势，清帝被迫退位 ···· 188
　　三、革命团体的解散 ·············· 195
　　四、各界纪念辛亥革命，欢庆共和政体 ······ 198
第十三章　建都之争 ················ 205
　　一、孙中山力促袁世凯赴南京就职 ···· 205
　　二、北京"兵变" ·················· 209
　　三、定都北京 ···················· 220
第十四章　孙中山、黄兴北上京城 ···· 226
　　一、应邀北上，从容应对袁氏 ······ 226
　　二、胸怀坦荡，阐明建国主张 ······ 235
　　三、不辞劳苦，关注民生建设 ······ 239
第十五章　国民党的组建及其议会斗争 ······· 246
　　一、宋教仁赴京入阁与辞职 ········ 246
　　二、同盟会改组为国民党 ·········· 249
　　三、国民党的议会政治活动 ········ 259

尾声　宋教仁之死与"二次革命" ………… 263

附录一　京畿辛亥革命大事记 ………… 266
附录二　京畿地区示意图 ………… 273
主要参考资料目录 ………… 274
后记 ………… 280

上篇 风起云涌

第一章
劫后京津

一、血雨腥风

世纪之交的1900年,京畿地区的义和团反帝爱国运动遭到侵华八国联军的残酷镇压,这场政治风暴撼动中国,震惊世界。

1900年4月,源于山东和直隶地区,以农民为主体,高举反洋教旗帜的义和团运动,挺进北京,声势日益壮大,一度控制京城局势。

6月中旬,北京义和团民众向枪杀团民的外国军队开战,围攻西什库教堂,并击毙开枪挑衅的德国公使克林德。18日,天津义和团攻打侵占老龙头火车站的俄军,毙伤敌五百名之多。20日,北京义和团和清军进攻东交民巷使馆区。21日,清政府颁布"向各国宣战谕旨"。

义和团战士

义和团抗击侵占天津火车站的俄军

与此同时,英、美、德、法、俄、日、意、奥八国组建联军,纷纷从天津大沽口登陆,加紧侵华行动。

八国联军在天津登陆

7月14日,八国联军攻陷天津,他们在城内进行了疯狂的屠杀和洗劫,纵火焚烧房屋,无恶不作。

8月4日,八国联军18000余人从天津向北京进发,沿途屡遭义和团和清军的殊死抵抗,八国联军损失惨重,终于14日攻入北京。15日凌晨,慈禧太后挟光绪皇帝及少数王公大臣化装出京,仓皇西逃。

被八国联军炸毁的天津街道

八国联军进占北京皇城

占领北京后,八国联军大肆烧杀抢掠,暴行累累。他们将义和团设过坛的房屋全部烧毁,抓到的军人一律处死。他们围攻庄亲王府时烧死的团众就达1700多人。侵略军公开准许部队从8月16日至18日抢劫三天,实际一直持续到撤离北京。此间,日军从户部抢走库存银300万两,法国主教樊国梁从户部尚书立山家里抢走价值100万两银子的财物,英美侵略军还把抢来的物品登记造册,在使馆当众拍卖。皇宫和颐和园里,凡是可以搬动的珍宝,均被抢劫一空。大量珍藏的历史文物也在劫难逃,翰林院所藏著名的《永乐大典》被洗劫殆尽,其他被毁的经史子集等珍本图书共46000余册。

劫后京城的断壁残垣

被八国联军炸毁的北京朝阳门

二、灾难深重

1901年9月7日，清政府被迫与英、美、俄、德、日、法、奥、意、西、荷、比共11个国家，在北京签订了丧权辱国的《辛丑条约》，列强借此加深了对中国的奴役。至9月17日，各国军队陆续撤出北京。随后，慈禧太后和光绪皇帝及文武百官也于1902年1月7日从陕西西安府返归北京。

清政府与列强签订《辛丑条约》

此时，作为半殖民地半封建国家的政治中心，经历了八国联军野蛮蹂躏的京畿地区，已深深地陷入暗无天日、凄凉悲惨的苦难之中。

（一）列强成为太上皇，紧扼京城的咽喉

早在八国联军占领北京期间，列强议定派"国际卫兵"看守皇城，外城由各国分段接管，如前门外大街以东划归英国，大街以西由美国负责；崇文门以东为法国的地盘等。俄、英、日、美、法等5国还联合组建"北京管理委员会"，维持在京的殖民统治秩序。

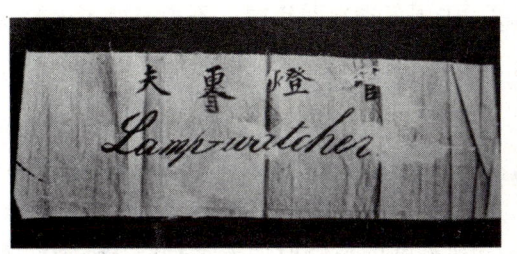 

八国联军侵占北京后,印发给管灯更夫的臂章和巡警的证件

依据《辛丑条约》第七款,列强可以在北京设立"使馆区"。该区位于东交民巷一带,东至崇文门大街偏西,西至棋盘街石栏以东,北至皇城外墙以南,南至崇文门至正阳门一线的城墙。"各使馆境界,以为专与住用之处,并独由使馆管理,中国民人,概不准在界内居住"。使馆区内允许各国驻扎军队,"自行防守"。于是,列强纷纷滥施工程,蓄意扩建使馆,修筑界墙、兵营和碉堡。东交民巷使馆区成为北京城里的"国中之国",是列强侵华的大本营,极大地便利了列强对中国的压迫。

东交民巷使馆区

依据《辛丑条约》第八、九款,清政府"将大沽炮台及有碍京师至海通道之各炮台,一律削平"。从北京到山海关铁路的12个战略要点,包括黄村、廊坊、杨村、天津、军粮城、塘沽、芦台、唐山、滦州、昌黎、秦皇岛、山海关等,准许各国派兵驻守。由此,北京东部门户洞开,列强军队占据进出北京的交通线,可以随时出兵掌控清政府的统治中枢。

依据《辛丑条约》第五款,中国各省在两年内,不得进口军火及制造军火的器料。列强还有权"将二年之限续展",以此限制中国军事力量的发展。①

(二)满清政府奴颜婢膝,沦为"洋人的朝廷"

八国联军攻进北京之后,苟延残喘的清政府便完全拜倒在列强的脚下。列强提出《议和大纲》时,未受到列强惩处的慈禧太后竟然感激涕零地对列强献媚称:"今兹议约不侵我主权,不割我土地,念列邦之见谅,疾愚暴之无知,事后追思,惭愤交集",进而向洋主子表示愿"量中华之物力,结与国之欢心"。②

返京后,慈禧太后在中南海接见外国使节及其夫人,向他们表现出"极大的敬意",对庚子年间的"鲁莽"举动表示了"极其悔恨之意"。

从1901年初起,清政府先后发布一系列上谕,压制民众的反帝斗争,为洋主子效力。

严厉惩办在义和团运动中与列强作对的官吏。按照列强提出的"祸首"名单,判处庄亲王载勋自尽;刚毅为斩立决,因病故免议;毓贤正法;英年、赵舒翘定斩监候,令自尽;启秀、徐承煜正法;徐桐、李秉衡均定为斩监候,因自尽身故,革职,撤销恤典;董福祥革职降调。

慈禧太后

向列强谢罪。指派户部侍郎那桐为专使赴日本,代表大清皇帝和大清国向日本皇帝表示"惋惜之意"。指派醇亲王载沣为头等专使大臣赴德,代表大清皇帝和大清国向德皇表示"惋惜之意"。1903年1月18日,在所谓克林德"遇害处所"的东单路口,建成一座汉白玉的四柱三间七楼蓝色琉璃瓦顶的石坊,名曰"铭志之碑"。

---

① 褚德新、梁德主编:《中外约章汇要1689—1949》,黑龙江人民出版社1991年版,第337-347页。

② 国家档案局明清档案馆:《义和团档案史料》,下册,中华书局1959年版,第945-946页。

"克林德碑"牌坊

严厉惩治发生反帝事件的各城镇。凡在义和团运动中"滋事"的地方,均停止文武考试各五年。

设立外务部。将1861年成立的总理各国事务衙门,"按照诸国酌定","改为外务部,班列在六部之前"。经列强认可,选派一向媚外的庆亲王奕劻担任总理外务部事务大臣。外务部下设和会、考工、榷算、庶务四司,实行"首以邦交为重,一切讲信修睦"的方针。

严禁反帝斗争。"以永禁或设或入与诸国仇敌之会,违者皆斩。""以各省督抚、文武大吏暨有司各官,于所属境内,均有保平安之责,如复滋伤害诸国人民之事,或再有违约之行,必须立时弹压惩办,否则该管之员,即行革职,永不叙用。"

(三) 强化京城治安,维持专制统治的社会秩序

清朝定都北京后,始终高度重视京畿地区的治安状况,不断加强守备力量。

1898年戊戌政变后,清政府派荣禄节制北洋各军,将京畿驻军改编为武卫军。1901年11月,袁世凯继李鸿章署直隶总督兼北洋大臣,立即在直隶编练"北洋常备军",至1905年练成"北洋陆军"六镇,总兵力达7万人,占全国总兵力的50%以上,成为镇守京畿地区最重要的军事力量。

清末武卫军

1900年前，京师内城治安由步军统领衙门中的九门提督负责，外城由五城御史负责，城郊由步军统领的巡捕五营负责。1902年3月，经胡燏棻奏准，在京师"创立巡工局，以期整顿地面"。1904年2月，管理巡工局事务外务部尚书那桐，以"京师重地，巡查弹压，均关紧要"为由，奏准新练巡捕队，"专任弹压保护之责"。1905年8月，清廷发布上谕："巡警为方今要政，内城现办工巡局尚有条理，亟应实力推行"。责令裁撤五城御史，并将五城练勇改为巡捕。

鉴于出洋考察五大臣在正阳门东车站遇险，清廷于1905年10月诏令在京成立巡警部，"所有京城内外工巡事务，均归管理"。各省巡警也由该部"督饬办理"。① 选派徐世昌任巡警部尚书，内阁学士毓朗和直隶候补道赵秉钧分任左右侍郎。随后，在北京内外城分设内城巡警总厅和外城巡警总厅，下设10个分厅、46个分区，以及百余个派出所，形成完整的全城治安体系。

1908年，巡警部将各警察分支机构整合为5个分厅、23个分区。此后，内城的东、西分厅演变为东城区、西城区；外城的东、西分厅演变为崇文区、宣武区。这时期在京城配备的巡警和禁卫军达5000多人，首要任务是镇压革命党人和民众的反抗活动。

---

① 《清实录》，第五十九册。

清末菜市口刑场

然而，正如孙中山所说：

>……惟庚子失败（1900年10月的惠州起义）之后，则鲜闻一般人之恶声相加，而有识之士，且多为吾人扼腕叹息，恨其事之不成矣。前后相较，差若天渊。吾人睹此情形，心中快慰，不可言状，知人之迷梦已有渐醒之兆。加以八国联军之破北京，清后、帝出走，议和之赔款九万万两而后，则清廷之威信已扫地无余，而人民之生计从此日蹙。国势危急，岌岌不可终日，有志之士，多起救国之思，而革命风潮自此萌芽矣。①

面对清政府的专制统治，京畿地区的广大民众和革命党人不畏强暴，始终站在救亡图存斗争的第一线，英勇地开展一系列反帝反封建的斗争，促进了全国革命形势的发展，为辛亥革命的爆发奠定了基础。

---

① 孙中山《建国方略——建国方略之一：心理建设（孙文学说）》，第八章，载《孙中山选集》，上卷，人民出版社1956年版，第174—175页。

第二章
各界民众自发的反帝爱国运动

一、京师大学堂的"拒俄"怒涛

第一次鸦片战争后,沙皇俄国加紧对中国的武装侵略,强占我国黑龙江流域的庙街和库页岛等地。1856年英法发动侵华的第二次鸦片战争,沙俄趁火打劫,迫使清政府签订《瑷珲条约》和《北京条约》,战后又签订《勘分西北界约记》(1864年10月)和《改订伊犁条约》(1881年2月),侵占我国东北、西北边疆领土达150多万平方公里。

盘踞在中国东北境内的沙俄军队

1900年八国联军出兵镇压义和团运动时,沙俄尼古拉二世亲任总司令,调动17万军队,分六路进占我国东北三省,妄图实现"夺取满洲"的宏大计划。当时的沙俄报刊甚至把中国东北称为沙俄的"新领地",叫嚣把新的领地称为"黄俄罗斯"是适合时宜的。

1900年10月，俄军侵占盛京（沈阳）皇宫

沙俄的侵略行径，遭到中国东北民众的殊死抵抗和列强内部争斗的严重压力，迫使沙俄表示将从东北三省撤军。1902年4月，中俄签订《交收东三省条约》，其中规定：限六个月，撤退盛京省西南段至辽河所驻俄国各官军，并将各铁路交还中国；再六个月，撤退盛京其余各段之官军暨吉林省内官军；再六个月，撤退其余之黑龙江省所驻俄国各官军。①

其实，沙俄根本不想撤军。沙俄政府于1902年11月9日召开特别会议，确认"满洲将来必须并入俄国，或完全从属俄国"。在1903年2月7日召开的特别会议上，进一步确定："可以把撤军拖延到中国答应对于俄国在满洲的权利和安全给予确实保证的时候。"因此，直到1903年春，沙俄不但没有按照条约规定分三步撤军，反而不断增强兵力。4月18日，沙俄突然向清政府提出7项新的附加要求，企图排挤日、英、美在东北三省的势力，使之变为沙俄独占的殖民地。

贪婪的沙俄如此丧心病狂地掠夺中国领土，立刻激起中国民众的无比愤慨和强烈抗议，一场轰轰烈烈的拒俄运动席卷全国。

1903年4月27日，上海各界一千多人在张园召开"拒俄大会"，与

---

① 《中外约章汇要1689—1949》，第356页。

会者包括全国十八个省籍人士,大家同仇敌忾,声讨沙俄的侵略罪行,并致电清政府外务部呈请拒签俄约。电文称:"闻俄人立约数款,迫我签允;此约如允,内失主权,外召大衅,我全国人民万难承认。"同时,大会还致电各国外务部,表明:俄人强敝国立满洲退兵新约数款,逼我签允,现我国全国人民为之震怒。即使政府承允,我全国国民万不承认。4月29日,中国留日学生五百多人在东京举行拒俄集会,议定组建"拒俄义勇队",准备开赴前线,为收复失地而战。

此时,地处北京的京师大学堂也燃起拒俄的猛烈火焰,广大师生积极投身于反帝爱国斗争中。

京师大学堂创办于1898年8月,次年1月正式开学。1900年该校即被八国联军严重毁坏,停办两年。1902年12月,京师大学堂经整修后重新开学。先设预科,分政、艺二门;设速成科,分仕学、师范两馆;将同文馆归并大学堂为翻译科。大学堂学生源自进士举人出身的七品以上京官和各省中学堂毕业后选送的学生。他们大多数年纪轻,思想活跃,接受了一些新文化新思想,满怀爱国热情,心系民族危亡。

京师大学堂校牌

1903年4月30日,京师大学堂仕学馆、师范馆学生"因东三省事,商之副总教习,上堂会议,当蒙副总教习允准,即鸣钟上堂",召开声讨沙俄侵华暴行大会。参加大会的师生有二百多人。

会上,助教范静生首先登台演讲,他慷慨陈词,揭露沙俄妄图通过7项无理要求吞并东北的险恶阴谋,赢得阵阵掌声。他还提到本校一个叫岩谷的日籍法律教习竟然说:"中国存亡在此一举,如果中国学生尚置之度外,简直具属亡国性质,我不屑教,当即回国矣!"这时,会场内一片沸腾。演说者"痛哭流涕",台下师生"齐声应许,震撼天地"。随后,学生们争先恐后地上台发言,"依次演说者达数十人"。

位于地安门内景山东马神庙的京师大学堂旧址

大家"思筹力争善策,拟办四事":一、各省在京官绅告电该省督抚电奏力争;二、全班学生电致各省督抚,请各督抚电奏力争;三、全班学生电致各省学堂,由各省学堂禀请该省督抚电奏力争;四、大学堂全班学生上禀管学代奏力争。①

学生集会时,两学馆"各教习、各职事员均在座",他们不时地点头叹息,声援学生的爱国义举。两馆学生中,唯有河南进士、仕学馆学生靳志一人"独不到堂会议",躲在宿舍"习演殿试策子,以便今年补行殿试",被众人指斥"至死不悟"。

京师大学堂校舍

---

① 《大公报》,1903年5月3日。

集会后，由直隶定县人、学生谷钟秀（1874—1949）拟定《京师大学堂师范、仕学两馆学生上书管学大臣请代奏拒俄书》，署名者有俞同奎、王德涵、谷钟秀等73人。

"拒俄书"揭露沙俄图谋亡我之狼子野心，指出：夫虎狼之俄，实行大彼得并吞世界之遗策。其外交手段，"率以甘言重币饵于先，恫喝虚声慑于后，阴贼险狠，以灭人之国。"其对华交涉，"无一事不予我以难堪，无一时不置我于死地。强据我东三省，虽迫于各国共同之和约，而至今延不交还；近且迫我以恭赠主权之七约。"中国面临"大祸即在眉睫，存亡之机即决于此"的危难关头。

谷钟秀

"拒俄书"主张中国"联英、日以拒俄"，"战事之结果，虽至微利益，亦必得收回东三省之主权，保二十年之和平"。文中还列举非洲德兰斯瓦尔（位于南非）抗英和亚洲菲律宾抗美的事迹，赞扬其"皆以蕞尔无援，与地球最富强之大国血战，至二三年之久而不屈"的英勇精神，呼吁我国岂能向沙俄屈服，"犹畏怯寒栗而不若脱兰斯瓦尔、斐利宾耶"。

"拒俄书"最后坦荡表白："然国家之设学也，专以养成忠君爱国之思想为目的，今当危急存亡之秋，间不容发，譬如一家火起，父兄长老皆焦思疲力以求一熄，而少而壮者乃袖手旁观，而以为不与己事，岂尚复有人心也耶！此学生等所以欲言而不得，不言而不能，言之而不免有越职之嫌，不言而坐视瓜分之惨而不忍也。"①

在《京师大学堂师范馆全班学生请政务处代奏书》中，指明清政府官员实行联俄政策的严重失误，认为："生等窃惟我国之误，未有甚于联俄者也。十数年以来，枢府诸臣以联俄为惟一不二之宗旨，一误再误，遂至酿成今日之巨祸"。"此而不图所以拒绝之策，使各国效而尤之，持利益均沾之说，将二万余里之地，四百余兆之民，任彼白种人分

---

① 《大公报》，1903年5月7日。

割烹宰，其谓之何？""代奏书"恳请："伏乞皇太后、皇上上断自圣心，中察枢臣、疆臣之言，下采全国之舆论，莫不以力抵俄约为然者，非生等数人之臆见也。""代奏书"还断言："盖力拒俄约，以保全大局，一面乘时展布新政，以图自强，数年之后，国势必有可观。"①

京师大学堂学生还发出"公致鄂垣各学堂书"，向湖北学生界通报京师大学堂"拒俄"集会情况，倡议学生们"发大志愿，结大团体，为四万万人请命"。这封信于5月14日寄到湖北学生手中，引起强烈反响。

湖北高等学堂学生上书湖广总督，称：京师大学堂师生之言"可三思也"，要求清政府"将俄人背约之罪，布告万国，兴师抵拒"。湖北学生还把京师大学堂学生的来信转寄各省，登载于报刊，推动了各地拒俄的爱国运动。如在安徽爱国会的拒俄大会上，就有人宣读湖北学生转寄来的京师大学堂学生的信件，"言之沉痛"，全场群情激奋。发言者建议立即给京师大学堂学生回信，号召爱国学生"共结大团体，与各省通气相联络，以御外侮，以保主权"。

另有京师大学堂八旗生员"公上外务部王大臣书"，署名有续彪、敦本等8人。文称："生等世受国恩，日思图报，目击危局，愤不欲生。"告诫政府"内奸宜防"，警惕那些"不幸为敌所用，或上书以蔽圣聪，或倡议以惑民志，甘为外人之奴隶，害尽天下之苍生"的内奸；"民情宜顺"，海内士民，义争俄约，"此真我中国之幸福，外人所畏也。"顺应民情"即可引此为竞争之券，竭力磋磨，事未有不成者"。"民为邦本，苟我国民联结团体，何畏彼俄？何畏彼日？何畏彼英、美？"②

京师大学堂师生"鸣钟上堂"，集会"拒俄"，上书请愿的爱国行动令校方惊恐不安，急忙采取措施加紧管制。

4月30日当晚，副总教习张鹤龄"忽牌示严禁，以为此事非学生分内之事"。学生们看到后，愤怒地将告示扯去。第三天，校方又挂出牌示威胁：扯碎弃置者是"狂妄举动，殊属不守学律，应由班长、斋长查

---

①② 《大公报》，1903年5月11日、12日、13日。

京师大学堂部分师生

明,呈管学大臣核办"。随后,校方以"未将撕去牌示之学生举出治罪"为由,将仕学、师范两馆斋、班长各记过一次。月考出榜,"所有递禀管学大臣阻止俄约之各学生及各斋、班长均减去二十分计算,因未将撕牌示之学生交总教送究故也。"

清政府极为担心学堂学生与反清革命活动相联系。京师大学堂管学大臣张百熙向慈禧太后报告,大学堂学生"近来人心浮动,好为空论",甚至"恶习所染","妄腾异说"。慈禧太后下令密察和严防学生与革命党人联络。当她得知各地学堂中出现革命宣传活动时,恶狠狠地说:"似此猖狂悖谬,形同叛逆,实为风俗人心之害",要求各省督抚"务必将此等败类,严密查拿,随时惩办"。①

张之洞奉上谕商办京师大学堂事宜,他在京"遍视学堂",亲自到大学堂的仕学讲堂,警示"学生有学生之界限,学堂以外之事不可以做"。

大学堂学生的"拒俄"斗争,得到国内革命党人的重视和赞扬。青年民主革命家邹容(1885—1905)高度评价京师大学堂等校学生的爱国行动,是"政府之顽固也,而学生不顾;疆吏之婪毒也,而学生不婪

---

① 转引自王晓秋:《一九〇三年京师大学堂学生的拒俄运动》,载《北京大学学报》[哲社],1979年,第3期,第87、88页。

毒；列强之欲瓜分也，而学生不欲瓜分"，邹容号召组织革命团体，成立"中国学生同盟会"。①

上海的《苏报》作为革命党人在国内的重要舆论阵地，发表了题为《祝北京大学堂学生》的文章，指出："以如此黑暗之地，如此奴隶之民，而发出此种光线，真世界莫大奇事。吾安得不以热血欢迎之。"该文鼓励学生们："那拉氏不足畏，满洲人不足畏，政府不足畏。莫被政府威吓而敛其动，毋惜诸君之自由血而失全国人之希望。"②

邹容

京师大学堂学生的"拒俄"斗争不仅据理力争，而且付诸实际行动。1904年，师范馆学生丁开嶂召集同学朱锡麟、张榕等人奔赴东北，投笔从戎，开展抗俄武装斗争。丁开嶂成立"抗俄铁血会"，与东三省和直隶等地区的"绿林领袖"联络，率众数万人。朱锡麟组建的"东亚义勇队"和张榕发起建立的"关东保卫军"，也是打击沙俄侵略者的重要武装力量。③

二、各界民众"抵制美货"的狂潮

1905年，全国各地爆发大规模的"抵制美货"的反帝爱国运动，京津地区民众依然是冲锋陷阵的生力军。

19世纪中叶，美国开发西部地区，缺乏大量劳动力，便采取各种手段，从中国诱骗几十万人到美国做工。1868年美国与清政府签约规定："大清国与大美国切念民人前往各国，或愿常住入籍，或随时来往，总听其便，不得禁阻。"④ 赴美华工为美国西部的发展和繁荣做出了重大贡献。

---

①② 《苏报》，1903年5月30日、6月6日。
③ 萧超然：《北京大学校史》，上海教育出版社1981年版，第22－23页。
④ 王铁崖：《中外旧约章汇编》，第一册，三联书店1957年版，第262页。

华工在美国

然而，19世纪70年代以后，美国接连发生周期性经济危机，一些资产阶级政客为转移国内阶级斗争视线，污蔑华工，掀起一股仇华排华浪潮。他们煽动不明真相的群众抢劫华人钱财，烧毁华人住房，甚至野蛮殴打和屠杀华侨。1894年12月，美国与清政府签订《限禁来美华工保护寓美华人条约》，打着保护华人的幌子，使排华合法化并进一步升级。1900年檀香山的唐人街被烧毁，造成华侨财产损失260余万元。①美国政府还加紧对入境华人进行迫害，百般刁难，连清政府的外交官也不放过。

从1904年夏季起，海外华侨和国内报刊不断发出废除"排华"条约的呼声。12月，中美《限禁来美华工保护寓美华人条约》期满，旅美华侨十余万人联名致电清政府，揭露美国排华暴行，强烈要求废除该约。1905年春，美国政府蛮横地拒绝了清政府有关修改条约的建议，逼清政府续订该条约。

1905年5月10日，上海商务总会召开工商界大会，议决"以两月为期，如美国不允将苛例删改而强我续约，则我华人当合全国誓不运销美货以为抵制"。全国各地工商学等各界民众积极响应，并于7月28日正式开始抵制美货，掀起反美爱国运动高潮。

---

① 转引自《近代史资料》，科学出版社1956年版，第1期，第11页。

北京的新闻界密切关注这次反美斗争的动向，几乎所有报刊都及时、详细地报道了斗争进展的消息。《中华报》先后发表"美国华工禁约记"、"游美受虐日记"等十数篇有关专题文章。有报刊还登出醒目的广告，称："抵制美约，国民特色。各国公论，彼曲我直。存亡之机，在此一决。"

社址位于前门外五道庙（今五道街）的《京话日报》在运动中表现得极为突出，该报由彭翼仲于1904年8月创办，采用白话文体，每日一小张。该报在6月转载了"北京学生奉劝市民莫买美货"的倡议书。文称："我们中国人，到美国去的，受他们样样的虐待……他们美国的人，却能到中国来，随随便便。世界上有这宗道理吗？"由于该报及时报道和评论抵制美货运动动态，深受民众欢迎，发行量由5000余份迅速增至10万份。

此外，设在京城内的各个讲报处也以多种通俗的方式，向市民广泛宣传抵制美货的道理，连小孩子看了沿街张贴的漫画都喊着要抵制美货。

北京知识青年是京城"抵制美货"运动的先锋。京师各学堂接到上海商会的通电后，"大动公愤"，所有学堂均议决"不用美货，以示抵制"。他们立即联络各省学堂，在北京创立抵制美货的"学生同盟会"，发布"学生同盟会公启"，严正声明：

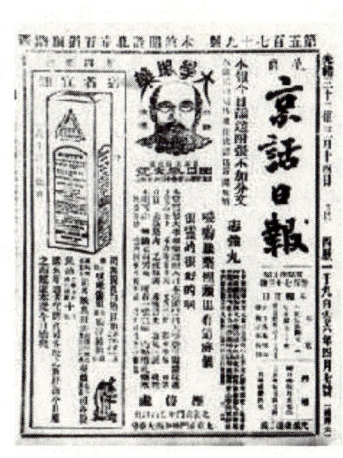

《京话日报》

美人禁我华工，绅商群谋抵制，以工易商，以人易物，佥议以不购美货为报复之计，理至当，情至平也。我辈学生力量虽薄，然义愤颇厚，既赞斯举，愿先实行。缘联合各学堂，请自今日始，凡自一书一籍一纸一墨以及校具杂物，需行购买洋货者，必先向店铺询明是否美物，苟其是也，虽贱勿贪，苟其否也，虽贵勿吝。若此始表我人心之固，而能寒妄进美货者之心。区区之力，未尝于中国无益也，且亦为未来主人翁所应尽之义务焉，各勿让！学生同盟会启。①

京师大学堂的学生还专门组织人力与教师们一起搜集各种报刊资料，共同编辑了一本《广劝抵制美约说》的小册子，运用具体生动的实例，揭露美国迫害华工的罪行，并开列几百种美国商品的牌号，呼吁全国人民共同抵制美货，不给美国企业和美国人做工。

此间，北京学界还举办多场演讲会，印发传单寄往各地。据记载，北京学生寄往华北、东北和华南各地的宣讲传单多达数十万份。

北京工商界也不甘落后。北京商会印发了1万多张抵制美货的传单，城内许多商店和铺户都主动在门面张贴"本店不售美国货"的告白。只有几家大商号仍旧不知廉耻地推销美货，被广大民众指斥为"奸商"，"商界之败类，社会之蟊贼"。

北京的抵制美货运动波澜壮阔，深入民心。《京话日报》报道：在安定门宽街举行了一次声讨美国苛待华工的演讲会，到会的人很多，听讲的人都非常气愤。

《广劝抵制美约说》封面

《中华报》登载了一位姓张的小贩严正拒绝贩卖美国纸烟的消息。当时的著名艺人郭宝臣源于义愤，捐款12元大洋给京话日报馆，支持他们的宣传活动。②

在天津，《大公报》于5月23日率先刊登《上海筹拒美国华工禁约公启》全文，增辟"抵制美约要闻"专栏，带动各界抵制美货运动不断高涨。

6月18日下午，天津大学堂、高等工业学堂、官立中学堂等26所

---

① 上海《时报》，1905年6月11日。
② 赤峰：《1905年北京的反美斗争》，载《北京晚报》，1960年6月29日。

学校的代表和外界参加者共六百余人,在东门外阊津会馆集会,先后演讲者17人,声讨美国虐待华工的罪行。

大会议决十条抵制美货的办法,包括:凡我同人自今日起,一律不购美货;凡我同人皆须勉励家庭亲友一律不购美货,并须晓以不购美货之宗旨;遇美人当如常礼之,不可与之为难,我同人皆须以此义晓谕学界以外之人;凡我同人皆有分任调查之责;宜征取已举行各处调查之成绩;未举行各处,谋所以倡导之;华产有足抵美货者,宜调查而振兴之;征四方杰作以助闻见;各学堂公举一二人择地演说,俾众周知不购美货;同人既知此义,即当力行,慎勿有始无终。①

天津的搬运工人、印刷工人、铁路工人等也积极参加抵制美货运动,南北洋铁路工人在公告中,号召"凡我铁路、电报及车务、工程人等",应尽"国民义务","务宜心心相应,协力抵制"。②

估衣街敦庆隆绸缎庄的经理、爱国商人宋则久(1867—1956),在运动中大力宣传倡导国货,发展民族工业,并在抵制美货热潮的推动下与人合资创办多家造胰、火柴、牙粉等企业。③

---

①② 《时报》,1905年6月25日、8月11日。
③ 参见来新夏主编:《天津近代史》,南开大学出版社1987年版,第214—216页。

第三章
革命党人的反清斗争

一、"中央革命"方略

19世纪末,面临日益深重的内忧外患,以孙中山为代表的资产阶级革命派担负起领导救国斗争的历史重任。

革命党人有关发动革命的方略,始终存在不同主张。第一种是在首都北京发动的"中央革命",第二种是在沿海、边疆地区发动的"边疆革命",第三种是在长江流域发动的"中部革命"。

最早约在1894年春夏之际,当孙中山筹划上书李鸿章时,就考虑到发动救国斗争的方略问题。据冯自由著《中国革命运动二十六年组织史》记述:

19世纪末的孙中山

癸巳年十二月,孙总理因广州东西药局营业失败,遂回翠亨乡与家人团聚十余日。始赴香港及晤陈少白,乃出其在乡所草上直隶李鸿章书稿,与少白斟酌字句。谓吾辈革命有二途径,一为中央革命,一为地方革命。如此项条陈得鸿章采纳,则借此进身,可以实行中央革命,较地方革命为事半功倍。少白亦以为然。

……时中日二国因朝鲜东学党乱事,交涉紧张,鸿章借辞军务匆忙,拒绝延见,仅由罗丰禄代领得农桑会出国筹款护照一纸。总理由是深知清廷腐败无可救药,且亦不能资以进行中央革命。遂决计乘中日交涉失败举国人心愤恨之机会,自赴美洲,向华侨募款回国实行起兵计划。①

1894年11月,孙中山在檀香山创立中国第一个资产阶级革命团体——兴中会。该组织的主要活动是在广东地区策动反清武装起义,但其领导的广州起义(1895年10月)和惠州起义(1900年10月)等均遭清廷残酷镇压,以失败告终。

檀香山华侨李昌的私宅——兴中会会员秘密宣誓的地点

日本是孙中山从事反清革命活动的重要基地,这里聚集着大量中国留学生和流亡者,其中留日学生数就从1899年的200人,激增至1903年的1000人。他们努力学习西方社会的思想和科学文化,许多人深受资产阶级民主革命思潮的影响和孙中山反清斗争精神的鼓舞,逐步走上武装推翻清政府的革命道路。这些热血青年,密切关注国内政局,积极探寻反清斗争方略。

1900年春夏之交,当义和团民众涌入北京的消息传到东京时,追随孙中山的官派皖籍留日学生程家柽便提出"起兵入京"的主张。

---

① 冯自由:《中国革命运动二十六年组织史》,载《民国丛书》,第二编,第76卷,上海书店1990年据商务印书馆1948年版影印出版,第13、14页。

1902年留日学生成立第一个具有革命倾向的团体——东京青年会

程家柽（1874—1914），字韵荪、下斋，安徽休宁人，1897年考入武昌两湖书院，1899年被选派赴日留学，入帝国大学农科学习。半年后，他在东京结识孙中山，积极投入反清革命活动。程倡议：学界起兵，以清君侧为名，先八国联军而入京，则复国犹反掌也。① 程的主张，将斗争锋芒直指清政府统治中心，以留日进步学生为骨干潜回国内，组建学生革命军，打着"清君侧"的旗号，抓住清政府统治暂时出现混乱的有利局面，借助义和团民众的声势，先于八国联军进入北京，一举推翻清王朝，恢复汉族人的统治。

程家柽的主张得到同学、兴中会成员吴禄贞、傅慈祥等人的赞同。不久，吴禄贞和傅慈祥遵照孙中山的指示秘密回国，加入唐才常在汉口组织的"自立军"，计划于8月9日起义，北上"勤王"。22日，唐才常被清政府杀害，程家柽的同学傅慈祥、黎科、郑葆丞同时遇难，吴禄贞逃往上海，返回日本。

1903年6月"拒俄"运动高潮期间，革命青年张继在《苏报》上发表《祝北京大学堂学生》一文，署名"自然生"，公开宣扬"中央革

---

① 宋教仁：《程家柽革命大事略》，载陈旭麓主编：《宋教仁集》，下册，中华书局1981年版，第435页。

命"的方略。

张继（1882—1947），字溥泉，直隶沧县人，出身地主家庭，16岁到保定莲池书院学习，1899年赴日留学，进入东京早稻田专门学校学习政治经济。1902年加入东京青年会，在横滨结识孙中山，转向革命。1903年因剪去留日学生监督姚文甫的发辫，被驱逐回国。在上海，他结交了章太炎、章士钊、邹容等人，并应聘担任《苏报》参议。

张继

张继在该文中旗帜鲜明地主张实行"中央革命"，目标直指北京，并寄希望于京都的青年学生：

> 由地理上言之，革命有两种：曰中央革命，曰地方革命。何谓中央革命？革命之洪水，以中央政府所在地为起点，而延及于地方者也。何为地方革命？革命之洪水，以地方为起点，而奔赴中央政府所在地者也。二者之收效同，然其成有难易。譬如走马，日暮下兰台，则其势顺，其步速，高屋建瓴，一奔千里，不可遏也；反是由平地而登高山，则觉其崎岖难行，足疲身乏，不免有迟迟之忧。以"走马下兰台"为中央革命之代表语，则"平地登高山"，可为地方革命之好名辞。由是言之，中央革命也恒易，而地方革命也殊难。不惟此也，观诸实际，欧洲之革命，由地方而起者，惟英伦三岛而已，全大陆诸国，则革命之主动力莫不在京城。悲夫悲夫！淹淹待死之中国，数年以来，革命之声日盛一日，孙文之党，唐、林诸烈士，屡兴革命军于南方，前仆后起，流血淋漓，非不伟也，非不壮也，然吾颇疑其举之近于地方革命。西人行之，尚有难色者，以程度低下之中国而遽为之，奚有不扞格也。吾望中央革命军之起，久矣！
>
> 昨闻北京大学堂学生结秘密社，与海内外志士联络，希图革命。那拉氏闻之，招满洲某亲王于颐和园，令其查办学生。数人被执，殊为慷慨，毫无卑屈之色。吾接此信，不觉顿足大呼曰：中央

革命将于是起乎！中国者，世界上之黑暗区也；北京者，黑暗区中之黑暗地狱也；北京政府，乃黑暗地狱中之尤黑暗者也；北京大学堂，为北京政府所建设，则其黑暗之程度更可知矣。举全国之汉人，皆为满洲游牧之奴隶，而直隶人尤为满洲游牧之直接奴隶；北京为满洲游牧之巢穴，则北京汉人之奴隶性，更可察矣。以如此黑暗之地，如此奴隶之民，而发出此种光线，真世界莫大奇事。吾安得不以热血欢迎之！

学生为革命之原动力，而京都之学生尤为中央革命之原动力，是世界所供认者也。巴黎之学生、维纳之学生、伯林之学生、圣彼得堡之学生，撞自由钟矣，树独立旗矣，杀皇帝矣，倒政府矣。世界革命之大风潮，该等学生之造出者也。十八、九两世纪之历史，该等学生之活剧台也。北京学生诸君，诸君将追其迹，而照耀于二十世纪之历史乎？将为先人雪耻，而壮大吾汉人之声色乎？吾歌之，吾诵之。吾全国之学生，将欢迎诸君矣。望诸君自重，诸君胆壮，那拉氏不足畏，满洲人不足畏，政府不足畏。莫被政府威吓而敛其动，莫惜诸君之自由血而失全国人之希望，则学生之全体幸甚，中国幸甚。燕市之月，易水之风，敢为诸君祝曰：中国万岁！中央革命万岁！！①

《苏报》

---

① 《苏报》，1903 年 6 月 6 日。转引自《辛亥革命前十年间时论选集》，第一卷，下册，三联书店 1960 年版，第 682－683 页。

1903年11月4日,黄兴召集章士钊、彭渊恂、刘揆一、宋教仁等革命志士20多人,在湖南长沙西区秘密集会,商定成立革命团体华兴会,并推举黄兴为会长。

1904年2月15日,华兴会在长沙召开正式成立大会,到会者百余人。大会讨论了发动革命的策略方针,黄兴在发言中指出:本会皆实行革命之同志,自当讨论发难之地点与方法以何为适宜?一种为倾覆北京首都,建瓴以临海内,有如法国大革命发难于巴黎,英国大革命发难于伦敦。然英、法为市民革命,而非国民革命。市民生殖于本市,身受专制痛苦,奋臂可以集事,故能扼其吭而拊其背。若吾辈革命,既不能借北京偷安无识之市民得以扑灭虏廷,又非可与异族之禁卫军同谋合作,则是吾人发难,只宜采取雄踞一省,与各省纷起之法。①

1905年华兴会部分领导人在日本留影:
前排左一黄兴、左三胡瑛、左四宋教仁、左五柳扬谷;
后排左一章士钊、左四刘揆一

1905年8月,中国第一个资产阶级革命政党——中国同盟会在日本东京召开正式成立大会,"总章"明确规定:"本会以驱除鞑虏,恢复中华,创立民国,平均地权为宗旨",孙中山当选为总理。

---

① 湖南省社会科学院编:《黄兴集》,中华书局1981年版,第1-2页。

辛亥 **1911**
——皇城根下的风暴
——京畿辛亥革命史略

不久,同盟会会员、湘籍留日学生程潜(1882—1968)到东京赤坂灵南坂日人金弥宅,向孙中山请示如何进行革命的问题。孙中山指出:要达到革命目的,必须做到三点:第一,打倒自己脑海中的敌人,抛弃富贵利禄的观念,树立爱国爱家爱人民的思想,服膺主义,不与敌人妥协;第二,革命军在占领地区,必须立即成立政府,以为号召,即使占领地区小之一州一县,亦应如此;第三,慎选革命基地,以发展革命力量。

程潜询问:中国如此广大,选择革命基地,究竟以何处为宜?孙中山回答:

驱除鞑虏 恢复中华
创立民国 平均地权
敬生同志 孙文

孙中山手书的同盟会纲领

革命必须依敌我形势的变化来决定,如形势于我有利,而于敌不利,则随处可以起义。至于选择革命基地,则北京、武汉、南京、广州四地,或为政治中心,或为经济中心,或为交通枢纽,各有特点,而皆为战略所必争。北京为中国首都,如能攻占,那么,登高一呼,万方响应,是为上策。武汉绾毂南北,控制长江上下游,如能攻占,也可据以号召全国,不难次第扫荡逆氛。南京虎踞东南,形势所在,但必须上下游同时起义,才有成功希望。至于广州,则远在岭外,僻处边徼,只因其地得风气之先,人心倾向革命,攻占较易;并且港澳密迩,于我更为有利。以上四处,各有千秋,只看哪里条件成熟,即可在哪里下手;不过从现时情况看来,仍以攻取广州,较易为力。①

同盟会成立后,仍有许多革命党人热衷于在首都北京发动"中央革命"。1906年留日学生创办的《汉帜》杂志就竭力鼓吹"中央革

---

① 程潜:《辛亥革命前后回忆片断》,载《辛亥革命回忆录》,第一集,文史资料出版社1961年版,第70—71页。

命"主张。其出版的第一期发表署名亚朔的《革命必在京城》一文，指出：

> 地方革命之难也，各国革命家乃求得一中央起事之方法。发难于根本首善之地，以扼政府之臂而扼其吭。于是，法国革命军必起于巴黎，英国革命军必起于伦敦，俄国革命军必起于木司寇。形势所趋，革命必在京城之说之所由来也。迩年中国革满酋之命者，皆争趋之于日本之东京。于是，东京遂以中国革命党渊薮闻，怪哉、怪哉。岂东京者我之京，革命者革别国之命耶。年来奴界之争名于北京者，皆改以东京为终南捷径，利禄场所之所转移也，革命场所乃亦为之转移耶。若终令我革命不在北京而在东京，则是英革命军不必起在伦敦而起在巴黎，俄革命军不必起在木司寇而起在伦敦，是亦谓之中央革命也。①

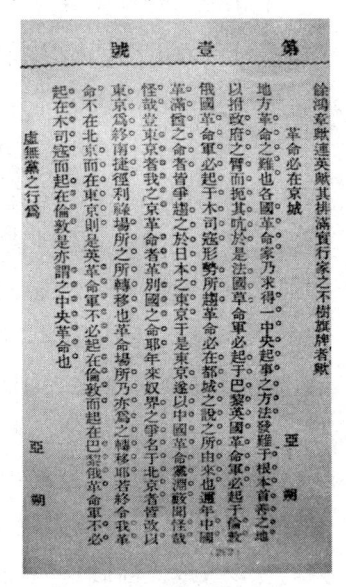

《汉帜》杂志刊登的《革命必在京城》一文

在同盟会内，程家柽曾为发动革命规划三策："其一以游说中央军队及大政治家，冀一举以推倒政府；其一遍植党人于各地，以期一地发难，首尾相顾；其一于边疆粤滇各地，时揭义旗，拴撼腹地之人心，令清廷有鞭长莫及之患。"② 随后，他动身离日归国，到京师大学堂执教，实施其"第一之政策"。

1907年3月，革命党人在香港创办的《中国日报》，发表评论文章《革命党拟据北京之风说》，详细论述在北京起事的优缺点，强调：革命

---

① 《汉帜》，第一期，第56页，转引自罗家伦主编：《贰拾世纪之支那：洞庭湖、汉帜》，台北：中国国民党中央委员会党史资料编纂委员会，1983年。
② 《宋教仁集》，下册，第438页。

必须在京城举事,若破首都,则传檄中原,直如反掌;即使不成,也足以稍杀满清专制的淫威,较之于举事外省,事败之后,即以云散烟消者,实更具效力。①

1907年4月,同盟会的机关报《民报》印发由章炳麟主持的临时增刊《天讨》号,其在文字部分中发表了署名"武灵"的《直隶宣告革命檄》一文,明确指出:"……近在肘腋,聚而歼旃,其势则易。非若他省革命,远有山河之阻。且林清一山东之亡命耳!犹能直入房廷,烧其宫阙。况以二千万众,一国共攻而围之,则中央革命之事,一举手投足而成尔。"②

1905年9月,浙江绍兴大通师范学堂创立,成为革命党人活动的重要据点。在该校成立前后,"素志中央革命"

《民报》临时增刊——《天讨》

的光复会主要领导人陶成章"见绍兴同志中颇多资本家,于是又偶议捐官习陆军,谋握军权,出清政府不意,行中央革命及袭取重镇二法,以为捣穴覆巢之计"。③

1908年9月14日,陶成章在《中兴日报》发表《再规平实》一文,指出:"学习陆军,因其明目张胆,可以招募死士;捐官者,因使官场不疑,召集死士。""为欲仿团体暗杀于京师,计一举而复满洲之巢穴也。"

1908年5月的云南河口起义失败后,同盟会重要骨干、号称水牛将军的田桐力主"中央革命",他认为:稽诸各国革命史,各国革命党无不向中央政府进攻,卒成大业,吾党历年均在海疆各省计划举事,实不

---

① 转引自林能士:《辛亥革命时期京畿地区的革命活动》,载《国立政治大学学报》,第38、39期,第176页。

② 中国史学会主编:《辛亥革命》第二册,上海人民出版社1957年版,第341页。

③ 《浙案纪略》,载汤志钧编:《陶成章集》,中华书局1986年版,第345页。

足以制房之死命,此后吾党分一部党员专在京畿一带从事活动,庶可收擒贼擒王之实效。①

1910年2月,倪映典率领广州新军数人发动起义,进攻广州,遭清军三路围攻而失败。事后,黄兴曾打算放弃广东,向北发展。他在致宫崎寅藏的信中说:"吾党之势力,已普及于全军队(如北京、南京皆是),此次不过解散一部分,而其主要仍在也。今后人心更加奋发,一得机会,即再举动,可望成功,弟拟于北京及南京两处图之,较之广东之偏于一隅,则更有进也。"②

1910年5月,经黄兴与赵声商议,向在檀香山的孙中山提出在国内发动起义的计划。黄兴在计划中指出:联络他省之军队及会党,此最宜注意者。今满洲之马杰及渤海之海贼,去岁萱野返日已带有二三人来,均有势力者。伊等只要求费用,即可活动。至少可集合三五千之众,扰乱满洲方面,趋近杀虎口、张家口一带(口外无兵,可随意越过),以惊撼北京,此则为出奇者也。势虽不成,牵制北清之兵有余。又北清之新军,同志在其间者亦不少。前岁西挪拉氏之变,伊等欲乘机运动,虽无大效力,然种子已播,兹更图之,亦不难也。

由于孙中山长期专注于策动两广南部边境地区起义,引起同盟会内部许多成员的不满,他们批评孙中山"只注意广东,对长江各省一点也不注重。华侨所捐的钱也只用到广东方面去,别处的活动一个钱也不肯给"。1910年6月,孙中山到东京与黄兴、赵声、宋教仁、谭人凤等密商整顿党务和革命方略问题,宋教仁、谭人凤与孙中山发生严重分歧。随后,孙中山不辞而别,离开日本。

6月25日,以谭人凤、赵声、宋教仁为首,在小石区陈犹龙寓所召集八省区同盟会分会长,酝酿组建中部同盟会。会上,宋教仁提出发动革命的三策供大家研究。他认为:上策是由中央入手,即在北京起事,占领北京,然后号令全国;中策是在长江流域各省同时起义,设立政府,然后北伐;下策是从边地入手,然后徐图进取。经热烈讨论,大家

---

① 冯自由:《革命逸史》,第二集,中华书局1981年版,第194页。
② 毛注青编著:《黄兴年谱长编》,中华书局1991年版,第149页。

认为，下策已经失败，上策很难实现，目前只可采取中策，加紧筹划长江各省的起义。一年后的 1911 年 7 月 31 日，宋教仁、谭人凤、陈其美等在上海正式成立中国同盟会中部总会。

直到 1924 年 10 月，直系将领冯玉祥发动"北京政变"，电邀孙中山北上主持大计，孙中山还谈到中央革命问题。他说："经过这次事变之后，可信北京首都之地，的确是有军队来欢迎革命主义的。从今以后，只要有人在北京筹划中央革命，一定可以望天天进步。"除了广东以外，"北京也可以做革命的策源地"。为此，孙中山力排众议，毅然北上，"借这个机会，可以做宣传的工夫"。①

宋教仁

总之，清末革命党人的"中央革命"方略，其要旨是将京畿地区作为革命运动的重心，通过起义、暗杀、参政等手段，引发清廷统治中心的革命，带动各地方的革命，内外相应，推翻满清统治，建立民主共和国。1894 年春，孙中山最早思索了有关发动中央革命的问题。1903 年革命青年张继首先在报纸上发表文章，明确地阐述了"中央革命"的主张。此后，革命党人在反清斗争中曾反复探讨发动中央革命的问题，使其内容不断丰富，锋芒更加锐利，许多人还坚定地投身于"中央革命"的实践，并为其英勇牺牲。

二、创立革命团体

（一）同盟会直隶省支部

1905 年中国同盟会成立后，按照章程规定，以东京为本部，在国内

---

① 参见中国国民党革命委员会北京市委员会编：《孙中山与北京》，中央文献出版社 2006 年版，第 57 页。

设立南部、东部、中部、西部、北部等5个地区支部，支部下设各省区分会。其中北方支部设于烟台，下辖蒙古、直隶、东三省、陕西、山西、山东等分会。同盟会本部推定各省的主盟人，处于京畿地区的直隶省的主要负责人先后是张继、他适、杜义等。同盟会成立初期（1905—1907年），旅日直隶籍会员有35人，名单如下：

张　继（沧州）、张锐韬（冀州）、李立木（曲阳）、王德涵（蠡县）、张文钦（武邑）、李保震（武邑）、李宝正（赞皇）、李煜瀛（高阳）、杜　义（静海）、王裕德（定州）、刘几王（获广）、李克廉（正定）、赵魁章（保安）、华世中（天津）、孙松龄（蠡县）、樊　瑛（保安）、谷钟英（定州）、姜　韬（南宫）、丁开嶂（遵化）、周之屏（蠡县）、王奎元（正定）、车　钺（通州）、金之铮（祁州）、张藎臣（正定）、称廉卿（东广）、张仲山（清苑）、张育麟（清苑）、赵连璧（东广）、谷钟瑶（定州）、陈兆雯（蠡县）、李培琛（高阳）、任文毅（大兴）、孙殿斌（东广）、靳锡璜（武昌）、赵师杜（祁州）①

同盟会留日学生直隶支部成立后，便加紧安排会员回国，开展反清活动。②

陈兆雯是国内同盟会直隶省支部的创始人。陈兆雯（1879—1909），字幼云，直隶蠡县人，1903年留学日本，1905年加入同盟会，1906年冬毕业于日本弘文书院，受同盟会派遣回国，到直隶保定开展革命活动。

他先受聘北关崇实中学任理化教员，以教学工作为掩护，向师生们秘密介绍《民报》、《革命军》、《支那革命之运动》、《天讨》等革命书报，宣传革命思想。这些革命书报部分由陈兆雯从日本带回，一些经保定西关耶稣教堂长老会会长周亢宗，由日本邮寄来，另一些通过保定小金线胡同的宫崎洋行购得。

---

①　冯自由：《中华民国开国前革命史续编》，上卷，载《民国丛书》，第二编，第76卷，第116、138-139页。
②　杨小波：《直隶辛亥革命述评》，载《辛亥革命在各地——纪念辛亥革命八十周年》，中国文史出版社1991年版，第388页。

1907年夏,陈兆雯创立了直隶第一个革命党人的组织——同盟会直隶省支部,并担任会长。他发展的第一批党员是历史兼国文教员郝仲清、英文教员郭瑞浦、数学兼地理教员苏少衡等人,学生们对他们都十分敬佩。

当时的在校生刘仙洲回忆说:我有一次到郝仲清先生住室去问功课,他拿出《民报》来让我看。我翻阅了一下,非常喜欢,问他能不能让我拿去细看一两天。他说可以。但是嘱咐我说:"这是犯禁的书,要谨慎一些,先不要让一般的同学看。"我如获至宝,像偷着看父兄不让看的小说那样,一两天就看完一册,又去换别的。他在讲历史和国文的时候,常常借题发挥,提倡民族思想和革命思想。我记得有一年年考,他出的国文题是"汤放桀武王伐纣论"。这在当时是很不平常的,对于不少同学都产生了相当大的影响。①

为便于工作,陈兆雯于1907年冬辞去崇德中学之职,联合十几位同志,将原西关讷公祠小学扩展为育德中学,被公举为校长。该校于次年春正式开学,主要任务是培养更多革命青年,并作为同盟会在保定的秘密活动场所。当时入盟的誓词是:志愿驱除鞑虏,恢复中华,建立民国,平均地权。矢忠矢信,有始有终。倘渝此盟,俾众共弃。

陈兆雯极为重视在军校开展工作,他经常请保定东关陆军学堂的学生来校兼任体操教练,以此与他们密切联系,

保定育德中学

耐心地启发他们的思想觉悟。先后发展王虎臣、孙岳、何遂、商震等多名年轻军官加入同盟会。

1909年春,陈兆雯因积劳病故。去世前,他称学校要培养更多"可靠的"(优秀)青年,担负起将来的革命工作。随后,由郝仲清继任为

---

① 刘仙洲:《辛亥革命前后保定革命运动回忆录》,载《辛亥革命回忆录》,第一集,文史资料出版社1961年版,第375页。

校长，并被推举为直隶支部的负责人。

保定育德中学校内的幼云堂

在同盟会直隶支部以外，还成立了一个以保定青年学生为主体的外围组织，叫"实行会"。该会主要任务是向在校学生宣传革命思想，团结进步青年，但不轻易介绍加入同盟会。刘仙洲回忆组织活动情况：当时宣传的方法，除了人对人直接联系以外，经常用的是油印革命书报上的好文章，由邮局寄送，但不写明是由谁或由哪个学校寄去的。寄送的对象则多是经过事先调查的各校成绩优良、思想进步的学生。油印的内容采自《民报》的较多，有时也采当时在上海出版的《国粹学报》上具有民族思想的文章。我们把这些油印品寄发以后，便由各校的少数同盟会会员了解他们的反应，以便进行联系。这样，我们便把各校比较进步的学生联系在一起。少数条件成熟的就介绍加入中国同盟会，大多数则暂时不向他们说明，但共同的目标都是反抗清朝，进行革命。

（二）保定共和会

保定共和会创建于1909年，主要负责人是直隶高等农业学堂的学生胡鄂公。胡鄂公（1884—1951），字新三，号南湖，湖北江陵人。1906年，他与熊得山、钱铁如曾组织进步团体"辅仁社"，有成员20余人。此后，熊、钱赴日留学，胡鄂公于1908年3月到北京，入江汉学堂，曾栖身于三里河平乐园荆州会馆。1909年夏，他与李尧衢、林伯衡等投考保定直隶高等农业学堂，入林科就读。

1909 年 10 月，胡鄂公邀留学回国的熊得山、钱铁如，以及邱寿林、覃秉清、李尧衢、林伯衡等在保定协商，筹划组建"共和会"，待时机成熟，"则举全会以加入同盟会。"

会后，钱铁如、邱寿林和覃秉清立即分途返回京津，开展工作。

胡鄂公等人则先发起组织保定学生"断发会"，很快就有城内外学生 200 余人签名加入，

胡鄂公

大家约定 10 月 28 日同时剪发。剪发那天，约 500 名青年学生一致行动，声势浩大，展现了"中国人心之所在"。随后，胡鄂公又携带油印的《嘉定屠城记》、《扬州十日》、《天讨》等小册子数本，到京、津等地散发，并结识了当地许多革命青年骨干。

1909 年 11 月 21 日，共和会在保定莲池书院召开筹备会成立大会。参加会议人员有：天津的覃秉清；北京的钱铁如、邱寿林；保定的陆军速成学堂徐继庶，第六镇士兵王荣九、赵海涛、陈雄，法政学堂徐炳文，高等学堂翟仲宽，高等农业学堂熊得山、李尧衢、林伯衡、吴若龙、程芝田、胡鄂公等共 15 人。

莲池书院

会议确定共和会的宗旨是：推翻满清专制，建立共和民国，融合种族界限，发展全国实业。会议通过筹备会简章，决定由胡鄂公、熊得山、覃秉清、钱铁如、邱寿林、陈雄、吴若龙、徐炳文、翟仲宽等9人为干事，组成干事会，胡鄂公担任干事长。干事会下设交涉、军事、政治、财政、暗杀、侦探等6部，各部设正副部长。会议还确定了各地筹备会的负责人，北京：钱铁如、邱寿林，天津：覃秉清，通州：蔡德辰、张雅堂。

共和会筹备会积极扩充组织，至各学堂放年假时，入会的军校学员和普通学堂的学生已达一百多人。京津两地也各有一二十人加入。

此后，胡鄂公致书熊得山等人，探讨斗争方略，指出：

> 今为督导革命同志计，俟共和会大会成立后，拟将总会设于保定，分会设于北京天津及各省会与各通商大埠。分会下设为若干支部于幅员辽阔之省，又于分支两部之下划为若干区，使五人一朋，五朋一团而各有所长。每月朔望或每星期日召开朋会团会以相互讨论革命之旨，俾上下情感相通，知识相长，则团结固而壅塞之弊祛矣。夫善射者必先识其鹄，善战者必先攻其心，吾党设总部于保定，而以北京、天津分会为辅翼，此识鹄攻心之道也。①

1910年5月16日，在保定西南郊外召开了共和会成立大会，到会代表20余人。会议通过"共和会总章"52条，选举胡鄂公等7人为干事，胡任干事长，另选出交涉、军事、政治、财政、宣传等5部负责人。

至1910年7月，共和会已在北京、天津、太原、桂林、广州、武昌等6地设立了分会，在通州、荆州设立了支部。总部设在保定，下辖保定城内西关、东关、北关等6个支部；北京分会下辖内外城的3个支部；天津分会下辖设在租界内的2个支部。总计各地共进会员1300余人，其中仅军官、军需、马医3学堂的会员就有120多人。

---

① 胡鄂公：《辛亥革命北方实录》，近代中国史料丛刊，第53辑，文海出版社1970年版，第18页。

1910年10月,东北各省学堂为保路、保矿而掀起罢课斗争。胡鄂公闻讯后即到保定高等农业学堂林科教室,呼吁同学们罢课,响应各地兴起的维护利权风潮。不到半天,保定高等农业学堂、直隶高等学堂、育德中学,以及城内各学堂纷纷宣布罢课。当晚,各学堂代表在农业学堂集会,推举胡鄂公为代表,前往京、津、湘、鄂等地联络。不久,京津学界爆发了大规模的爱国罢课运动。

　　适应斗争形势发展的需要,保定地区的革命组织共和会与实行会关系日益密切,并决定实行合并,统称"共和会"。1910年11月20日,两会在育德中学礼堂举行合并后的改选大会。选举刘仙洲为干事长,熊得山、吴若龙、张在田、程芝田、刘新茹、林伯衡等人为干事。

　　随后,共和会进一步加强了与丁开嶂、孙谏声为首的"铁血会"、黎宗岳、张蓉为首的"急进会"、李季直、段亚夫为首的"克复堂"等京畿地区革命组织的联络。1911年3月26日,各革命团体的代表齐聚北京平乐园的荆州会馆,议定以"革命联合会"的名义合并在一起,统一协作开展反清斗争。

　　1911年8月间,共和会的北京、天津、通州等地方组织进行了改选。北京分会正副会长为钱铁如、邱寿林、罗名店三人;天津分会正副会长为覃秉清、江元吉二人;通州支部正副部长为蔡德辰、王丕承、张雅堂三人。

刘仙洲

(三) 铁血会

　　"铁血会"的创始人是丁开嶂。丁开嶂(1870—1945),字晓川,原名作霖,直隶丰润县南青坨村人。约20岁时应遵化州乡试,得中秀才。19世纪末,丁开嶂目睹清廷腐败统治,忧国忧民,立下鼎革之志。

　　1902年经直隶总督袁世凯保送,他来到北京,进入京师大学堂师范馆甲班第一班学习。平日他常与直隶的朱深、谷钟秀,云南的张耀曾,奉天的吴景濂,广东的叶恭绰等同学"论天下事,志气益恢弘,以天下为己任"。①

1904年,丁开嶂与江苏的同学朱锡麟、奉天的张榕出关奔赴东北,分别组建革命队伍。朱锡麟组织"东亚义勇队",张榕组织"关东保卫军",丁开嶂易名丁开山,发起创立"抗俄铁血会",这些组织"皆假借名义而为革命立基础"。②

丁开嶂

抗俄铁血会联络各地抗俄武装力量,打击盘踞在东北地区的侵华俄军。丁开嶂曾撰写檄文刊登在上海《大陆杂志》上,声讨俄人"近又虎狼蓄心,蛇蝎肆虐,踞关东三省俨为己有。奴隶我官府,牛马我人民,剥食我资财,淫掠我妇女,种种禽兽之行,神人共愤;色色野蛮之状,天地难容"。檄文警示民众"倘再不振吾精神,歼除丑类,结吾团体,扫荡腥膻,将来必灭尽我身家,殄绝我族类,较英制奥洲而更痛,美毒黑奴而倍残"。檄文表明:抗俄铁血会要"纠合海内外学生将弁及直、奉、吉、黑四省之绿林领袖","一朝齐发,电疾风驰,遍地合攻,澜翻水涌","大败俄罗斯于东清而后止"。

1905年,丁开嶂召集铁血会首领秦礼、丁东第、王治增等商讨北方斗争形势。他认为:仅靠东北铁血会的队伍尚不足以包围北京,威慑清廷统治。于是,大家议定在张家口地区创建华北"救命军",进一步扩大铁血会的力量。

救命军在北京杭辛斋主办的《中华报》上发布公告,阐明其主张:"为上救国命,下救民命事",向清廷提出召还逋臣、立停科举、备地方自治、许出版自由、非学生不为要路之官、凡窦规尽充新政之用、变更官职、改定教程、杜绝中饱、预编宪法等十项要求,号召全国英雄、烈士、学堂诸生,皆应抛头颅,洒热血,"与东西诸雄争生存于天择之界"。

---

① 丁迈鸿:《先父丁开嶂——一位被遗忘的北方革命者》,载《北京师范大学校报》,校史专刊,2002年1月。
② 丁开嶂:《辛亥革命时期的铁血会》,载《近代史资料》,1955年,第2期,科学出版社1955年版,第22页。

1906年冬，经商震介绍，丁开嶂加入了同盟会。

1907年，丁开嶂于京师大学堂毕业，获"奏奖"文科举人，并分发吏部候补主事。然而，丁开嶂"视之如敝屣"，全身心地致力于革命斗争。

同年，丁开嶂以提倡摆斋、戒烟戒酒为名，在黑龙江、吉林、辽宁、绥远、热河、察哈尔、内外蒙古、直隶、山西等地广泛发动群众，扩充铁血会组织。他还在家乡丰润青坨庄成立了"北振武社"，并把铁血会总部设在家乡的三官庙里。与此同时，在丁开嶂主持下，抗俄铁血会改名为北洋铁血会，丁开嶂任总理，丁东第做助手。下辖以冯云峰、唐自起、黄际隆、庞希德、秦礼、王治增、李兰廷、陈熙泰等人为领袖的28支队伍，分设京东、京北、边外、关东等4个支部。

丁开嶂塑像

北振武社成立期间，丁开嶂曾手书对联称："上下五千年，帝霸皇王转眼尽归淘汰路；纵横十万里，劳农兵士翻身群登竞争台。"

1911年4月，广州起义失败后，丁开嶂深感北方革命力量责任的重大，他不顾个人安危，不知疲倦地奔走于北京、天津、保定等地，联络刘汝贤、马德润、刘星楠、陈之骥等各处反清势力，策划发动起义。5月，丁开嶂又与秦礼、黄际隆、丁东第、王丕显等商议，准备乘清军秋季会操、京城守备空虚之机，以铁血会京东部军为发难军，关东、边外、京北三部军相策应，举行北京起义。8月，丁开嶂腿部正患脓疮，无法行走。秦礼和黄际隆担任了外出向4个支部部署起义准备工作的任务。各地的领导人也不断赶到丁开嶂的住处，共商起义大计。

三、办报唤醒民众

1908年4月同盟会发动的云南河口起义失败后,同盟会骨干田桐等人万分焦急,转而倡导"中央革命"。

田桐(1879—1930),字梓琴,号恨海,湖北蕲春人。他于1903年赴日本留学,1904年邀约白逾桓发起创办《二十世纪之支那》杂志,后有宋教仁等参与,成为留日革命党人的主要舆论阵地。他作为同盟会的发起人之一,被推举为评议部议员,任书记部书记,负责会内机要。此后,他积极协助发动国内武装起义,并于1908年由孙中山派往新加坡,主持《中兴日报》。

田桐

1909年,田桐与白逾桓等人改名换姓,相继潜入北京。他们以创办报纸、倡导立宪、排斥官僚政治作掩护,以报社机关作为革命党人在京活动的秘密据点,暗中联络反清力量,筹备发动起义,一举占领北京,策应全国革命斗争。

同年,革命党人首先创办了《帝国新闻》报,即《帝国日报》,这是同盟会在华北地区的主要报纸之一。该报宗旨名为:挟持宪政,博采舆论,扩张国权,发表政见。每日出版发行一大张。报社位于外城琉璃厂,初创时由陆鸿逵任社长兼总编辑,1910年3月起改由宁调元担任总编辑。

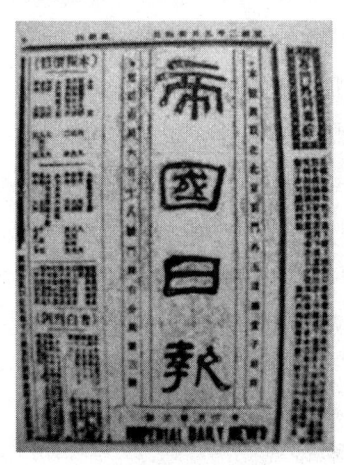

《帝国日报》

宁调元(1883—1913),字仙霞,湖南醴陵东富人,1903年入长沙明德学堂第一期速成师范班,受教师黄兴等思想影响,加入革命团体华兴会,1905年夏赴日本早稻田大学研读法学,同年底回国在上海参与创办中国公学。1906年夏,他加入同盟会,后因参与创办《洞庭波》杂志(后易名《汉帜》),针砭时弊,宣传革命,遭两江总督端方缉捕,再次逃亡日本。12月萍浏醴起义爆发后,他返回湖南,不幸被捕。1909年11月,经谭延闿等人帮助,他被释放出狱。

《帝国日报》刊载大量时事报道、时评和杂文,辛辣地抨击清王朝统治,以多种形式巧妙地宣传革命思想。

宁调元

宁调元主持过多个栏目,其中,"太一丛话"主要评介明末抗清志士的事迹和作品;"议场谭屑"报道并评论资政院会场的情况;"是是非非"表达作者对时政的各种议论和看法。这些栏目的文章篇幅都不大,少的不过百字左右,却具有强烈的战斗性。

有时,宁调元借分析古典作品的名义议论时政。如《水浒传》中,鲁智深大闹五台山时,曾经高叫:"秃驴们不放洒家入寺时,山门外讨火来烧了这个鸟寺。"宁调元于引述这段话之后评论说:"东西各国大英雄,凡倡言救国者,须要体会得此。"① 这实际上是号召人们以暴力推翻清政府的统治。

1910年11月,御史胡思敬参劾《帝国日报》"肆意讥讽,蔑侮大臣","对朝廷体制有大不敬之行为",要求清政府封闭该报馆,拿办主笔。1911年9月,京师审判厅又制造借口,传讯《帝国日报》发行人,判处罚款。宁调元则利用清政府新近颁布的报律、刑律,反过来控告审判厅"紊乱律章"。这样,宁调元赢得了同行的拥戴,被北京报界公会委派赴日考察。②

1911年初,同盟会会员景定成与白逾桓在北京合办小报《岁华旬记》,该报为日刊,共出10天。2月,景定成利用同盟会会员程家柽的关系,又与白逾桓等人合办了《国风日报》。

---

① 《帝国日报》,1911年5月3日。
② 杨天石:《革命党人宁调元》,http://xsb.rednet.com.cn,2009年11月20日。

曾经与章太炎被并称为"南章北景"的景定成，在京城革命党人办报工作中发挥了重要作用。

景定成（1882—1959），字梅九，山西安邑（今运城）人。1901年被山西省保送到京师大学堂学习，1903年作为官费留学生赴日本学习，曾任晋籍留日学生同乡会会长。1905年秋加入同盟会，任山西分会评议部长，参与《民报》、《第一晋话报》、《汉帜》等报刊的革命宣传活动。1907年回国返乡，投身教育界，暗中从事反清斗争，"急速运动社会革命"。

景定成

白逾桓（1876—1935），字楚香，湖北天门人。早年东渡日本留学，1905年加入同盟会，担任干事。1907年初，与宋教仁等回国到东北创建辽东支部，筹划起义失败而被捕，后机警地逃脱，来到北京，改姓名为吴友石（"无有氏"的谐音）。

景定成回忆当初在北京与白逾桓相见的情景：

……别人不提，且说一个怪人。子青对我说："这里有个吴疯子，名友石，是湖北人，说在东京时，认的你，想见你面。"我当时听了子青的话，心里好生疑惑。我在日本时，认得好些湖北人，姓吴的固然有一个，并不叫什么吴友石；吴疯子更新鲜了。但我听见他的形迹奇异，猜定他是个革命党，于是乎便寻他见了面。哈哈才是白逾桓！我自然认得他。在日本闹取缔风潮时，他和我都是干事员，又是革命同志，却想不到他到北京，也不知他改了姓名。我问他的变易姓名的原因，他略说在辽东运动革命，几被侦探陷害，才变姓名逃出来的。到北边已经一年多了，交识朋友不少。谈到他在《国报》（日刊）上，曾投文稿，署孤愤子，我却见过；因在陕西时看见了这报,就很注意他的文字,因其革命火气故。①

《国风日报》的社址位于宣武门外南柳巷。景定成为投资人,白逾桓任社长,田桐、朱民史等人任编辑。每日出版发行一大张。景定成记述:

> 南柳巷,《国风日报》发祥地。好笑呵!四四方方一块小院子,四面间口不大的房子,上面房编辑处,门面房发行处,偏西房厨房和餐室。组织是没有,完全无政府办法,各尽所能,自由担任。白、裴两君,可算是经理、编辑、庶务、会计、校对、发行,我可算是编辑主笔兼校对。广告本然没有多少,每日只出一张,先印两版后印三版,仅留一版广告空儿,也登不了许多。②

《国风日报》于1911年2月10日创刊,景定成为创刊号写了《宣言》,称该报总旨是"赞助真实立宪,提供爱国精神,以世界之眼光发精确之议论,指导政府不使政令偏颇,引诱国民勿令责任卸驰"。该报报纸曾贴于故宫门前,围观者众,路为之塞。

由于该报立场鲜明,文风锐利,问世不久,即引起清政府的不满,怀疑是革命党的秘密机关,意欲查封,奈无证据。后来,有同志劝告景定成说:"我们虽自命为革命机关报,平时却不要露出消息来,只和一般报的态度,少微强硬些,特别要注意文艺方面,小说以外,再添些戏评、花评、谐评等,以供各方面人阅览;然后销路才可以推广。销路推广以后,一旦遇着发表革命的机会,把真面目再露出来,全登上吾党主张,自然能轰动一时。在国外凡政党的机关报,也是这样的。古人说:养兵千日,用在一时,报纸亦然,平素但养名誉好了。"景定成接受了同志的建议,逐渐增加报上文章的门类,如戏评开设"笔墨歌舞"栏;花评则设"情天棒喝"栏,谐评另有"四面八方"栏;文艺则有"小说"、"韵语"、"吟坛"、"讽言"等栏目。这样,将反清革命的主题巧

---

①② 景梅九:《罪案》[节录],载中国社科院近代史研究所近代史资料编辑组编:《辛亥革命资料类编》,中国社会科学出版社1981年版,第79、81页。

妙地掩饰起来,而战斗性却丝毫不减。如景定成所说:"寸铁杀人,一时无两",是此时《国风日报》的特色。

卢智泉、温楚珩的《记北京〈国风日报〉》一文称:……是时同盟会员入京任职者日渐增多,白、景两人本隶同盟会籍,因此国风报社遂无形成为党人荟萃之机关。如田桐、程克、冷公剑、张友于、温楚珩等均寄宿于报社内。常川往来者尤众多,以新闻供给报社。由是《国风日报》在社会上以消息灵通见称,信誉日增,销路日广。①

当山西巡抚丁宝铨和新军管带夏学津制造了震惊朝野的"交文惨案",同时镇压山西同盟会会员时,景定成便在《国风日报》上及时发表《东西两抚罪状》等文,他还联络汉口《中西日报》、上海《申报》、山西《晋阳公报》等各地大报,连篇揭露丁宝铨和夏学津的罪行,最后迫使清政府将丁宝铨调离山西,并撤销夏学津的职务。景定成等人在新闻战线的斗争也为日后山西辛亥革命的发起扫除了两个障碍。②

同盟会广州起义失败后,该报曾大力宣传黄花岗烈士的英勇事迹。景定成回忆:此种消息,惟《国风日报》登载最详,连记半月有余,各省同盟,大为激动。陕西同志进行尤烈,井勿幕时有来函,并遣张君携其家藏古画,到京沪一带变卖,以供革命经费。③

当时人们传颂:"北京的《国风日报》与东京的《民报》,均可抵十万大军。"④

《国风日报》的创办经费仅为300元,一个多月后便难以维持下去了。景定成只得采取"沿门乞讨"的办法,由近及远,先向京中诸友借款,大家纷纷尽力相助,只碰了一个老同学的钉子。景定成谈到此事:……他应得有钱的名儿,却一文不肯拿出来,我心里很不高兴!忽动了一种恶念,寄他一封信,大意是说:"你如不肯拿钱,我便要发明你一件隐事,登在本报!"这算平生第一次敲竹杠。哪知这位先生很妙,他回信大意说:"不料君用此手腕来讹诈,好极了!请你编出来,奇文共

---

① 《辛亥革命回忆录》,第六集,第64页。
② 王醒、韩晓芳:《山西新闻先驱景梅九》,载太原新闻网,2006年11月8日。
③ 景梅九:《罪案》,载《辛亥革命资料类编》,第84页。
④ 《景定成:著名民主革命先驱》,载"华人百家姓论坛"网。

欣赏，大家看！"我自己笑起来，对有人说："失败！失败！一杠子打空了，前途大不利！"但我内心是愧悔不及！当然未给人家登报，以后这位朋友，知道我是穷急所致，并非有意敲他，也就算了。

不得已，景定成又向外省寻求经费，凡是他交识的，没一个躲得过去。一次，纸店催要欠款，大有不能付印之势，景定成急忙向老先生杨少石求助，老先生慷慨地把自己一身最宝贵的白狐皮马褂送给景，当了30元，帮报社渡过难关。事后，景定成赠言杨少石道："典君千金袭，言论大自由！"

1911年8月9日，景定成与田桐、续西峰、井勿幕等又创办《国光新闻》报，使之成为"同盟会在北京地区的言论机关"，和"策划革命的场所"。该报日出一大张，社址位于西草厂胡同。①

四、敌巢潜伏密战

在日本留学期间，程家柽于1901年参与创办《国民报》，1902年协助章太炎等发起"支那亡国二百四十二年纪念会"，1903年参加发起"拒俄义勇队"，后改名为"军国民教育会"，最早提出推翻清王朝的革命口号，做了大量宣传革命，发动群众的工作。

1903年秋，程家柽从日本回国，秘密开展反清活动。清政府先企图以高官厚禄收买程，继以"逆竖倡乱"的罪名，下令两湖书院开除其学籍，取消官费留学资格，并悬赏通缉。程被迫流亡日本。

在日本，程家柽继续与宋教仁创办《二十世纪之支那》杂志，积极参与了中国同盟会的创建工作，并在1905年8月20日的成立大会上，当选为外务科负责人。大会还通过了由程家柽等人起草的《军政府宣言》，其中提出同盟会纲领，号召民众"休戚与共，患难相救，同心同德，以卫国保种自任"。②

---

① 冯自由：《中国革命运动二十六年组织史》，载《民国丛书》，第二编，第76卷，第221页。

② 季荣臣：《程家柽——鲜为人知的辛亥功臣》，载河南《中州古今》，1999年，第3期，第52页。

1906年初，程家柽应聘到北京任京师大学堂农科教授。此时的京城时局险恶，戒备森严，巡警部正加紧搜捕革命党人，同志们都为他担忧。程家柽认为："北京为胡虏巢穴，弗躬入其肘腋之下，安足以事扼吭"，毅然深入龙潭虎穴，机智果敢地开展反清地下活动。不久，程家柽收到孙中山通过来华的法国陆军中将卜加贝捎带的信件，指示他"扩充同盟会于北京"。

程家柽

在京师大学堂执教期间，程家柽充分利用各种方式，积极宣传革命思想，"民族、民权、民生之旨，时于言外及之"，引导积极进步的学生加入同盟会组织。

在工作中，程家柽利用自己"学界魁杰"的名誉，设法发展与清廷权贵的关系，打入敌人上层。此前，他曾多次为访日的清廷高官做翻译工作，与一些王公大臣相当熟识，还兼任肃亲王善耆的家庭教师。

手握部分军政权利的善耆和尚书铁良很赏识程家柽的渊博学识及其在学界的声望，经常请程去交谈，百般笼络。程家柽借机与他们交往，虚与委蛇。

一次，善耆娓娓动听地表示"愿效革命先驱"，让程家柽帮他向孙中山"通款"。程深知这些人善搞政治投机，变化无常，随即恭维了善耆几句，表示如遇到革命党人，一定将他的愿望转告孙中山，由此应付过去。

1906年12月，同盟会策动了萍浏醴起义。清政府加紧镇压，于1907年1月，抓捕湖北革命团体"日知会"领导人刘静庵、胡瑛、朱子龙、梁钟汉、张难先等人，即将问斩。同盟会员季雨霖潜行来京，向程家柽求援，称："狱已具，少迟则被戮矣。"程家柽果断地假借善耆的名义，致电湖广总督张之洞，"陈狱之冤，为乞开释，冀以少缓其死，而徐为之救"。

随后，程家柽面见善耆，如实相告，善耆闻之勃然大怒，欲加罪于程。程从容答道：冒王之命，诚不容诛；然王曾允为革命先驱，今兹不

允，请以家楗交法官，愿与胡瑛同死。当时程的妻子也在善耆家任教，她鼓动善耆的妻妾和子女为程说情。迫不得已，善耆只得电告张之洞将刘静庵等人的斩决罪改为10年监禁。

1906年以后，同盟会资金拮据，机关报《民报》面临"资绌而不能印行"的困境。于是，程家柽受命东渡日本，与刘揆一商议解决办法。原来，革命党人的暗杀活动，常令清廷官员惶惶不可终日，尤其怕被《民报》等革命报刊列入暗杀名单。当时革命党人急于除掉的是良弼、端方、铁良和恩铭等四人。于是，程家柽和刘揆一假装将《民报》的临时增刊《天讨》要登文章点这四人名的消息透露给军机大臣、陆军部尚书铁良，并胁迫其交出纹银万两，以免被公开点名。铁良怕死，赶紧如数交银万两，经程家柽转交同盟会总部作为活动经费。此举确保了《民报》正常印行。

1907年5月，清廷唆使日人北辉次郎、清藤幸七郎找程家柽密商，以10万元作为酬金，刺杀孙中山。程家柽表面佯为应允，暗中紧急通知刘揆一、宋教仁火速安排孙中山转移至安全地带。不久，北辉次郎获悉真情，便勾结加藤佐夫、吉田三郎等一伙浪人，将程家柽骗至偏僻地区进行毒打，致使程严重脑震荡。程后经医院抢救脱险。

同年，同盟会员孙毓筠和权道涵在南京刺杀两江总督端方未遂，被捕入狱，将被处死。程家柽闻讯后立即咬破手指，写了一封血书向端方"告以利害"，致使清廷未对孙、权二人下毒手。不料，此事被一个叫汪荣宝的人密报军机大臣兼外务部尚书袁世凯。袁想利用此事排挤清臣铁良和良弼的势力，便下令提督衙门抓捕程家柽。结果五次下发逮捕令，均被清太保世续抵制而未能执行。

但是，袁世凯仍不死心，紧追不舍。此时恰逢浙江民众因苏杭甬铁路借款问题掀起抗议风潮，程家柽借机鼓动学生指控袁世凯，列名控告者达1600人，在京城引起轩然大波。程家柽趁乱悄然离京赴津，准备东渡日本。清廷警吏杨以德、史伯龙忙率警员半路拦截。程家柽在日本使馆武官井上一雄帮助下，剃去胡须，换上渔民服装，"浮舟白河而下，始得脱险"。袁世凯继续派刘麟渡海侦察程的行踪，程家柽便邀黄兴、宋教仁一起主动找刘阐明革命道理，使刘深受感动，表示以演剧自娱，再也不登袁氏之门。后来,刘麟还参加了辛亥革命时的沪军之役和山东登黄之役。①

1909年1月,袁世凯遭满清权贵排挤,被削职回乡"养病"。程家柽应陆军部之聘,重回北京担任编纂陆军中小学教科书的工作。这时,袁世凯的爪牙史伯龙升任侦探长,他仇视革命,疯狂迫害革命党人,对革命斗争危害极大。程家柽抓住史伯龙与一桩案件有牵连,通过民政部高等警察科科长、同盟会会员朱君伟,将史伯龙的劣迹报知善耆。果然,善耆密令朱君伟密查史的问题。程家柽代朱起草了相关的调查报告,历数史的种种罪行,措辞严厉。不久,史伯龙即被解职逐回原籍,排除了京城革命党人的一个心腹大患。

1910年4月,同盟会骨干汪精卫、黄复生、喻培伦在北京谋刺清廷摄政王载沣未遂,被捕入狱。清大学士那桐、学部侍郎宝熙等人力主将汪等凌迟处死。程家柽急忙劝告善耆:"杀一儆百,为昔日陈言,今则民族之义深入人心,兆铭岂畏死者?徒激天下之怒。"善耆称:载沣亦以为然,欲为保全,苦无其例。程家柽答道:"日本维新之初,德川家臣忧本武扬者,以叛其政府,擒于战阵,因其曾习海军,不忍刑戮,惟拘囚之,以俟悔过,而日本之海军卒为武扬所兴。人才难得,奚必逆我者而弗能用也?"于是,善耆与载沣商定对汪精卫等"以重禁锢"。事后,又有一个名叫黎宗岳的警官,企图借此案加害在京秘密活动的革命党人白逾桓,程家柽警告他不要胡作非为,及时粉碎了敌人的阴谋。

1911年4月,黄花岗起义失败后,两广总督张鸣岐电告民政部称:革命党人已"尽入长江、北京",务必严加防范。善耆询问程家柽意见。程已得宋教仁密信,"知将有大举消息,故持镇静",笑着对善耆说:"党人戮者大半矣,余则尽走东南洋耳,海内寥寥,无足惶吓。"认定张鸣岐是危言耸听,"特以邀功者也。"善耆深信不疑,放松了对京畿地区革命活动的追查。

程家柽为京畿反清革命斗争做出了不可磨灭的重大贡献,同盟会北

---

① 惠政:《民主革命先行者程家柽》,载《中华文史资料文库》,"人物ABC"网。

方重要领导人张继高度赞扬说:"北京而无韵荪(程家柽的字),则吾同志死者必不可胜数。"程家柽的挚友白逾桓也称赞说:"韵荪一生终以摇动京师根本,计迫清帝退位造我中华民国,韵荪之功有足多者。其爱国之诚、爱党之诚、爱友之诚均非盗于虚名者。"①

五、渗透北方新军

1895年11月,清廷督办军务处亲王奕䜣、奕劻会同军机大臣李鸿藻等人联名奏请"更革旧制",并保荐袁世凯"督练新建陆军"。12月16日,袁世凯奉旨到天津小站上任,将原"定武军"改为"新建陆军",部队由4750人扩编为7300人。1898年,袁世凯的"新建陆军"与董福祥的"甘军"、聂士成的"武毅军"并称为"北洋三军",统归荣禄指挥。

清末北洋新编陆军

1903年12月初,清政府在北京设练兵处,指派直隶总督兼北洋大臣袁世凯任会办练兵大臣。1904年秋,清政府提出在全国编练新军三十六镇(每镇约12500人)的计划。至1905年,袁世凯已陆续编练成北

---

① 程慧婉:《同盟会创建者之一,革命先驱程家柽》,载"徐州政协"网,2010年4月2日。

洋陆军六镇，总兵力8万余人。其中：第一镇驻京北仰山洼；第二镇驻永平及山海关附近；第三镇驻保定；第四镇驻马厂；第五镇驻山东济南、潍县；第六镇驻南苑。

北洋陆军六镇是维护清王朝统治的骨干军事力量，它部署在京畿地区，直接拱卫清廷首脑中枢，既是镇压反清革命斗争的凶恶势力，也是革命党人长期蓄谋瓦解的重要目标。

正值清廷大规模编练新军，急需大量编练新军人才之际，许多留日学习军事的革命党人纷纷回国，趁机打入北洋新军内部，"掌握军权，以为革命准备"。①

渗透北洋新军的革命活动，主要从中央上层与基层部队两方面展开。

一方面，打入清廷军事领导机关，使暗藏的革命党人"在军参两部者甚众"。

编练新军时的袁世凯

蒋作宾（1884—1941），湖北应城人，1905年赴日本留学。他在日本加入同盟会后与黄兴商讨革命方略，计划回国后，蒋打入清廷内部，自上而下夺取政权，黄从下而上发动武装起义。1907年，蒋转入日本陆军士官学校第四期，1908年毕业回国，被清政府派到保定陆军军官速成学堂任教官。在校期间，他积极向学生传播革命思想，秘密开展组织工作。

蒋作宾

1909年，蒋作宾参加全国留学毕业生考试，获第二名，被上调到陆军部军制司任科长。该科是掌管全国陆军人事勤务及部队编配等业务的重要机构。在工作中，他将日本的步兵操典翻译成中文在军中使用，深受陆军大臣荫昌等人的赏识。他利用满清贵族与

---

① 吴楚明：《中国革命名人传》，近代中国史料丛刊，第三编，第二十一辑，文海出版社，1987年版，第37页。

袁世凯间的矛盾，提出并实施整编全国军队的方案，"极力主持整编军队，分赴各地校阅，汰旧留新，俾同志等乘间而入"。①

1911年，他晋升为军制司司长，至武昌起义前已在军界人员安排方面做了大量工作，并准备再经两三年，使兵权基本掌握在革命党人手中，以实现中央革命大计。

何成浚（1882—1961），湖北随县人，1904年赴日本留学，入东京振武学堂。次年加入同盟会。1907年考入日本陆军士官学校第五期步兵科。1909年回国，先到湖北督练公所任职，1910年到北京，任陆军部军制司科员。他"阴结南北豪俊，以扩张党势，而沉默不苟言笑，行动如恒"。②

何成浚

黄郛

黄郛（1880—1936），浙江绍兴上虞人，1904年入浙江武备学堂，1905年被选派留学日本，就读东京振武学校，加入同盟会。1908年转入日本陆军测量局地形科学习，1910年毕业回国。回国后，他进入清廷军咨府二厅、筹办军事官报局等部门任科员，"潜结革命同志"。③

另一方面，打入北洋陆军各镇、协等部队，谋取指挥权。最突出的是曾留学日本陆军士官学校的"三杰"：张绍曾、吴禄贞和蓝天蔚。

张绍曾（1879—1928），字敬舆，直隶大成县张思河村人，少年时进村中学馆读书，1895年参加县试，名列前茅，同年秋以高分考入天津武备学堂，学炮科，成绩优异，"课冠侪辈"。④ 1899年1月，受清廷选

---

①②③　（台）中国国民党中央委员会党史史料编纂委员会：《革命人物志》，本书引自赵润生、马亮宽：《辛亥滦州兵谏与滦州起义》，天津人民出版社，2003年版，第43页。

④　顾恒敬：《张绍曾传略》，载《大成文史资料》，第1期，第21页。

派，东渡日本留学，先入成城学校，1900 年 7 月以优异成绩毕业，升入日本陆军士官学校，在第一期炮科就读，毕业成绩名列第一。他与吴禄贞、蓝天蔚"深相结纳"，被称为"士官三杰"。

回国后，张绍曾经测试成绩特别优秀，获得觐见光绪皇帝的破格殊荣。他于 1903 年初被清廷任命为保定北洋陆军速成武备学堂教官，1904 年初调任北洋陆军第二镇步兵第三协第五标帮统（副团长），主管部队训

张绍曾

练。张绍曾在本标设立"教育所"，作为军官学习军事知识的机构，学员为步、炮、工程、辎重等各营（队）管带（营长）以下军官。他经常亲自授课，深入浅出，受到军官们的欢迎。1904 年 7 月，北洋督练公所派日本顾问到第二镇考察，对张绍曾的做法大加赞赏。不久，张升任第二镇正参谋官。1905 年 5 月，张绍曾调任北洋新军第五镇，初任炮五标统带官，后改任该镇一等参谋官。

1906 年，张绍曾调到北洋督练公所教练处，担任总办。该机构位于天津河北六纬路，这里是留日归国的士官生到北京陆军部报到的必经之地。在此 3 年间，张绍曾利用工作之便，广泛联络日本士官学校毕业的同学和北洋陆军中具有新思想的中下级军官，结交了一批志同道合的战友，如士官学校第三期毕业生蔡锷、第六期毕业生唐继尧等。他还与回国后在北方军队中任职的吴禄贞、蓝天蔚建立了密切的联系，相互协作，开展反清活动。

1907 年，张绍曾秘密加入宋教仁在奉天组织的"同盟会辽东支部"，并与吴禄贞、蓝天蔚共同担任该支部的领导工作。

1910 年，张绍曾随同贝勒载涛出洋考察欧美陆军，随后，担任陆军贵胄学堂监督。1911 年 3 月，继任北洋陆军第二十镇统制，驻军沈阳、新民地区。

冯玉祥（1882—1948）回忆：张的到来，"给第二十镇倾向革命的

官兵以极大的鼓舞","使军中新派分子顿时呈兴隆活跃的气象"。①

另据鹿钟麟回忆:当驻防新民府之初,曾有革命党人孙谏声、戴锡九等从日本留学回来,奉革命组织之命,打入队伍里担任下级军官,暗中进行革命宣传和鼓动,促进了官兵的革命觉醒。接着冯玉祥、王金铭、施从云、郑金声、王石清、岳瑞洲六人便在这个基础上发起了武学研究会,公举冯玉祥为会长,以读书为名,传播革命思想,联系革命同志,密图举事。……后来参加的官兵,愈来愈多,风声过大,不免引起外间的猜疑。为了转移人们的视听,另设山东同乡会,以联络官兵感情为名,掩护武学研究会的活动。山东同乡会成立后,武学研究会即转入隐蔽状态。……武学研究会曾派张树声、李子峰、戴锡九、鹿钟麟等潜赴奉天、北京、天津、唐山等地,假借山东同乡会联络同乡的名义,建立革命的联系,并在唐山设立同乡会,暗作革命机关。②

吴禄贞(1880—1911),字绶卿,湖北云梦县吴家台村人,出身小知识分子家庭。1895年父亲去世,家庭经济困难,他被迫到武昌织布局做工,1896年,投身湖北工程营当兵,次年被选派进入湖北武备学堂学习。1899年1月由湖北官派赴日留学,自成城学校毕业后,入日本陆军士官学校第一期骑兵科就读。在日本,吴禄贞与好友钮永建、傅慈祥等常讨论一些关于中国革命的问题,并去拜访孙中山。他们迅速提高了对革命的认识,毅然加入兴中会,投身反清斗争。

吴禄贞

1902年,吴禄贞与张绍曾等人毕业回国,到武昌面见张之洞。张对吴在日本参加进步活动极为不满。听完张的训斥,吴禄贞力陈中国必须改弦易辙,革除弊政的主张,令张钦佩不已。吴禄贞得到重用,先后担

---

① 冯玉祥:《我的生活》,黑龙江人民出版社1984年版,第105页。
② 鹿钟麟:《滦州起义的前前后后》,载《辛亥革命回忆录》,第六集,第164-165页。

任将弁学堂和湖北全军总教官,武汉普通中学学务处会办,营务处帮办等职,一跃成为武汉地区的要人。

在湖北,吴禄贞设立开展革命活动的秘密联络点,翻印陈天华的《警世钟》、《猛回头》和黄藻编的《黄帝魂》等革命书刊,散发到学堂、军队和普通百姓中,积极培养革命力量。他应黄兴之约到长沙与李书城、耿觐光等人,商讨筹建"华兴会",制定武装起义计划。

1904年,清廷在北京成立练兵处,满清贵族良弼推荐吴进京任职。吴禄贞有些犹豫,黄兴等人劝他说:北京地位重要,势在必争,机不可失。在北京掌握部分兵权后,可与南方革命党人"南北呼应,共成大业"。① 经权衡利弊,吴接受了大家的建议,于1904年5月赴京,被委任为署理练兵处军学司训练科骑队监督。

然而,他的工作就是阅操和编辑军事教材,虚有其名而无实权,并受到兵部尚书兼军机大臣铁良的压制和排挤。于是,吴禄贞于1906年主动前往西北地区调查边疆防务,1907年应徐世昌之邀,赴东北参与调查日本侵扰我国边界问题,被任命为军事参议。事后返京,他编写了一部10余万字的《延吉边务报告》,充分论证延吉自古以来是中国不可分割的领土。因此,吴被提升为吉林协统兼督办吉林的边务大臣。

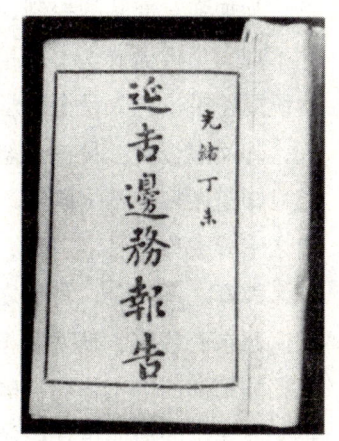

吴禄贞著《延吉边务报告》

1910年春,吴禄贞奉调入京,授以镶红旗蒙古副都统,并被派往法、德两国阅操。同年冬回国后,吴禄贞接受李书城的建议,试图谋取一个省的巡抚官职,以利开展革命活动。据李书城回忆:

> 我遂商诸黄恺元,由黄恺元从家中汇寄二万多两银子来交给吴禄贞。吴禄贞拿出二万两银子送到庆亲王的管事所开设的一个银号

---

① 《武汉文史资料》,第四辑,第89页。

里换取存款单一纸，装入一个红封套内，带着去见庆亲王。他在向庆亲王请安的时候，从袖内取出红封套说："这点小礼奉上王爷，作为门生拜老师的赘敬。"这样，吴禄贞就成为庆亲王的门生了。没几天，庆亲王告诉吴禄贞说，"各省巡抚还未出缺，现在保定陆军第六镇统制正需人补缺，你可先去复任，再候机会调一省缺给你。"吴禄贞回来很高兴，认为作为一镇的统制，有实在兵权，而且保定离北京不远，将来攻取北京也容易，遂约我同去保定接任。①

接任北洋陆军第六镇统制后不久，吴禄贞发现该镇官兵都暮气沉沉，军纪涣散，平日很少正规操练。为整顿第六镇，使之有助于革命斗争，吴禄贞想尽办法，苦心操劳。

为加强对部队的控制，吴竭力举荐李书城去做一个标统，陆军部置之不理，吴再提议李书城担任参谋长，也未得批准。随后，吴要求撤换协统周符麟，此人是个不学无术、"烟瘾很重，行为如盗贼"的旧式军人，却又遭否决。吴禄贞怒不可遏，致信陆军部大臣荫昌，指斥陆军大臣只知道做官，不尽职守，有负国家的委任。吴禄贞还致函内务部大臣肃亲王善耆称：受事三月，镇中情况已知梗概。军纪之腐败，军备之窳陋，教育之不完全，官长之无学问，名为陆军，实与旧营相差无几。禄贞遍历东西各国，所见各国之军队，比之今日之情状，深为焦灼。后来，陆军部不得不将周符麟调走，到荫昌的部下当了卫队长，但又调来一个北洋系的吴鸿昌任协统。

阻力重重，万般无奈，吴禄贞被迫返回北京住下，平日常与朋友相聚，借酒消愁，等待时机再起。

蓝天蔚（1878—1922），字秀豪，湖北黄陂县蓝家大湾人，出身农民家庭。他少有大志，天资聪慧，"倜傥不羁，喜任侠，通文学，尤酷爱军事"。②1896年，他进入湖北新军工程营当兵，次年被选入湖北武备学堂学习，1899年冬以优异成绩被官派赴日留学。在日本，他先入成

---

① 李书城：《我对吴禄贞的片段回忆》，载《辛亥革命回忆录》，第五集，第452页。
② 蓝敏：《爱国革命将领蓝天蔚》，载《文史资料精选·军政人物篇》，中国文史资料出版社1990年版。

城学校，1902年继升入日本陆军士官学校第二期工兵科学习。学习期间，他与张绍曾、吴禄贞相识，逐步成为密友。

1905年，蓝天蔚学成回国，与吴禄贞共同在湖北将弁学堂任教。他组建了革命团体"学友会"，自任会长，积极团结进步青年学生。不久，才干出众的蓝天蔚被提升为清军第八镇司令部正参谋官，专力军务。1906年河南彰德会操后，升任陆军第八镇步兵第三十三标统带（团长）。以后，经吴禄贞向陆军部推荐，

蓝天蔚

蓝天蔚奉调北上，不久前往日本考察军事，并考入日本陆军大学继续深造。1910年，蓝天蔚回国，担任陆军第二混成协统领，驻守奉天北大营。

至此，张绍曾调任第二十镇统制，驻军奉天和直隶东部沿海一带；吴禄贞调任第六镇统制，驻军保定和石家庄一带；蓝天蔚调任第二混成协统领，驻军奉天地区，这三支部队的兵力约达到3万余人，成为刺入清廷中枢地区的一把利剑。

六、无畏刺杀敌酋

与发动武装起义相配合，暗杀清政府的高官是资产阶级革命党人进行反清斗争的重要方式。20世纪初，部分革命志士深受俄国无政府主义思想的影响，热衷于研究制作炸弹、炸药技术和策划暗杀行动，并蔚然成风。

1900年兴中会发动惠州起义时，史坚如用炸药暗杀两广总督德寿，是革命党人实施的第一次暗杀活动。1903年，留日学生创办的《江苏》杂志刊文指出："尝考各国独立之已事，大抵可划为三时期，首言论，次暗杀，终乃大举"，"吾国人言论思想，今已渐达高点，苟能循序而进焉，吾知其必功也。"[①] 同年，东京的留日学生革命团体"军国民教育会"，

[①] 张枬、王忍之主编：《辛亥革命前十年间时论选集》，第一卷，下册，三联书店1960年版，第546、547页。

秘密成立了暗杀团,"欲先狙击二三重要满大臣,以为军事进行之声援"。①

当时影响最大的是由张继编译的《无政府主义》一书,该书序言宣扬:羡暗杀手段,其法也简捷,而其收效也神速。以一爆裂弹、一手枪、一匕首,已足以走万乘君,破千金产;较之以军队革命之需要多,准备烦,不秘密,不确的者,不可同日而语。茫茫亚洲,若满洲人,若君主,若政府官吏,若财产家,若结婚者,若孔孟之徒,有何绝大手段能抵抗此神出鬼没之主义乎?遇而必毙,自不待言,功效之大,更非欧美之可及也。故曰:暗杀手段诚革命之捷径。②

主张暗杀主义的革命党人,特别重视在京城的暗杀活动,其威慑力和影响作用均远超出其他各地。

(一)陶成章谋刺西太后

陶成章(1878—1912),字焕卿,浙江绍兴陶堰西上塘村人,出身贫寒家庭。他6岁入本村陶氏义学,15岁担任塾师。中日甲午战争后,他萌发"从事军事之心",在绍兴东湖义学教书期间受到维新思想的影响,开始接触一些新学。

1900年北方爆发义和团运动,"素志中央革命"的陶成章毅然离乡北上,投身社会救亡斗争。他"走鲁入燕,谋歼那拉氏(慈禧)于颐和园"。因没有行动机会,陶成章的刺杀未果。随后,他"只身出关,游历满旗有关地区及蒙古东西盟各地,察看山川形势,了解民情风尚,以图光复河山,为革命作准备"。③ 回到绍兴后,他异常兴奋地对好友说:"清朝真正王气已尽,我们革命兄弟摧枯拉朽,推翻满清,此其时矣!"

陶成章

---

① 冯自由:《革命逸史》,第五集,中华书局1981年版,第54页。
② 葛懋春编:《无政府主义思想资料选》,上册,北京大学出版社1984年版,第24页。
③ 樊光:《我所知道的陶成章》,载政协浙江省绍兴县委员会文史资料工作委员会编:《陶成章史料》,1987年版,第20页。

1901年,陶成章"为策划革命,再度北上",抵京后住在南半截胡同山会邑馆。此次行动,又因不得要领而落空。此间,陶成章曾拜访居京为高官的族人陶大均。他"日与任侠仗义者游,亲见夫清西太后窃国,光绪帝幽囚,痛陷于无政府虚君位之国家,愿效骆宾王讨武曌故事,以手刃那拉氏自誓,大庭广众,倡言不讳"。① 陶大均虽看重陶成章的人品,却对他的革命言论不以为然,又惊又怕。

1902年,陶成章第三次北上京城,伺机实行"中央革命"。在北京,他目睹帝国主义列强奴役中国人民的暴行,"耳所闻者,不过丝竹;目所见者,市之刑人而已。车如流水马龙,引见之官也。手执国旗身佩剑,欧洲之兵也。"进一步认识到清政府"非境遇之奴隶,则情欲之奴隶,非崇拜古人之奴隶,则必仰承白人之奴隶耳"。②

三次北京行的经历,使陶成章看清,只靠刺杀慈禧和几个满清王公,是不能改变中国黑暗统治现状的,"审察大势,知非由陆军着手不可,因之屡谋入陆军学校,以图进身之路,乃竟不获如愿。"③

(二)吴樾勇炸五大臣

1905年前后,革命党人掀起第一波暗杀浪潮。1904年11月,万福华在上海四马路金谷香番菜馆刺杀前广西巡抚王之春,未遂被捕。1905年初,湖北科学补习所成员王汉在河南彰德刺杀铁良未果,投井自杀。此间,最著名的是吴樾在北京刺杀出国考察宪政的清廷五大臣事件,轰动一时,影响深远。

吴樾(1878—1905),字梦霞,又作孟侠,安徽桐城人。家境清贫,8岁丧母,从其父吴尔康读私塾。少时"遂慕科名,岁岁疲于童试。年二十,始不复以八股为事,日惟诵古文辞,有劝予应试者辄拒之"。④

---

① 章乃毂、鞠僧甫:《民国浙军参谋陶公焕卿传》,载《辛亥革命浙江史料选辑》,浙江人民出版社1981年版,第352页。
② 陶成章:《致马水臣书》,转引自谢一彪、陶侃:《陶成章传》,人民出版社2009年版,第29-30页。
③ 陶成章:《浙案纪略》,载汤志钧编:《陶成章集》,中华书局1986年版,第339页。
④ 吴樾:《暗杀时代》自序,载中国史学会主编:《辛亥革命》,第二册,上海人民出版社1957年版,第374页。

1900年，他离乡赴上海，欲入广方言馆学习外国语，未能如愿，便北上京城，经族人时任京师大学堂总教习的吴汝纶介绍，于1902年进入保定高等学堂学习。

在校初期，他喜读《清议报》，深受梁启超的影响，"日日言立宪，日日望立宪"。随后，他开始阅读《中国白话报》、《警钟报》、《孙逸仙》、《警世钟》等革命书刊，思想发生深刻转变，"乃知前此梁氏之说，几误我矣"，由此"念念在排满"。

吴樾

他原名越，以亲友某尝密为纳监，乃弃前名，加木旁为樾，盖表示与满清脱离关系也。① 从字义讲，两树交臂而成的树荫谓之樾，吴樾的谐音为"无樾"，即没有覆盖之意，以示脱离清廷。

吴樾为人慷慨义烈，每谈及亡国灭种之势，常仰泣不已。他"痛四方口舌排满之辈，不得一人实行为耻，其牺牲一身为天下倡，而复活我祖国荆（轲）、聂（政）壮美之历史，使全世界异种人，均不敢玩弄吾族也久矣"。②

吴樾为安徽同乡万福华刺杀王之春而被捕扼腕叹息："吾人对付卖国贼，自当用暗杀手段，但制造卖国者满清政府，擒贼擒王，不可不歼厥渠魁，以儆余众。王之春特一小卒，无狙击之价值，如此大材小用，殊属可惜。"对于王汉刺敌未果，投井自尽，吴樾则惋惜不已："吾辈以身许国，纵使一时不达目的，亦必须继续为之，务使贯彻所事而后已，岂可无故轻生，而贻薄意志弱行之消乎？"

吴樾逐步转向革命，广泛结识了许多志同道合的好友，如湘人陈天华、杨守仁，苏人赵声，鲁人张榕，浙人蔡元培、章炳麟、秋瑾，皖人陈独秀等。其中，赵声对他的的影响最大。

赵声（1881—1911），字伯先，江苏丹徒（今镇江）人，1903年赴

---

① 冯自由：《革命逸史》，第三集，中华书局1981年版，第191页。
② 邹鲁：《中国国民党史稿》，商务印书馆1947年版，第689页。

日本考察军事，结识黄兴，不久回国从事革命斗争。1904年6月赵声到保定在新军中开展反清活动，经革命党人潘赞化介绍，会晤吴樾。

吴樾回忆与赵声在兽居村聚首一日夜的情景，"彼此各抒所见，无不志同道合，生平快心之事，未有过于此也。及至临别之际，执手无言，面面相视者久之"。两人深入探讨现实斗争问题，对于革命方式，各有所侧重：赵声主张发动武装起义；吴樾坚持实行暗杀活动，除掉清廷的头面人物，如慈禧、铁良等，借以达到革命目的。吴樾对赵声说：在黑暗的专制统治下，搞暗杀易，武装起义难。今后我从其易，你为其难，我已将此身许国救民，

赵声

即使赴汤蹈火，也万死不辞。将来率大军北上为我报仇雪恨的，必定是你。

不久，赵声北上天津，赋诗寄赠吴樾，其中一节称：

一腔热血千行泪，慷慨淋漓为我言。
大好头颅拼一掷，太空追攫国民魂。

经赵声介绍，在北京译学馆任教员的革命党人杨守仁秘密赶到保定，与吴樾相见。杨守仁（1871—1911），原名杨毓麟，字笃生，湖南长沙人。他"少好学问"，长大后"精研先儒性理及佛老之学，经史百家无所不窥"。1902年东渡日本，初入宏文学院，继入早稻田大学，结识黄兴、刘揆一、陈天华等人，开始宣传政治革命和种族革命等主张。在反清斗争中，他看重暗杀活动，曾专门到横滨向梁慕光学习制作炸药技术，是最早掌握制造炸弹技术的革命党人之一。为躲避敌人的追捕，他改名守仁，"继乃变计溷迹政界，以从事中央革命，谓发难边区不如袭取首都收效之速。"他身居北京数月，经张伯熙之助担任译学馆教员。

杨守仁与吴樾商定组建"北方暗杀团"，第一批成员有吴樾、金慰农、杨醒余、马鸿亮、金燕生和张啸吟等6人。吴樾还经蔡元培介绍，

加入了国内重要的革命团体光复会。

吴樾认为，古代荆轲使用匕首刺杀秦王的方法，早已过时。尽管他已从日本购置了一支手枪，但使用洋枪容易出故障，杀伤力也不足，万福华刺杀王之春失败，原因就是手枪卡了壳。因此，他进京拜杨守仁为师，学习制作炸药及其装配炸弹的方法。他们曾经到西山八大处附近的婆罗山，进行投弹实验，爆炸声如巨雷。不料，山下被惊动的士兵闻声赶来查看，他们及时转移脱险。

杨守仁

当时，杨守仁制作炸弹的方法还比较简单，"一为以银药或水银装配弹内，使掷放时自行爆烈之法，此法于用硝酸配合时易致危险。"曾有数名革命党人因此受伤，杨守仁也被炸伤一只眼睛。"后改用普通黄色炸药，先在铁壳之底开一孔，然后置药壳中，通以雷管及导火线，必将火线燃着，始能掷去。"他们反复试验，"乃发明用撞针发火之法，此法与第二法略同，只以撞针代燃烧品，盖壳底之撞针与硬物相触时，壳内之雷管及炸药即因撞针接触火线而爆炸，其施放手续实较上述他法为容易，而少危险性也。"①

吴樾认为：在满人之中，最重要的是慈禧太后和军机大臣铁良。他最初的刺杀目标是慈禧太后，因难度极大，便决定先杀从南京、武昌革命党人枪口下逃生的铁良。铁良手握军政大权，疯狂搜刮东南地区的财富，编练京旗常备军，气焰嚣张地欺压汉人，早为吴樾痛恨不已。

于是，吴樾潜入北京，寄居位于前门西顺城街的桐城试馆。他几次怀揣炸弹，寻找铁良踪迹，均因其深居简出，防备甚严，无机可乘。

1905 年 7 月下旬，清廷为进一步欺骗民众，缓和社会各界舆论的压力，两次发布上谕，号称朝廷"力图变法，锐意振兴"，选派镇国公载泽、户部侍郎戴鸿慈、兵部侍郎徐世昌、湖南巡抚端方、商部右丞相绍

---

① 冯自由：《革命逸史》，第三集，第 193 页。

英等五大臣"随带人员，分赴东西洋各国，考求一切政治，以期择善而从"。①

消息传来，吴樾与杨守仁及时商议，看穿此举是清廷麻痹人民的一个骗局。吴樾认为："宪政施行，必有民主，惟有待之清廷颠覆之后。满有鉴俄日之役立宪著效，迎合国人心理，派人考察，聊以塞责，实无诚意施行。即能见诸事实，而宪法一经规定，君权愈加巩固，只足延长满人命运，反使汉人陷于万劫不复之域。革命前途，此为莫大障碍。"于是，吴樾决定改变暗杀计划，转而刺杀出洋五大臣。

铁良

1905年12月，"五大臣"二次组团出洋在罗马的合影

在筹备刺杀出洋五大臣期间，吴樾认真地整理了自己的思想观点，撰写了《暗杀时代》一文和《意见书》一份。他认为：

第一，"夫排满之道有二：一曰暗杀，一曰革命。暗杀为因，革命为果，暗杀虽个人而可为，革命非群力即不效。今日之时代，非革命之时代，实暗杀之时代也。"②

---

① 引自故宫博物院明清档案部编：《清末筹备立宪档案史料》，上册，中华书局1979年版，第1—2页。

② 吴樾：《暗杀时代》自序，载《辛亥革命》，第二册，第375页。

第二，深受满清封建专制统治的压迫，"我同胞虽愚弱，而利害亦明，我同胞虽窳败，而心灰未死，未有见此而不恨入骨髓者。然徒恨之而不敢有所反对焉，亦足徵民气之涣散不申矣。今欲伸民气，则莫若行此暗杀主义。"

第三，"诚以无破坏，则无建设，无激烈，则无平和；若一于破坏，一于激烈，匪特建设之不可期，平和则无由致，而破坏为无用，激烈为无益矣。若求其建设，而不先经以破坏，则建设直无从建设。若求其平和而不先出以激烈，则平和亦无可平和。"

第四，"吾又敢断言曰：今日为我同志诸君之暗杀时代，他年则为我汉族之革命时代。欲得他年之果，必种今日之因。我同志诸君，勿趋前，勿步后，勿涉猎，勿越趄，时哉不可失，时乎不再来，手提三尺剑，割尽满人头，此日正其时矣。吾愿为同志诸君之先鞭，吾更愿同志诸君之日继我后。"

在致未婚妻的信中，吴樾称自己死后，不要为他个人复仇，也不要报什么个人之恩。"吾所谓复仇者，非私子于我，而为我复仇也。吾之意，欲子他年与吾并立铜像耳。爱子之甚，故愿子弃死而就生，以为同胞复九世之仇焉。若云报吾之恩，吾何恩之有！子又何报之有！吾期望于子者，思想日渐发达，智力日渐进步，而导以民族之主义，爱国之精神者，亦为同胞起见也。"

此间，针对清廷玩弄"预备立宪"的骗局，吴樾还写出了对立宪的"意见书"，重在揭露立宪阴谋，弘扬革命排满。该"意见书"阐明六点：

（一）建立汉族新国家是四亿同胞惟一天职，推翻满族寄生旧政府，是四亿同胞唯一手段；（二）扶助满清王朝不能救亡，必须进行各方面的彻底变革；（三）满清皇族无立宪资格，其代表人物奕劻、载振等人昏庸腐败，没有组织立宪政府的资格；（四）满清政府一贯奉行一整套奴役汉人的政策，对外丧权辱国，割地赔款，罪孽深重，本性难移；（五）所谓的"立宪"不利于汉族人，清政府搞"立宪"骗局，其结果必然借机加深对汉族人的压迫；（六）主张立宪者是对于国民行为的不忠。其中，海外的保皇派都是"希冀个人之富贵，抛弃民族之积耻"，而那拉氏后党的追随者则对朝廷"摇尾鼓掌",苦心谋取一官半职,他们只是将"立宪"作为沽名钓誉、中饱私囊的幌子。

为了摸清五大臣出国的时间和路线,吴樾以准备结婚为名向学堂请假,未等批准,便自行离校。经天津到北京后,他住进桐城试馆,对外称将到京师大学堂学习。这期间,他有时外出,联络同志,搜集情报,有时在试馆的居室内埋头写作,并未引起周围人的注意。

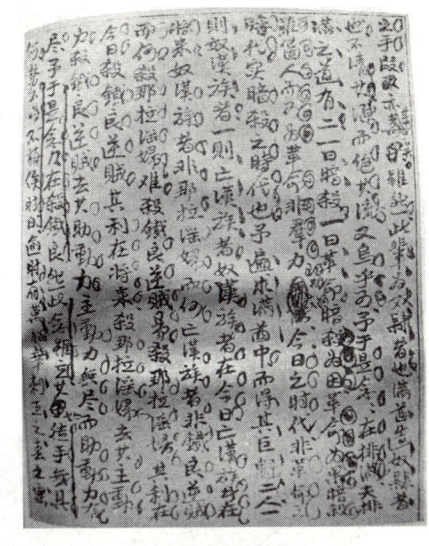

吴樾遗书手迹

1905年9月23日,吴樾备酒与同馆友人汪炘等人畅饮,声言:明日有事将去天津,再聚未知何日。特今夕不能多饮,尚须作家书。

9月24日,是五大臣离京赴津出洋的日子。清晨,吴樾与同志张榕来到京奉铁路正阳门东车站,准备实施暗杀出洋五大臣计划。

张榕(1882—1912),原名焕榕,字荫华,盛京府汉军镶黄旗

革命志士吴樾

人,祖籍山东,生长于辽宁抚顺,善骑射,精于剑术。他早年考入京师大学堂学习,曾返回东北从事反清活动,后常居北京,暗中策反清廷官吏,并在学术界广交志士,因与吴樾成为至交。

吴樾在行刺前服药哑嗓,以防被俘后走漏实情,连累他人。他还在试馆内宿处枕下留下遗书,称:"此行决实行暗杀,惟成否不可知。然我必死,我死不足惜,恐诸同乡因

张榕

我而被累，可将我之行李移置他处，以免受嫌。"①

这天上午，正阳门东车站挤满了为五大臣送行的达官贵人，四处布满巡警和暗探，站内外一片喧哗繁杂。五大臣原定10点出发，铁路局预备的专车共五节，前面两节供随员乘坐，第三节是五大臣的花车，第四节为仆役所乘，最后一节装行李。率先到的是徐世昌，接着是绍英、端方和戴鸿慈，最后载泽姗姗来迟，发车时间推延半个小时。

京奉铁路正阳门东车站旧貌

吴樾与张榕试图趁乱混进车站，没料到因他们身穿学堂的操衣，被警卫拦截在外。他俩急中生智，赶紧到附近衣帽店购置官差所穿的无顶官帽和布靴，化装成跟班人模样顺利进入站内。随后，俩人直奔五大臣所乘的花车。吴樾随仆役上了第四节车厢，张榕却被人群挤到了远处。

上了列车，吴樾试图从第四节车厢经夹道进入第三节花车，被卫兵拦住盘问。吴樾的南方口音，引起卫兵的怀疑，双方发生争执。这时，又有几个卫兵赶过来查看，情况危急。瞬间，吴樾毅然冲向花车车厢。这时，正巧火车头与车厢对接，猛烈的撞击引起车身剧烈震动，吴樾所携炸弹的撞针意外被触发，随着惊天动地的爆炸声，硝烟弥漫，车厢被

---

① 冯自由：《革命逸史》，第三集，第197页。

炸得七零八落，惊恐的喊叫声响成一片。

爆炸毙伤十多人，除了车内1人和车旁3人被炸死，数名随从身负轻重伤外，五大臣中绍英耳后发际及臂上受伤略重，被送往医院，载泽的额角和手臂受伤，端方、戴鸿慈也受了轻伤，徐世昌距离较远，铁片穿帽而过，袍带被炸破。胆战心惊的载泽伸出一只带血的手，摸着自己的脖子问："我的脑袋呢？"另有送行的官吏伍廷芳两只耳朵被震伤。

同时，吴樾的下半身被炸碎，肠腹崩裂，手脚皆断，血肉模糊，英勇牺牲。张榕没有受伤，在同志的帮助下，趁乱离开了车站。

革命壮士在京城刺杀五大臣的消息迅速传遍各地，震撼人心。第二天出版的《纽约时报》，也以《革命党在北京车站引爆自杀炸弹》为题，及时报道了相关的消息。该文称刺杀者是一名无政府主义者，评论说："众所周知，俄国的无政府主义分子在大清国境内传播他们的教义已有一段时间了，而一个相信无政府主义观念的秘密团体也已在大清国成长壮大。"

清朝政府惊恐不安，实行全城戒严，发布上谕称："光天化日之下，竟有匪徒如此横行，实属目无法纪，著责成步军统领衙门、顺天府尹、工巡局、督办铁路大臣等，严切查拏，彻底根究，从重惩办，以儆凶顽。所有外城工巡局委员及南营参将、铁路车站委员，疏于防范，均著查取职名交部议处，余著照所议办理。"①

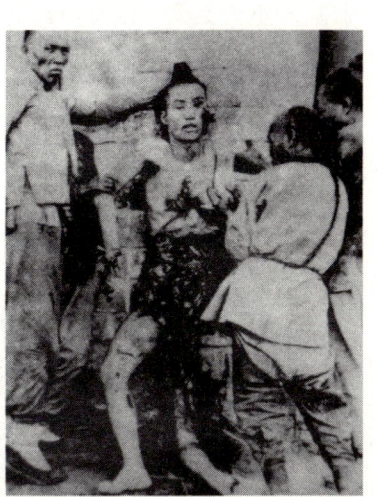

牺牲后的吴樾

慈禧太后深感威胁，加强安全防备，将颐和园高高的围墙再增加3尺余，园内增设电话，增派驻军，加班昼夜巡逻。挨炸后，绍英和徐世昌的身心均受沉重打击，难以继续出洋，清廷改派山东布政使尚其亨和

① 《清末筹备立宪档案史料》，上册，第3页。

顺天府丞盛铎顶替。

清廷委任肃亲王善耆和赵秉钧查办此案，力图尽快查明行刺者的身份。他们找医生用药水清洗吴樾的遗体，使其"真容毕现，双目炯炯，若喜若瞋"。警厅将吴樾的遗体装进玻璃匣，招人辨认，还拍摄照片，四处查询。

至当年11月，警厅才捕捉到两个重要线索。其一，当警员在桐城试馆前出示吴樾照片时，有一小女孩指认："此非吴老爷乎？"警厅寻踪追查，逮捕了汪炘，始知刺杀者是吴樾。其二，保定警察局警员王缙通过在直隶高等学堂上学的胞弟，了解到吴樾的情况，进而追查到桐城试馆，抓住汪炘，确认刺杀是吴樾所为。

吴樾的英勇牺牲，极大地震慑了清廷的上层官吏，激励了革命党人的斗志，进一步壮大了革命的声势。中国同盟会主办的《民报》杂志，为此特编印了增刊《天讨》，刊载了吴樾所著的《暗杀时代》、《意见书》等重要文稿，愤怒声讨清廷的罪恶。曾与吴樾并肩战斗过的浙江革命女杰秋瑾写下长篇诗文，悼念吴樾。该文最后四句称：

死殉同胞剩血痕，我今痛哭为招魂。

前赴后继人应在，如君不愧轩辕孙。

秋瑾

1912年3月20日,孙中山出席苏、皖倡义烈士（赵声、吴樾、熊成基、倪映典等）追悼大会

(三) 谋杀摄政王载沣

中国同盟会成立后,于1906至1908年间在南方地区先后策动了湘赣边的萍浏醴起义、广东潮州黄冈起义、广东惠州七女湖起义、广东钦州防城起义、云南河口起义等。这些起义均遭失败,革命党人死伤惨重。面对革命由高涨转入低潮的严重形势,许多革命党人斗志受挫,产生急躁情绪,进而走上暗杀的极端道路。其中表现突出的是,身在日本东京作为同盟会主要领导人之一的汪精卫,他决意"杀一虏首","借炸弹之力,以为激动之方"。①

汪精卫（1883—1944）,原名兆铭,字季新,1905年留学日本以"精卫"笔名发表文章,后以精卫为号。他出身于广东三水县的一个小官吏家庭,十二三岁时,母、父先后去

青年时代的汪精卫

---

① 《胡汉民自传》,传记文学出版社1969年版,第34页。

世。18 岁参加广州府试，获第一名，应聘做广东水师提督李准的家庭教师。1902 年与朱执信、古应芬、胡毅生等在广州象贤街西庵书院，组织"群知学社"，探求新知识。1904 年秋，作为广东省官派留学生赴日本，进入东京法政大学速成科学习。

1905 年 7 月，他拜会孙中山，拥护孙中山关于组织统一的革命团体的主张。8 月 20 日同盟会正式成立大会上，他参与起草会章，被推举为评议部的评议长，被聘为机关报《民报》的主要撰稿人。他是同盟会的著名理论宣传家，在报刊发表文章，在各地发表演讲，宣传革命主张，抨击清廷专制统治，批判康梁保皇派的改良观点，深得孙中山的信任和重用。

1909 年 1 月，汪精卫从新加坡前往香港，计划北上刺杀清廷高官。5 月，他致信胡汉民称：关于暗杀之事，自前年以来，蓄此念于胸中，以至今日，千回万转，而终不移其决心。他还致信同盟会员吴玉章，索要炸药，并说明自己的观点：

革命之事譬如煮饭。煮饭之要具有二：一曰釜，一曰薪。釜之为德，在一恒字。水不能蚀，火不能融，水火交煎，皆能忍受；此正如我革命党人，百折不挠，再接再厉。薪之为德，在一烈字。炬火熊熊，光焰万丈，顾体质虽毁，借其余热，可以煮饭；此正如我革命党人，一往独前，舍生取义。弟素鲜恒德，顾不愿为釜而愿为薪。兄如爱我，望即赐寄各物。①

吴玉章

随后，汪精卫前往日本，与黄复生、喻培伦、黎仲实、陈璧君、曾醒、方君瑛共 7 人，组成一个暗杀团体，在香港黄泥涌道设立秘密机关，并于屯门邓三伯农场从事爆炸试验。

黄复生（1883—1948），字明玉，四川隆昌人，1904 年赴日留学，次年加入同盟会，曾任四川分会会长，兼《民报》经理。

---

① 吴玉章：《辛亥革命》，人民出版社 1961 年版，第 105 页。

喻培伦（1886—1911），字云纪，四川内江人，1905年留学日本，1908年加入同盟会，擅长研制炸弹。

黄复生

喻培伦

汪精卫等人最初计划入粤刺杀水师提督李准，因同盟会正准备发动起义，为避免打草惊蛇，便放弃这一目标。随后，他们决定刺杀慈禧太后的外甥、两江总督端方，此时他奉命移督直隶。汪精卫、黄复生、喻培伦设伏于汉口大智门火车站，等候下手。不料，狡猾的端方取道上海，乘船到天津，未经芦汉铁路北上。

刺杀计划先后落空，汪精卫等人这才"思于京师根本之地，为振奋天下人心之举"①，将目标转向北京。当年10月，由黄复生先行潜入北京，筹建暗杀据点。

1910年1月中旬，汪精卫率领黎仲实、陈璧君也离开香港秘密抵达北京。行前汪精卫曾致书孙中山称："盖此时团体，溃裂已甚，维持之法，非口舌所可弥缝，非手段所可挽回，要在吾辈努力为事实之进行，则灰心者复归于热，怀疑者复归于信。"② 他还致函南洋同志称："弟虽流血于菜市街头，犹张目以望革命军之入都门也！"

---

① 《汪兆铭供词》，载眭云章：《中华民国开国记》，中央文物供应社1968年版，第478页。
② 张江裁：《汪精卫先生庚戌蒙难实录》，第2页。

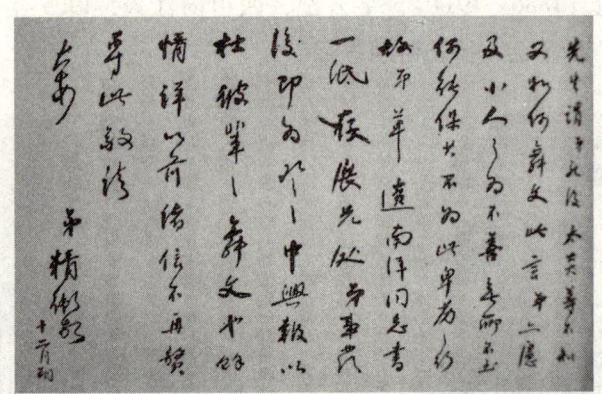

汪精卫北上前致孙中山函手迹

抵京后，汪精卫等人在和平门外琉璃厂火神庙夹道，开设了一家"守真照相馆"作为掩护，于2月10日开业。另在东北园租赁几间房屋居住。他们立即行动，携带炸弹，谋刺庆亲王奕劻。然而，庆亲王出门时戒备森严，所经道路宽阔，无法下手。接着，汪精卫和黄复生又带着炸弹到正阳门东车站，谋刺赴欧考察军事回国的载洵、载涛两贝勒。时值天黑大雪，车站上拥挤嘈杂，他们难辨目标，被迫放弃。最后，暗杀团研究决定，擒贼擒王，直接刺杀清廷的摄政王载沣。

载沣是醇亲王奕譞的儿子、光绪帝的胞弟，宣统皇帝溥仪的父亲，慈禧太后临终前任命他为摄政王监国，掌管国家的最高权力。载沣摄政后，残酷镇压革命党人，继续玩弄"立宪"骗局，竭力维持行将覆灭的清朝统治。

爱新觉罗·载沣

1905年吴樾炸五大臣事件后，载沣与京城其他满清官员一样恐惧，严加防范。他的府邸内外，受到王府护卫、禁卫军、步军统领衙门，以及警察的层层保护，外出时，也有众多马队护卫，上朝路过的两个区的署长都亲自负责警卫工作。

汪精卫等人对刺杀载沣的行动方案进行了多次实地观察和精心布置。摄政王府（醇王府）位于后海北岸西侧，坐北朝南。他们原打算趁载沣经过鼓楼西斜街时，隐蔽在鼓楼前的一道短墙后，伺机投弹刺杀。不巧，鼓楼西斜街开始改筑马路，不能通行，计划落空。他们发现载沣改走烟袋斜街后，准备埋伏在附近的房屋内投出炸弹刺杀，可惜一时无房可租。他们再仔细观察，发现载沣到紫禁城上朝的路上，从王府到鸦儿胡同之间，必经一座小石板桥，桥两侧各有一个小水潭，北面有居民数家，附近地区十分僻静。小石板桥北有一条阴沟，直通甘露胡同口的甘水桥下。他们认为这是一个绝好的伏击地点，将炸弹置于小石板桥下，人躲在北边的阴沟内，通过电线引爆炸弹。

3月15日，他们委托骡马市大街路南鸿泰永墨合铁匠铺掌柜钟廷文，在顺治门（今宣武门）大街路东三盛合铁厂订制了一个可以装四五十磅炸药的大铁罐，并于20日取回。接着，他们又在鼓楼大街"清虚观"内租了一间房子，用于腾挪炸弹等物品。

3月31日晚，黄复生和喻培伦悄悄来到小石板桥下，挖掘埋设炸弹的坑。不一会儿，附近犬吠声四起，他俩只好撤离。4月1日深夜，俩人再次来到桥下，挖好了坑，将装满炸药的大铁罐放到坑里。突然，黄复生看到桥上有个人朝下窥视，一晃又不见了。俩人很紧张，立即分头行动。喻培伦赶到清虚观向汪精卫报告，黄复生躲到一棵大树后观察动静。黄看到一个人手提灯笼到桥下查看了一会儿就走了，他急忙到桥下，用泥土将大铁罐草草掩盖起来。他再次躲到树后不久，隐约看见刚才桥上那人带着一个警察和一个宪兵，赶过来搜查。①

当夜，汪精卫召集暗杀团成员在东北园紧急磋商对策。会议决定由喻培伦到东京购置炸药，黎仲实、陈璧君赴南洋筹款，汪精卫和黄复生留守北京。第二天，黄复生、喻培伦装扮成路人来到小石板桥一带，看到桥边已有警察往来巡查，只得离去。不料，他俩人已引起暗探的注意，跟踪他们到了琉璃厂的守真照相馆。

---

① 陈映芳：《汪精卫谋炸摄政王地点考实》，载林克光等主编：《近代京华史迹》，中国人民大学出版社1985年版，第497页。

原来，警察发现小石板桥下的炸药罐后，从日本驻华使馆请来一名专家，将铁罐和雷管电线等取出。同时，警方封锁相关消息，暗中抓紧侦破。警察根据铁管的形状，派人挨户盘查城内铁匠铺，终由鸿泰永铁匠铺店主供出，铁罐系守真照相馆订制。

4月16日上午，警察在守真照相馆抓捕了黄复生和照相馆的司事罗世勋，随后又在东北园门口抓住汪精卫，从汪身上搜出《革命之趋势》、《革命之决心》、《告别南洋同志书》等文稿，还从他们的住处搜出炸弹、手枪、电线等物品。汪精卫、黄复生、罗世勋3人被送往民政部北京内城总厅关押。

曾参与策划谋刺摄政王，坐镇日本的吴玉章对此事的回忆，另有一番说法：

在1910年4月的一个晚上，喻云纪和黄复生偷偷来到这个桥下。他们首先把炸药安好，然后再来安设电线，谁知事先目测不准确，临时才发现电线短了几尺。怎么办呢？不得已只好收拾重来。正在收拾的时候，暗中发现有人在桥边大便，于是他们只得暂时躲开。而这时摄政王府大门开处，有打灯笼的人等出来。喻、黄恐怕被他们发现，便顾不着去取炸弹了，只得任它埋在土里。等第二天晚上再去探取时，炸弹已被人取走了！他们估计：若是敌人取走，必定会惹起满城风雨；若是静无声息，则是一般居民拿去了。过了一天、两天，一连几天皆无动静，他们估计无事，便派喻云纪、陈璧君再到日本向我取炸药，准备回头再举。他们回到日本，陈留神户，喻到冈山来找我。就在那天我们正要去准备器物的时候，忽然，报上登出了黄复生、汪精卫被捕的消息！原来敌人非常狡猾，他们发觉炸弹并未声张，先拿到外国使馆找专家鉴定。这外国专家说："这炸弹威力强大，技术高超，绝非中国境内制造；但外壳很大，且较粗糙而车有螺丝，必是就近制造的。"

于是清政府根据弹壳的线索，找到了那家铁工厂。然后由便衣侦卒带着那家铁工厂的老板四处寻找，又在琉璃厂附近认出了黄复生并发现守真照相馆。于是侦卒们装着要照相，趁机把黄复生和守真照相馆的人全部逮捕了。接着又利用一个给汪精卫送饭的人带路,把汪也捕去了。①

被捕后,汪精卫在狱中书写"供词",对谋刺载沣之事供认不讳,并称黄复生等人"皆不知精卫目的所在"。"供词"痛斥清廷的所谓立宪,"不能达济国之目的",强调:"大抵各国之立宪,无论其为君主立宪为民主立宪,皆必经一度革命而后得之。所以然者,以专制之权力,积之既久,为国家权力发动之根本,非摧去此强权,无由收除旧布新之效故也。"中国已陷入"一亡而不可复存,一弱而不可复强"的危局,"非于根本上为解决,必无振起之望。"②

被关押期间,汪精卫还写下许多诗词,抒发革命情感。其中一首《被逮口占》有以下四句,曾在社会上广为流传:

　　慷慨歌燕市,从容作楚囚;
　　引刀成一快,不负少年头。

4月29日,汪精卫和黄复生被清廷判处永远监禁,罗世勋被判监禁10年。次日,他们由民政部内总厅转至法部监狱(北监)。

---

① 吴玉章:《辛亥革命》,第107页。
② 朱子家:《汪政权的开场与收场》,载《历史档案》,1983年第2期。

中篇

风雷激荡

第四章
武昌起义震撼京畿

一、武昌起义告捷

1911年10月10日，驻鄂新军的革命党人在武昌发动起义，解放武汉三镇，成立湖北军政府，革命形势迅猛发展。至11月底，关内18省中有西北、华东、华南和西南等15个省和最大城市上海先后宣布独立，清王朝统治的崩溃已指日可待。

湖北军政府

10月11日武昌首义的第二天，有关消息就传到北京，许多报刊及时予以报道，引发各界民众的极大关注。

从10月12日起，《顺天时报》作了连续报道："旨瑞澂电奏，探知革党潜匿武昌，定期十九日（10日）夜间起事，正饬防拿。"在"时事要闻"栏，以"武汉匪党之可虑"为题报道："后电云鄂新军中之炮队及辎重队遂反乱，合并匪党之势情形愈形滋扰。据闻已以炸弹爆毙张统制彪，而瑞督已搭炮舰避难于汉口。"

"上谕瑞澂电奏，十八日夜革匪创乱，拿获各匪正在提讯核办，革匪余党勾结工程营、辎重营突于十九日夜八钟响应，工程营则猛扑楚望台军械局，辎重营则就营纵火，斩开而入。瑞澂督同张彪、铁忠王复康分派军警随时布置，并亲率警察队抵御。无如匪分数路来攻，其党极众，其势极猛。瑞澂退登楚豫兵轮，移往汉口。"

"革党占据汉口，汉口除租借地外一带，均为革命党所占据。闻驻该地之官兵，寡不敌众，悉溃散云。"

《顺天时报》还提到革命党的宣言，称："宣言略曰此次举兵目的在于颠覆满洲政府，将为汉人之天下也云云。又曰对外人毫无关系，且不加危害。如有对外人危害者斩，若在租借地内为滋扰亦斩。一般民众须安分云。已经布达，深望各国严守中立态度云云。"

10月12日白天，梅兰芳正在煤市街南口文明茶楼演出，忽然看见台下观众手持报纸，互相传观，交头接耳，纷纷议论。卸装时，有几位京师译学馆的朋友言简斋等到后台来告诉他说："武昌发生兵变，被革命党占领了。"[①]

二、京师动荡不安

此时，清廷朝野上下惶恐万状，阵脚大乱。据梅兰芳听军咨府的朋友说："武昌兵变"的消息到京后，监国摄政王载沣马上召集御前会议，各部大臣都列席。会议开始，载沣面色阴郁，半天说不出一句话来。大家面面相觑，谁也不敢先开口。这样僵持了许久之后，内阁总理大臣庆亲王奕劻才用低沉的语调说了一句话："还是请午楼（荫昌号）辛苦一

---

① 梅兰芳遗稿：《戏剧界参加辛亥革命的几件事》，载《辛亥革命回忆录》，第一集，第343页。

趋吧!"载沣表示赞成,这次御前会议就这样草草收场,那天的"上谕"就是这样下来的。

迫不得已,清廷急忙采取一系列紧急措施应对危机,做垂死挣扎。

首先是调兵遣将,试图南下镇压日益高涨的革命运动。10月13日,清廷指派陆军大臣荫昌率第一军立即南下"讨伐叛乱",又命萨镇冰指挥海军舰队溯长江而上,从水路发动进攻。14日,委任袁世凯为湖广总督,要他率领北洋陆军南下进剿。袁世凯在被任命为内阁总理大臣之后,于11月初指挥北洋嫡系部队攻陷汉口。

陆军大臣荫昌

其次,清廷立即停止在直隶地区进行的"永平秋操",将参加秋操的禁卫军调回北京,驻防皇城周围。指派贝勒载涛督率由禁卫军和陆军第一镇组成的第三军"驻守近畿,专司巡护"。①

第三,异常提防和仇视汉人。镶蓝旗护军统领希璋奏请用八旗兵取代新军守卫京城。署民政部大臣桂春"密令内外城巡警总厅,将汉族之充警察者,查点人数,密造名册,预备一律撤出;一面密调城外之圆明园、外火器营、健锐营旗兵两千人进城分住,俟将汉族警察撤除,全以旗兵顶补,即拟于某日夜间同时动手,屠杀京城之汉人(其对象尤其是南方人)。"②此令传出,人心恐慌,险些引发大动乱。

此外,对京城实行全面的严密监控。据《大公报》报道:昨日政府以武昌失守,革命党势甚汹涌,京师不得不事先预防,业经拟定办法数则:责成民政、邮传两部对京汉、京奉等火车须严行取缔侦察;责成邮部对于外省到京电报信件,如稍可疑即予扣留;责成民部通饬各区警兵一律荷枪守望,遇有形迹可疑之人须严加盘问;责成学部严密调查此次游学生以及各省到京复试学生身家履历,试毕即行出京,各回本籍;责成军咨府、陆军部,对于驻扎近畿陆军严防暴动。以上各条办法,当即

---

① 《辛亥革命资料》,第五册,第293页。
② 《辛亥革命回忆录》,第八集,第487页。

分饬遵办。

外城巡警总厅传谕在京各报馆称:"京师五方杂处,诚恐无知愚民散布谣言,希冀煽惑,应即严加防范,以镇人心","关于此次鄂省匪徒倡乱情事,暂缓登载"。

清廷官员认为"茶社酒肆向为造谣生事之区,亟宜严行禁制,以免匪徒摇惑。除派员随时严密稽查外,并拟会同顺天府步军统领衙门出示严禁,如敢故违,即行按法惩办。"①

鉴于武昌失守后,京师各界无不震骇,"民政部为预防未然起见,故饬警员将该管区域内演唱夜戏各园及电影等剧,一律禁止停演"。②

与此同时,京城内危机四起,一片混乱。城内连日流言不断,"有言已由邮传部预备火车者,有言热河已修行宫者,有言密云已修道路者,又有言洋文报纸谓将往奉天者。不经之言,已是骇人闻听"。"人言至此,闻之心悸"。大批朝廷官员纷纷请假离京而逃,"每次火车均挤不能容",仅逃避天津之京官就"日以千计"。③

仓皇出逃的清廷官吏

---

① 《大公报》,1911年10月17日。
② 《顺天时报》,1911年10月14日。
③ 《辛亥革命前后——盛宣怀档案资料选辑之一》,上海人民出版社1981年版,第225页。

随之而来的是猛烈的金融危机。许多王公大臣"亟于自保财产，纷纷向银行提取现银，寄存私宅，且有转存外国银行及收买黄金金镑者。耳目昭彰，人心愈加慌恐"。①

据《清实录》记载：近日大清总银行及北京储蓄银行执票取银者，几于给不暇给，甚至取银圆者则以银折付，取现金者仍以票交，于是市面恐慌，竟有不用该银行纸币之说。不惟大清银行受其影响，各城银号钱店亦皆被其实害。连日倒闭钱铺，不下一二十家，而一切交易，非现银不行，殊属不成市面。

10月17日《顺天时报》登录了京城被迫关闭的银钱店有：东四牌楼和丰、东单牌楼北义和、北新桥德兴、阜成门外大兴、兴隆街天泰昌、南羊肉口永和义、虎坊桥德成永、米市胡同同合会、西郊民巷鼎昌、前门大街阜丰、乾升、花儿市永和、三转桥德益和、五道庙天成、东四牌楼德盛、西四牌楼天增、护国寺兴成、草厂胡同宝恒兴。

---

① 《辛亥革命资料》，第五册，第413页。

第五章
新建革命组织

一、天津"共和会"

天津地处京畿要冲,是拥有50多万人口的北方重镇,它与北京距离较近,对外开放较早,工商业发达,海陆交通便捷,在华北政治经济中占有举足轻重的地位,也是革命党人发动"中央革命"的战略基地。

早在1906年春,孙中山从南洋返回日本途中在上海吴淞停顿,他回忆:有法国武官布加卑者,奉其陆军大臣之命来见,传达彼政府有赞助中国革命事业之好意,叩以革命势力之如何,予略告以实情。又叩以"各省军队之联络如何?若已成熟,则吾国政府立可相助"。予答以未有把握。遂请彼派员相助,以办调查联络之事。彼乃与驻扎天津之参谋部,派定武官七人归予调遣。予命廖仲恺往天津设立机关。①

廖仲恺(1877—1925),原名恩煦,字仲恺,广东归善(今惠阳县)人,生于美国旧金山旅美华工家庭,1893年回中国,1902年赴日本留学,入早稻田大学预科,后于中央大学政治经济科毕业。1903年,他结识孙中山,投身革命事业,1905年参加同盟会,任总部外务干事、副部长、会计长等职。

同年,奉孙中山之命,正在日本早稻田大学学习的廖仲恺从日本来到天津,与布加卑联络,

廖仲恺

---

① 《孙中山全集》,第六卷,中华书局1985年版,第237页。

争取他们对中国革命的支持,并秘密组建同盟会的分支机构,担任主盟人。1908年,廖仲恺还曾从日本出发,经天津到吉林开展筹备起义的工作。

1909年,天津曾成立了一个"共和会",属于同盟会直隶省支部的外围组织。1911年6月,天津还出现"天足会"等进步团体,开展了轰轰烈烈的反封建斗争。

武昌起义后,同盟会会员张相文和白毓崑认为革命时机已渐成熟,开始"暗结团体,待机而发"。

张相文(1866—1933),字蔚西,江西泗阳人,少时曾就读上海公学,青年时代抱救国救民之志,潜心钻研近代地理学。1907年到天津任北洋高等女子学堂教务长,1911年初任该校校长,是中国近代地理学奠基人。

白毓崑(1868—1912),字雅雨,江苏南通人,自幼聪慧过人,被誉为"江南才子",曾在上海南洋公学和澄衷学堂任教。1908年,经挚友张相文举荐赴津,在北洋女子师范学堂和北洋政法学堂执教,中国著名的地理学家。

张相文

白毓崑

张相文与白毓崑在工作中密切合作,各有侧重,张相文社会地位较高,影响广泛,主要负责制定斗争规划,策动上层,暗中活动;白毓崑则以教师的身份,直接出面负责联络各方的组织工作。

首先,由白毓崑筹建中国红十字会天津分会,作为革命的外围组

· 87 ·

织。1911年10月至11月间,由张相文和白毓昆发起,在法租界梨栈的生昌酒楼创立了天津"共和会"。白毓昆任会长,副会长是留日学生胡宪(号伯寅),会员二十来人,大多是张、白二人的学生。共和会机关设在旧法租界老西开天主教堂前面广场东边的小平房内,胡宪住在这里,与会员保持联系。

据白毓昆之子白一震回忆:我父亲对清末各界吁请清廷召开国会运动,认为无异于与虎谋皮,拒不参与,决意组织武装起义,推翻帝制。乃网罗青年,策动革命。时我在南开中学读书,每逢假日回家,常见女师及法政两校同学纷来我家,同我父密谈。天津地接京畿,信息较多,师生议论时局,往往言辞激昂,声溢户外。①

创建共和会时,白毓昆认为:"京津清室根本地也,京津不动摇,则南军恐难持久;且战期延长,生灵涂炭,予不忍视也。吾辈曷从京津速图大举乎?"② 因此,天津共和会的宗旨就是"谋图举义",进攻北京。③ 该会的工作部署,一方面是联络京城附近的民团,秘密制造炸弹,派人到保定、张家口等地筹备暴动。另一方面是策动驻防京东的清军第二十镇在滦州起义。

张相文制定了一个北方革命计划:第一步,先由白毓昆率领共进会青年到滦州发动第二十镇起义;第二步由张相文和陶懋立南下,请求南方革命政府派部队北上至秦皇岛登陆,攻占山海关;第三步,北南里应外合,直捣京津。④

1911年12月,张相文离津南下上海,与沪上松江军政分府都督钮永建商议以海军移驻秦皇岛,策应革命军北伐。同时,他致信临时政府大元帅、负责"专征北伐"的黄兴,详细提出南军北伐,光复华北的战略规划。全文如下:

---

① 白一震:《记我的父亲白毓昆》,载《天津文史资料选辑》,天津人民出版社1981年版,第十六辑,第31页。
② 罗正纬编:《滦州革命先烈事略》[节录],载《辛亥革命》,第六册,第367页。
③ 刘清扬:《辛亥革命时期的天津共和会》,载《辛亥革命回忆录》,第六集,第67页。
④ 天津社科院历史研究所编写组:《天津简史》,天津人民出版社1987年版,第238-239页。

窃观袁世凯手握大权，兼拥重兵，私党固结，盘踞于燕蓟齐豫诸省，又乘议和之际，力攻秦晋，以厚其势，此其为谋至狡，而其锋未易可当。且北地苦寒，民习强顽，当此隆冬冰雪，诚非南军所能堪。然时机迫促，邻敌伺隙而动，又未便久与相持，是诚当以计取，而不可以力争也。计取若何？亦惟示以形势，利用吾万众倾向之人心而已。夫武昌者，四达之冲，只宜坚守，浪战无益。即战而能胜，犹者三关黄河以为之盾，彼庸多矣。故不如坚守以缀其师。且自金陵既下，战争之局，已由京汉而移之津浦。我能利用津浦一线，则可以北收山东，西取河南，而徐州实为之枢纽。倘敌据徐州，则两淮处处可危，庐凤淮扬，同时告警，而江南亦不可保，古所谓守江不如守淮者此也。为今之计，宜厚集兵力，先取徐州，以据中原之要害，一军驻临淮，以为之声援。一军由海道北上，袭山海关而守之。则京奉之道不通，而西伯利亚密输之军火可绝。即以北上之海军战舰，游弋于黄海渤海之间，实行封锁政策，以杜大沽青岛之输送。由是敌之接济穷而兵力分，燕赵齐鲁志士，必有奋起而为吾内应者。而要当先遣间使以联属之，与之约期并举，使随所在而毁其铁道，断其电线，斫其牧令，使满洲政府一切内政外交诸剧务，皆河决鱼烂而莫可收拾，而吾南北三军，乃相机进取。临淮一军趋陈许，据郑州，以断其武汉归路。徐州一军攻济南，与山海关之师会于天津，以扼其吭。更通道秦晋，使各出奇兵，以掷其臂。审如是，则智不及谋，勇不及施，世凯虽狡，亦将穷于运用，不出旬日，而北京可举，大局可定矣。鄙人久游北土，颇识其贤豪长者。自武汉事起，即已暗结团体，待时而发。只以势孤力弱，遂归失败。然人心嗝嗝，引领义师未已也。用敢竭忱上言。倘蒙采择，俾以北道主人自效，则执策先驱，固所甚愿尔。①

张相文的北伐战略规划，当时并未得到南方革命政府的重视。1912年1月南京临时政府发动北伐，并一度攻占徐州，其军事部署与张相文

---

① 转引自卢开宇：《张相文与辛亥滦州起义》，载《民国档案》，2001年，第4期，第52页。

提出的北伐构思有许多相同之处。

二、同盟会京津保分会

辛亥革命爆发后，为了挽救危局，清廷被迫宣称开放党禁，释放政治犯。11月6日，摄政王载沣、内阁总理大臣奕劻等签署命令："汪兆铭、黄复生、罗世勋均著开释，发往广东，交张鸣岐差委。"①

出狱后，汪精卫滞留京城，住进骡马市大街的泰安栈。不久赴津，住奥租界新丰栈。此时，汪精卫依然投身于政治活动，四处奔忙，试图掌握京畿地区革命力量的领导权，以推行其联袁倒清的计划。

12月1日，汪精卫、黄复生、李石曾、赵铁桥、黄以镛、易昌辑、杜黄、黄君顾、黄慎仪、袁羽仪、陈宪民、程克也等代表12人，在天津俄租界秘密开会，"同人佥谓自兴中会改为中国同盟会以来，党会原已统一，因见北方同志落落如晨星，欲在首都革命，非成立支部以资号召不可。"② 会议决定成立同盟会京津分会，后有保定加入，又称"同盟会京津保分会"。

"分会章程"规定："本分会以同盟会会员之在京津及附近各处者组成之，凡为同盟会员，不问其为土著、为侨寓、为久驻、为暂居，皆得为本会会员"；"本分会成立之后，以章程并会员姓名报告于军政府，对于军政府之命令，有服从之义务"；"本分会于京津各处之同志团体者，有联络扶助之义务"；"本分会以发起革命军为目的，故其组织皆带决死之性质"；"为达本分会之目的，故各会员皆须有责任之心，有服从命令之心"；"故将来如有他处同志先发起革命军时，本分会当力助其成，无分畛域"。③

与会者公推汪精卫为会长，李石曾为副会长。会内分设党务、总

---

① 《宣统政纪》，第六十三卷，第27页。
② 黄以镛：《记京津同盟会分会成立之经过》，载《辛亥革命史料选辑》，下册，湖南人民出版社1981年版，第284页。
③ 《开国文献》，第一编，第12册，第330页。转引自编辑委员会：《中华民国史事纪要》，民国纪元前一年1911年1月至11月，[台北]中华民国史料研究中心1973年版，第944页。

务、参谋、军事、财政、文牍、交通、妇女、谍查、暗杀等10个部。其中，彭家珍任军事部长、黄以镛任党务部长、赵铁桥任交通部长。暗杀部不设部长，直属会长指挥。

初期入会成员达160多人，以四川籍的最多，共83人，其次是直隶籍的14人，还有鄂、粤、苏、黔、豫、闽、鲁、滇、湘、皖、桂、浙等众多籍贯，分布广泛。不久，会员发展至数百人，"当时入党手续，本人必须亲笔先具意见书，书籍贯、年龄、职业，经二人介绍，一人证盟，然后得入党，多以黄以镛为介绍或证盟人，汪、李两会长为主盟者。"①

会务工作，统由会长提纲挈领，逐日开会，分工合作，按计划有条不紊地进行。

鉴于"自武昌起义以来，各省响应者殊少，鼓吹革命与宣传主义，似为刻不容缓之图"，同盟会京津保分会于12月20日，在天津创办《民意报》，社址暂设法租界，由汪精卫任总编辑，赵铁桥任总发行，林炳英、何慎其、任叔永、何鲁、陈德容、黄以镛分任编辑、会计等工作。该报以鼓吹"实行中央革命"为宗旨，曾因旗帜鲜明地鼓吹革命，"言论激烈"，被当局查封。报社也作为京畿地区革命党人活动的秘密据点。

同盟会京津保分会成立后，在极其艰难的环境条件下开展了一系列英勇的反清斗争，主要表现在策动军队起义和暗杀清廷高官两个方面，为推翻清王朝作出了重要贡献。

三、北方革命协会

武昌起义后，京畿地区的革命团体迅速增多，却没有共同的行动纲领，缺乏统一领导，仍处于各自为战的涣散状态。同盟会员王葆真回忆当时：……我在津不和汪（精卫）见面，怕受到他的影响和限制，对于革命进行不利。而且我在东京受到的委托和任务，殊无和汪接洽的必

---

① 黄以镛：《记京津同盟会分会成立之经过》，载《辛亥革命史料选辑》，下册，第287页。

要。同时我也不参加胡鄂公的共和会。我与江浩、赵秀章、凌钺几位同盟会同志,另有秘密的联系,有时孙谏声、白雅雨和凌钺同来见面。也有时去到生昌酒店和吉祥里去会一会同志。①

为适应革命形势的不断发展,各革命团体迫切需要联合起来,协调行动。

1911年10月25日,京津保等地区革命党人派遣同盟会员冷公剑由北京启程,乘京汉火车至孝感后,步行十日到达武汉,面见中华民国军政府鄂省大都督黎元洪(1864—1928),恳请派人北上主持北方革命运动。随后,北京同盟会员杨时杰也赶到武昌,寻求湖北军政府加强对北方革命工作的指导。

11月12日,黎元洪在大都督府宴请京津保各革命团体代表冷公剑、杨时杰,席间商议由较熟悉北方革命活动的胡鄂公北上。胡鄂公时任湖北军政府高等侦探科科长、军法科科长兼水陆总指挥。接着,黎元洪召集军事会议,决议:胡鄂公"为湖北军政府全权代表,前赴北京、天津一带,主持北方革命。并由国库项下拨款万元,作为办公之费。到北方后,如有急需,当陆续汇寄。"②

黎元洪

胡鄂公带领吴若龙、吴定安、冷公剑等一行于11月14日渡江北上,18日抵达上海。胡鄂公与宋教仁访晤沪军都督陈其美(1878—1916),商讨革命部署。胡鄂公认为:"处今日而言革命,其最可虑者,则为以大总统饵袁世凯而推翻清室。夫自吴禄贞被刺身死后,北方军政大权,已入袁世凯一人之手,是与革命军争天下者则袁氏也。袁氏果为革命军所败,清室何能独存。"陈其美强调:"为今日之计,惟有会师速取南京,而促成早日北伐,使北方同志响应于内,吾

---

① 王葆真:《滦州起义及北方革命运动简述》,载《辛亥革命回忆录》,第五集,第408 - 409页。

② 胡鄂公:《辛亥革命北方实录》,[节录],载中国史学会主编:《辛亥革命》,第六册,上海人民出版社1957年版,第274页。

辈进攻于外，庶几可以击败袁氏而消灭清室，舍此则无他策。"

11月24日，胡鄂公一行抵达天津，入住法租界紫竹林的长发栈，冷公剑直接返回北京《国风日报》社。次日晚，胡鄂公邀集各革命团体主要负责人孙谏声、华朗轩、孙之骥、胡伯寅、李孝通、白毓昆、凌钺等人到寓所，交流有关京畿地区革命工作的意见。

陈其美

法租界长发栈旅社——革命党人在天津秘密活动的据点之一

12月2日上午，胡鄂公以湖北军政府代表的名义，在天津老西开吉祥里14号召开京、津、保、滦、通（州）、石（家庄）地区各革命团体骨干会议。来自各地的骨干有：熊得山、李尧衢、钱铁如、邱寿林、罗明典、黄之萌、张先之、林伯衡、王荣九、赵海涛、程芝田、谢炼伯、徐炳文、蔡德辰、王丕承、张雅堂、耿世昌、戴国栋、郑玉成、覃秉清、汇元吉、薛成华、龚善友、孙炎生、张先培等人。

会上，有人对汪精卫成立中国同盟会京津保分会，专权独断不满，提出在天津成立共和会总部，自成体系。胡鄂公发言强调革命党人必须加强团结的重要性，他说：孙先生首创同盟会以教国人革命，盖教国人知革命必先知团结也。故凡革命者，皆得为同盟会会员，此则非汪兆铭一人所能自私者。当此举国起而革命之时，吾等犹立共和会以别之，是吾等自外于同盟会也。予与孙谏声等昨日之代表共和会、铁血会加入同盟会，此吾等当日在保定成立共和会时已言之矣，诸同志于此其勿自疑。

随后，会议经讨论一致议决加入同盟会。

当天下午，由胡鄂公主持在北洋医学堂召开京、津、保、滦、通、石等在津革命同志代表会。除上午的与会者外，另有孙谏声、华朗轩、陈之骥、白雅雨、胡伯寅、易宣、吴定安、罗世勋、陈国玺、曾正宇、张在田、孙尉强、汪固、李芬、黄石、陈心、周一、徐修广、张鸿翰等人参加，共计50余人。

为集中革命力量，加强统一指挥，会议决定在天津北洋医学堂设立鄂军代表办事处，下设北京、天津、保定、滦州、通州、石家庄总指挥处。鄂军政府代表胡鄂公任总指挥，熊得山任秘书处的秘书长，孙谏声任参谋部长，陈涛任军事部长，白毓昆任交通部长，吴若龙任联络部长。

会议决定在北京、天津、保定、滦州、通州、石家庄、任丘等各地分设总司令部，每部设总司令一人，指挥数人。会议经讨论研究确定了各地总司令部的人选。

北京：总司令钱铁如，指挥有邱寿林、李尧衢、罗明典、张先之、李孔文、武子展、张先培、林伯衡、罗定文等9人。

保定：总司令刘仙洲，指挥有许润民、王荣九、刘新茹、赵海涛、程芝田、徐炳文、谢炼伯等7人。

滦州：总司令施从云，指挥有孙谏声、白毓昆、李孝通、熊朝霖、胡伯寅等5人。

通州：总司令蔡德辰，指挥有王丕承、张雅堂、徐云谷、黄之萌、万谷生等5人。

石家庄：尹渔村为指挥。

任丘：耿世昌为指挥。

此前，天津革命党人已于11月30日成立了总司令部。津军总司令为孙谏声，陈之骥任参谋部长，华朗轩任副官部长，易宣任理财部长，陈涛为交通部长，白毓昆任外交部长。

为进一步加强京畿地区各革命力量的团结，策应南方革命军北上，实施中央革命方略，胡鄂公与孙谏声、白毓昆等人商定成立一个较大规模的革命组织，名为"北方革命协会"，并加紧进行筹备工作。

1911年12月14日，北方革命协会在天津英租界小白楼召开成立大会，到会的组织及其代表共18人：

同盟会：胡鄂公、白逾桓、白毓昆、赵铁桥、吴若龙、熊得山；

铁血会：孙谏声、易宣；

共进会：张榕；

克复堂：殷亚夫；

北方革命总团：张幼臣；

共和革命党：赵步杨、邓超；

北方共和会：胡伯寅、凌钺；

女子北伐队：章以保；

女子革命同盟：汪固、张鸿翰。

会议推举胡鄂公为北方革命协会会长，白逾桓、孙谏声、丁开嶂、张榕、殷亚夫、张幼臣、赵步杨、胡伯寅、章以保、汪固等10人为评议。

天津英租界小白楼——革命党人活动据点之一

会议制定了协会简章，规定：

第一条，本协会由北方各革命团体联合组织而成，以协助革命军北伐，崇奉孙先生之三民主义，定名曰北方革命协会。

第二条，本协会由各团体中公举会长一人，总理本协会对内对外一切事宜，以期行动统一。

第三条，本协会每一团体得推举评议一人，协助会长处理本协会一切事宜。

第四条，本协会暂不设部，但得分设秘书、军务、外交、调查、会计各科。其科长、科员概由本协会会长任用之。

第五条，本协会对于参加协会之各团体，得协助其存在，以期增进革命力量。

第六条，本协会一切经费，概由鄂军政府或其他军政府接济。各团体所需之款，本协会有接济之义务，但各团体应通其有无。

第七条，关于举义时，各团体所需军械，概由本协会发给。但无故不得携带。

第八条，本协会会址，以本协会会长所住之地址为地址。

第九条，本简章有未完善处，有三团体以上提议，得随时修改。①

北方革命协会的成立，对联络京畿地区各革命团体，促进北方革命形势的发展，实施中央革命方略，发挥了积极的推动作用。

---

① 胡鄂公：《辛亥革命北方实录》，[节录] 同前，第290–291页。

第六章
新军第二十镇的"兵谏"

一、永平秋操与密谋兵谏

1911年武昌起义前夕,风雨飘摇的清政府筹划了一次名为"永平秋操"的大规模军事演习,欲借此威慑革命党人和各地反清力量,抗拒日益高涨的革命风潮。与此同时,北方新军中的革命将领抓住时机,试图发动兵变,进攻北京,一举推翻清王朝的统治。于是,革命与反动两股势力在京畿地区展开了一场惊心动魄的殊死搏斗。

秋操是清末新军定期举行的军事演习,规定每一至三年举行一次。1911年4月,清廷发布上谕:"本年秋季,调集禁卫军及近畿各镇在永平府地面举行大操。"① 7月,上谕又"派军咨大臣贝勒载涛恭代亲临总监两军"。

直隶永平府约为今唐山、秦皇岛两市的大部分地区,包括滦州、卢龙、迁安、昌黎、抚宁、乐亭、临榆等7州县。参加演习的部队分为东、西两军,总计6万余人。其中,东军是以汉人为主的"新式陆军",主要由第一镇、第二镇和第二十镇的部队组成,总指挥是"军咨使"冯国璋;西军是以满人为主的"皇廷禁卫军",主要由禁卫军第二混成协、第四镇和第六镇的部分部队组成,总指挥是陆军部正参议舒清阿。

按照秋操预定程序,演习从10月10日至20日为期11天。东军由秦皇岛沿海登陆西进,西军由通州出发东进,经几次交战,最终西军转

---

① 毓长:《述德笔记》,卷七,转引自赵润生、马亮宽:《辛亥滦州兵谏与滦州起义》,第75页。

败为胜,东军失利败退。

1911年3月,张绍曾继任第二十镇统制,他"治军有方"、"一贯主张维新",受到倾向革命的官兵的拥护。永平秋操前一个多月,张绍曾约见北方同盟会领导人王葆真,表明了倾向革命的愿望。王葆真回忆:七月初旬,《国民报》有一段攻击二十镇的军风纪的新闻。二十镇统制张绍曾阅后,令秘书何任之邀请我去谈话。张见面道歉,并表示他同情革命,将来有机会时,一定有所表现。我未知他是真是假,因系初次面谈,只以国家形势非常危迫,得人心者昌,失人心者亡,请他整饬军纪,极力振作士气,以救危亡。他表示完全接受。

接到参加秋操的命令后,张绍曾便与第六镇统制吴禄贞、第二混成协统领蓝天蔚聚在一起密商举事反清计划。张绍曾认为:这次秋操,两军兵力相较,东军比西军多近万人,实力也比西军大得多,可军咨府却内定东军败西军胜,其借秋操压制新军的阴谋已昭然若揭。因此,要给禁卫军一点厉害,让清廷知道新军不是好惹的。吴禄贞明确提出:利用秋操之机,发动革命,推翻清王朝。三人研究决定,"乘此秋操,新军实弹射击,先将禁卫军扫清,再整军入京,密约武汉同时举兵,使清廷首尾难顾,一举灭之。"① 为协调行动,三人组成统一指挥机构,吴禄贞任总司令,张绍曾为副司令,蓝天蔚为后援司令,负责控制杂牌军队。

随后,张绍曾立即对所属部队进行了周密的部署。第二十镇开赴滦州参加秋操的部队以革命力量较强的第七十八标、第七十九标为主体,另配备骑兵、炮兵、工兵等营队联合组成第四十混成协,其余各标只挑官长、目兵随行。该镇第七十七标、第八十标仍继续留守新民府驻防,以为后备。

与此同时,京畿地区的革命党人也加紧活动,纷纷联络新军,准备反清起义。据鹿钟麟回忆:当参加秋操的新军限10月上旬集中滦州待命的消息传出后,

张绍曾

---

① 罗正纬:《滦州革命纪实初稿》,[节录],载《辛亥革命》,第六册,第339页。

革命党人便决定利用这个机会策动新军届时起义,先期派出白毓昆、凌钺、熊朝霖、陈涛、高德海、邱子久等潜赴滦州一带,暗中进行准备。

10月9日,张绍曾指挥第二十镇参加秋操的部队离开新民府,向滦州进发,其先头部队渡过滦河,进入滦州。次日,张绍曾亲率镇司令部进驻黎昌县崔庄,距滦州约30公里。

武昌首义爆发后清廷立即下令停止秋操,急电滦州:"阅操大臣载涛,武昌吃紧,率部速归……"同时电令集中于滦州地区待命的新军各部一律返回原驻地,听候调遣。接着,清廷又电令第二十镇参加秋操的混成一旅"暂驻滦州听调用"。于是,张绍曾将司令部迁至滦州火车站附近的火柴公司,命令部队在滦河上架设浮桥,做好应变的准备。随后,他赶赴北京,观察局势发展动向。

这时,清廷加紧大规模调动军队,妄图尽快镇压南方反清起义。手握军咨府大权的良弼将北方的部队整编为三个军:第一军由第二、四两镇及第六镇之一协组成,归陆军大臣荫昌管辖;第二军由第二十镇与第三、五两镇各一协、驻奉第二混成协组成,归冯国璋管辖;第三军由第一镇及禁卫军组成,多为满人,归载涛统辖,留守京城,以备后援。10月13日起,第一、二两军奉命陆续南下,镇压革命军。

在京期间,张绍曾获悉了更多的武昌起义胜利的消息,受到极大的鼓舞,增强了推翻清廷的信念,决心拒绝执行南下命令,并"始拟直取北京",发动武装起义,响应武昌起义,以形成南北夹击之势,推翻清政府。①

10月13日,张绍曾离京经滦州,率司令部人员返回奉天,随即召集第三镇护理统制卢永祥、第二混成协协统蓝天蔚和第二十镇第三十九协协统伍祥桢、第四十协协统潘榘楹等举行紧急会议,试图说服高级将领支持南方革命,共同发动起义。张绍曾指出:湖北之变,为除专制,主共和,以此倡议号召天下,凡属同胞,谅皆赞助。今吾辈所统各部队,半属北人,虽未予约同谋,应皆晓然斯义,倘贸然而往,胜则自残同类,负以死无指名。然而,与会各将领并未明确表态支持

---

① 张国淦编:《辛亥革命史料》,文海出版社1976年版,第195-196页。

张的主张。

随后两日，冯国璋数电催促张绍曾发兵南下，镇压革命军。此间，为摸清清政府重新起用袁世凯的底细，张绍曾再次密赴北京。10月16日，张绍曾致电驻滦州的潘榘楹，要求他加强驻滦部队的装备，多备粮秣，以滦州为基地，准备起事。但是，第二十镇的官兵中仍有许多人反对革命，发动起义困难重重。

返回滦州，面临很大阻力的张绍曾电邀在奉天的革命党人商震（1888—1978）等人前来商议。时为东三省陆军测绘学堂学生的商震和第二混成协参谋李德瑚代表奉天同盟急进会和地方革命同志与张进行了密商。商震和李德瑚提出三项策略：第一，率部经冀东直取北京；第二，进占天津附近，与吴禄贞军联合，宣布直隶独立；第三，以上两策不能实行，即速往沈阳，与蓝天蔚共同独立。① 对此，张绍曾犹豫不决。

商震

此间，张绍曾还与志同道合的老朋友、"在京活动甚力"的吴禄贞进行了"往返密商"。

最终，为稳妥地进行反清斗争，避免第二十镇内部的分裂，张绍曾综合分析各方面情况，审慎地确定了反清策略，即首先以武力为后盾，迫使清政府实行君主立宪，然后根据形势变化再进行起义，推翻清朝统治。

根据张绍曾的意图，司令部的刘一清、吕均等人进一步提出上中下三个行动方案。第一，驻滦军队决不开拔，外以要求立宪为名，内以兵力相迫，此上策也；第二，全军赴援，至鄂反正，此中策也；第三，一面拔队，一面要求，此下策也。② 张绍曾还命令吕均等起草了相关的奏折和"十二条政纲"。

10月22日，革命党人王葆真赶到滦州，在第二十镇司令部与张绍

---

① 李培基：《辛亥关外革命始末记》，载张国淦编：《辛亥革命史料》，第263页。
② 罗正纬：《滦州革命纪实初稿》，转引自《辛亥滦州兵谏与滦州起义》，第90页。

曾密谈反清起义问题。看了要求君主立宪、召开国会的"十二条政纲",王葆真对张绍曾说:"你事恐怕要失败。"王认为:……事已至此,只有立即动员,直取京、津。京、津既无重兵防守,而且人心思汉,统制义旗一举,清军必致望风披靡,不战而逃。如此南北革命势力,联成一气,革命大局一举可定。现在袁世凯、段祺瑞、冯国璋尚在河南、鄂北、皖北一带,如若我占领京、津,袁等虽拥有军队,但进退失据,名不正,言不顺,人心不附,惟有向义军请和耳。倘若统制坐失时机,一俟袁军北调,拱卫京津,大局前途,未可逆料。

次日,张绍曾与王葆真继续商谈。张对王说:"我们考虑了你的意见,确是解决北方祸乱根源、奠定南北联合大局的关键。但直取京津有两个问题:其一,《辛丑条约》规定,天津二十里内不许中国驻兵,如何办法?其二,宣告举义独立之后,每月饷银需要十余万,将从何筹借?"王表示:这些都不成问题,可帮助解决。10月24日,张绍曾告诉王葆真:"我们研究之后,作出三项准备:(一)即将本镇所辖步、马、炮、工、辎各标营调齐充实,作为准备。(二)拟与第六镇协商一致行动,以期必胜。(三)请你到天津领事团代为接洽,电告接洽结果,并向省咨议局联络。"

王葆真于10月25日返回天津,次日到顺直咨议局拜访议长阎凤阁、副议长王古愚和议员王法勤、齐树楷、孙洪伊等人,大家均表示赞同第二十镇的起义。王葆真还拜访了日本驻天津总领事小幡,争取外交使团的支持。

与此同时,张绍曾赶赴奉天,与蓝天蔚、伍祥桢、潘榘楹、卢永祥最后商定"奏折"和"政纲",五个人分别在文件上签名,加盖第二十镇统制官关防。

二、发动兵谏与截留军火

10月26日,张绍曾连夜赶回滦州,抓紧时间在官兵中进行兵谏立宪的动员。10月27日清晨,张绍曾当众宣布:武昌革命,名正言顺,专尚征讨,殊乖民意,同种相残,尤悖人道,所有军队暂不前进,已命吕均、杨德邻、石润金等拟定政纲十二条奏请立宪，挽救危局。

接着，张绍曾指派陈蔼廷前往北京，将兵谏奏折和十二条政纲面呈清廷。同时，蓝天蔚等也在奉天，通过电报形式上奏"奏折"和"政纲"。

"奏折"约千余言，首先，指明武昌起义爆发的根本原因在于清廷统治的不良和混乱。文称："伏维此次变乱起源，其肇源虽有万端，消纳言之，政治之无条理及立宪之假筹备所产称之结果已耳。"

其次，抨击清廷对武昌起义采取武力镇压的政策。文称："乃旬日以来，中央政策，兵力而外，未闻于治乱之本源上大加改造，以懈其已发，而遏其将萌。循是以往，人心疑沮，祸恐益深。旷观地球各国革命历史，经政府一度之杀戮，其革命之运动愈烈，其国家之危亡愈迫，其君主惨祸亦愈甚"。

第三，提出实行君主立宪政治的原则。文称："皇位统系宜定，人民之权利宜尊，军队之作用宜明，国会之权限宜大，内阁之责任宜专，残暴之苛政宜除，种族之界限宜泯，而本于改定宪法，以英国之君主宪章为准的"。

"奏折"要求清廷"主决可否，迅于二十四点以内，即颁谕旨，明白宣示"，并表示"谨披甲执戈以待复命"。①

"政纲"十二条，内容包括：一、大清皇帝万世一系。二、立开国会，于本年之内召集。三、改定宪法由国会起草决议，以君主名义宣布，但君主不得否决之。四、宪法改正提案权专属于国会。五、海陆军直接大总统统帅，但对内使用，应由国会议决特别条件遵守，此外不得调遣军队。六、格杀勿论、就地正法等律，不得以命令行使。对一般人民，不得违法随意逮捕、监禁。七、关于国事犯之党人，一体特赦擢用。八、组织责任内阁，内阁总理大臣，由国会公举，由皇帝敕任。国务大臣，由内阁总理大臣推任。但皇族永远不得充任内阁总理大臣及国务大臣。九、关于增加人民负担及媾和等国际条约，由国会议决，以君主名义缔结。十、凡本年度预算，未经国会议决者，不得照前年度预算

---

① 杜春和编：《辛亥滦州兵谏函电选》，载《近代史资料》，总91号。

开支。十一、选任上院议员时,概由国民对于有法定特别资格者公选之。十二、关于现时规定宪法、国会选举法及解决国家一切重要问题,军人有参议之权。①

当天,张绍曾还通电全国各省督抚、将军、军队将领和咨议局,宣传实行君主立宪的主张,反对清廷镇压革命的政策。"通电"指出:我驻奉第二十镇、第二混成协及驻长第三镇奉命南征,各将佐士卒等咸以目今政变之源,皆由政治不良引起,若不从政治改革着手,而徒恃征讨,窃恐治丝益纷。呼吁:诸公或现居政要,或代表舆情,同舟风雨,安危与共,改革谅有同情,尚乞共匡大局,遥相声援。

此外,张绍曾先后致电皇族内阁总理大臣奕劻,新任湖广总督、钦差大臣袁世凯,东三省总督赵尔巽,军咨府大臣载涛等人,寻求各方面的理解和支持。

清廷对张绍曾的兵谏"大起恐慌",急忙于10月30日发出"用人无方、施政寡术"的罪己诏,随后明令解除党禁,释放革命党人;11月1日宣布解散皇族内阁,2日任命袁世凯为内阁总理大臣等。同时,清廷速派第六镇统制吴禄贞带着载涛的一封亲笔信前往滦州,对张绍曾进行"宣慰"。

其实,革命党人吴禄贞早有推动滦州的兵谏向武装起义发展的打算。他认为:

此去有两个计划:第一个计划,滦州第二十镇往南开,保定所有驻军往北开,打出旗号是推翻清室,创造民国;第二个计划,滦州和保定同样会师北京,打出旗号是维护清室,革新政治。但第一个计划,我们力量太弱,而北京新军除已编陆军开赴汉口外,尚有第一镇、禁卫军,并其他各镇所剩各营,还有直隶巡防营及旧式练军,如打出革命旗帜,北京所有力量足够抵抗,在奉天的第三镇,可开进关内,扼我东路,袁世凯汉口军队,亦可抽一部分北来,阻我西路。而且北方民气,不如南方,此方号召,彼方未必响应,我们本钱有限,虽然革命总带危险,但看出危险,是不能不顾虑的。其次一策,袁世凯素为北京亲贵(除奕劻

---

① 载《辛亥革命》,第四册,第96页。

一派外）所敌视，我们会师北京，拥护清室，铲除袁世凯，此种计划，肃（善耆）、泽（载泽）、良（弼）等都已谅解，他们认我们为友军，不会冲突。到京后我们拿到中央政权，挟天子以令诸侯，先解决了袁，对于汉口前线军队，酌量调拨，分化这一部分旧势力再进一步完成我们最后目的，这只好看机行事。①

10月28日夜，吴禄贞偕军咨府厅长陈其采、陆军部司长蒋作宾及黄恺元、吴之来等人赶到滦州。吴禄贞立即与张绍曾密商下一步行动计划。张赞成吴的第二个计划，即打着维护清室的旗号，革新政治，并进一步提出由驻滦、奉新军组成"立宪军"，以"立宪军"名义，与第六镇部队进逼北京。吴、张二人均感到："此次革命，事在必成，惟北京不下，清廷终得盘踞，战事延长，成败未可逆睹"，必须尽快行动。

最终，吴、张等人商定，以滦州张绍曾部为第一军，奉天蓝天蔚部为第二军，保定吴禄贞部为第三军，"第一军趋丰台，第三军由保定趋长辛店，第二军作后援队，策划既定，分别实行"。②

恰在此时，山西新军于29日在太原举行起义，成立军政府，推阎锡山为都督，宣告独立，出兵镇守娘子关，威震京师。10月30日，副官周维桢向吴禄贞报告说："新从保定来，密侦晋军，可以招纳为用。"吴认为这是"联晋覆清"的绝好时机，他致信阎锡山称："然大局所关，尤在娘子关外。革命之主要障碍为袁世凯，欲完成革命，必须阻袁入京。若袁入京，无论忠清与自谋，均不利于革命。""望公以麾下晋军东开石家庄，共组燕晋联军，合力阻袁北上。"③

为此，吴禄贞与张绍曾再商联合晋军的行动方案。初步决定：张绍曾为直隶省都督，承认阎锡山为山西省都督，吴禄贞为燕晋联军大都督。张绍曾的"立宪军""沿京奉路南下，直取北京。分一支军，扼守密云，防宣统逃窜热河。令阎锡山派一支兵，守京汉路黄河大桥，阻止袁世凯北返。主力沿京汉路北上"。吴禄贞"亲带第六镇兵，及保定入

---

① 张国淦：《辛亥革命史料》，第196页。
② 罗正纬：《滦州革命纪实初稿》，引自《辛亥滦州兵谏与滦州起义》，第104页。
③ 阎锡山：《阎锡山早年回忆录》，台北传记文学出版社1968年版，第25页。

伍生队、民团，进攻北京。一面电黎元洪，派兵夹击袁世凯，不使北返"。①

11月1日，天津兵站司令部副官、革命党人彭家珍致电张绍曾：自鄂变以来，我军驰赴前方应敌，近日战事最为激烈，我军以军火缺乏，难挫顽凶，兹特购大批军火，由西伯利亚铁路运经滦州，直赴前线援救，闻公等奏请立宪，原系崇尚和平，此旨正大，薄海钦迟，惟朝廷无立宪之意，不惜购买军火自相残杀，珍等恭奉运输之役，苦无挽救之方，军火到滦，望公妥为保护是荷。

原来，彭家珍与刘其达、张允仁等奉东三省总督赵尔巽之命，负责押解清廷从欧洲购买的一批军火。彭抓住时机，与其学生商震、程起陆、熊斌、刘骥等，"商定密电绍曾，请其在滦州截扣"。当这批军火运经滦州时，张绍曾断然将5000枝枪和500万发子弹全部扣留。

随即张绍曾发出两份电文。其一致电武汉军政府领导人黎元洪、黄兴、宋教仁等，怒斥"朝廷假行宪政，拥护专制，奸庸尸位，亲贵擅权"等罪恶，表明"叠奉朝旨，督师南下，然断不忍牺牲同胞之生命，助政府之淫威"。说明"顷政府由西伯利亚运来大批军火，已经本镇截留，此军之战备已虚，决不敢妄逞武力"。表示希望南北即时停战，"集合军民代表，共议北京协议组织新政府，及宪政进行方法，庶国家前途有建设而无破坏"。其二致电军咨府解释称："由奉运来军火列车，绍曾等谨遵钧处弭兵意旨，共议暂留滦州，藉示革军可以调停之证。"

张绍曾在滦州截留"前线正急待援"的大批军火，令"清廷骇极"，被迫采取措施解救面临的心腹大患。11月3日，清廷向张绍曾通告"宪法重要信条"共十九条，同时指使冯国璋等致电张绍曾，以引发外交使团干涉相威胁，此外使用各种手段，分化拉拢张绍曾的部下，致使潘榘楹等部分高中级军官"果为所动"。

针对清廷公布的"宪法重要信条"十九条，张绍曾立即予以强烈的反击，他致电军咨府指出：清政府的种种行径，皆与所奏十二条政纲相

---

① 孔庚：《先烈吴禄贞石家庄殉难记》，载《中华民国开国五十年文献》，第二编，第五册，正中书局1963年版，第254页。

违背。"原奏总理大臣,必由国会公举,今亲贵内阁虽已解散,大臣仍系敕任,并非民选;原奏宪法必由国会起草,今交资政院,为旧政府机关,不能代表全国。宪法仍系钦定,国民不得与闻,臣等原奏概归无效。"清廷"不能召集国会,不能制定宪法,不能选举总理大臣,根本问题不能解决,诸事皆属空谈"。①

三、吴禄贞遇难与张绍曾离职

吴禄贞离开滦州返回北京后,面临控制第六镇部队,联络山西起义军,协同张绍曾的第二十镇,从东西两路夹击北京的艰巨任务。

据李书城回忆当时的吴禄贞:当武昌起义的电报达到北京后,他是又喜又惧。喜的是革命真的爆发了。惧的是第六镇还未整理好,自己还掌握不住。他遂邀约在京陆军同学,凡能赴保定的都请去帮忙。

这些同学许多是革命党人,如军咨府科员李书城,积极参与策划北方革命活动;应邀出任第六镇参谋官的张世膺,直接参与谋划起义;应邀出任第六镇副官长的王孝缜,负责与山西起义军和湖北军政府的联络。还有孔庚、何遂、元柏香等人先后应邀到第六镇,协助吴禄贞开展起义准备工作。

其实,清廷早已怀疑吴禄贞与革命党人暗中有联系,因此蓄意派北洋嫡系、保守派军人吴鸿昌担任第六镇第十二协协统,并将禁卫军一团调入该协。武昌首义后,清廷又把第六镇

吴禄贞

第十一协编入第一军南下进攻革命军,第六镇只剩吴鸿昌的第十二协,驻军保定地区。

---

① 罗正纬:《滦州革命纪实初稿》,引自《辛亥滦州兵谏与滦州起义》,第112页。

11月2日，第六镇第十二协奉清廷之命前往山西讨伐起义军，离开保定进抵石家庄。随队的第十二协参谋官何遂是同盟会员，被吴禄贞安排在吴鸿昌身边，他千方百计拖延部队西行速度。最终，吴禄贞命令吴鸿昌率该部从微水一带撤回，驻扎在石家庄铁路沿线。

这时，在京畿地区形成两个革命的中心。东线以张绍曾指挥的第二十镇驻地滦州为中心，西线以吴禄贞管辖的第六镇驻地石家庄为中心。两个中心紧密联系，与武昌革命政府南北相互声援。到达石家庄后，吴禄贞加紧进行武装起义的部署，毫不理睬清廷任命他署理山西巡抚之事。

第一，与张绍曾保持密切联系，随时通报信息，交换意见，协调行动。吴致电张称：禄贞近日宣抚山西，原拟借此名义，私与晋军联络，同贵镇等共图大举，斯意在滦已详言之，兹以招抚晋军一协，其余均有相当联络。刻已奏清廷停战，并诛荫昌等之督师无状，近正乘机观变，希协同动作，以践前约为盼。①

第二，积极联络武昌军政府。吴禄贞除了与张绍曾共同致电军政府大都督黎元洪，互通信息外，还派第六镇的副官长王孝缜化装南下武昌，与军政府取得直接联系。大都督黎元洪闻讯喜出望外，连声说："吴绶卿的代表来了，事情就好办了，快请过来。"王孝缜向黎元洪详细介绍了吴、张计划与山西义军协同进攻北京的行动方案，令黎元洪赞不绝口。同时，孔庚也从武昌赶到石家庄，向吴讲述前线战况。

第三，扣押清廷军火。11月4日，吴禄贞断然将清廷经京汉铁路运往武昌的军火器械、粮草、被服等全部扣留在石家庄车站，并对押运物资的官员说："先不用往武汉运，我们留着用吧！"他致电军咨府、陆军

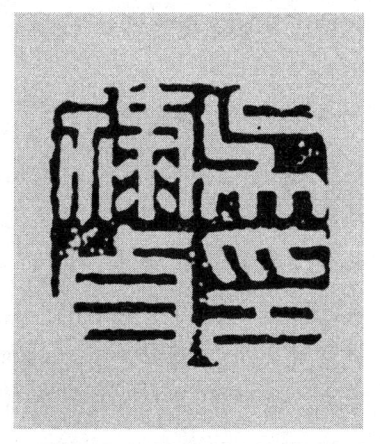

吴禄贞于1909年使用的印章

---

① 罗正纬：《滦州革命纪实初稿》，载《辛亥滦州兵谏与滦州起义》，第120页。

部称：官军收复汉口，纵兵烧杀，惨无人理，禄贞昨已电奏，请饬停战，适袁宫保奏请官军缓进，设法招抚，已蒙俞允，禄贞谨仰体朝廷德意，凡有运经战地军火、子弹，暂行扣留，以消战争而保和平，谨以奏闻。①

第四，筹建"燕晋联军"。吴禄贞到达石家庄的当天，即指派亲信副官周维桢去会见山西起义军将领阎锡山，商谈建立"燕晋联军"事宜。随后，阎锡山与吴禄贞电话联系，商定晤面会谈。

11月4日，吴禄贞带领张世膺、何遂、孔庚等人到娘子关车站与阎锡山及其部下温寿泉、赵戴文、黄国梁等人会谈。首先，吴禄贞郑重说明：清廷授我为山西巡抚，是破坏我革命联盟。二十镇统制张绍曾率全部驻京奉线滦州，我军驻京汉线石家庄，两军若夹攻京畿，推翻清室，指顾间事耳；可惜张敬舆（绍曾字）勇气不足，主张十九信条，铸成大错。我现在极愿与晋军携手，共同推翻清室。②

会上，吴还详细通报了他与张绍曾拟定的联合行动计划。吴禄贞的坦诚逐步打消了阎锡山的疑虑，双方当即决定组建"燕晋联军"，由吴禄贞任大都督兼总司令，阎锡山、张绍曾任副都督、副总司令，温寿泉为参谋长。

会谈中，吴禄贞认为：……惟近日最可虑者为袁世凯，我有探报，此公野心勃勃，大肆活动，如彼出山到京，革命前途障碍最大。现他尚在彰德沉机观变，以吾所料，此公必出。北洋新军中他的党羽不少，他若就任内阁总理或督兵大员，旧军中他的丰沛子弟尤多，鸡犬飞升，将另是一个局面，革命前途，三年五载难期成功。我之所以主张速会师都门竟此全功者在此……

阎锡山

与会者均同意吴禄贞的分析，看清必须阻

---

① 张开沅主编：《吴禄贞集》，华中师范大学出版社1989年版，第264页。
② 侯少白：《辛亥山西起义纪实》，载《辛亥革命回忆录》，第五集，第129页。

止袁世凯入京,决定由阎锡山速派一混成旅到石家庄,与吴部组成"燕晋联军"。

会后,阎锡山召集山西起义军将领听吴禄贞讲话。吴充满激情地说:

> 兄弟们!现在山西的成败很要紧。山西的独立使京畿震动。我已经和二十镇统制张绍曾、协统蓝天蔚联系好了,山西的军队,张、蓝的军队加上我们六镇的队伍,会师北京是一定可以成功的。现在袁世凯派人到武汉捣鬼,他是有阴谋的,我们如果早到北京,就可以把他们的计划完全打破。因此,山西的成败关系重大。再则,山西是我们中华民族最重要的堡垒。将来中国一旦对外有事,海疆之地是不可靠的。那时候,山西要肩负很大的责任。所以山西要好好的建设。
>
> ……现在北京授命我做山西巡抚,我是革命党,这对我真是笑话。阎都督是你们山西的主人,我是替他带兵的。①

吴禄贞的讲话令在座的晋军将领群情激奋,大家振臂高呼:"我们拥护吴公禄贞做燕晋联军大都督!"

会后,吴禄贞立即于当晚返回石家庄,废寝忘食地制定出联军的作战计划,其部署是:张绍曾率第二十镇部队沿京奉线西进,然后北上直捣北京,再分兵扼守密云,防止宣统皇帝逃亡热河;阎锡山率山西起义部队守卫京汉线上的黄河大桥,阻止袁世凯北上,同时主力部队沿京汉路北上;吴禄贞率第六镇部队长驱直入,攻占北京,再挥师南下,歼灭袁世凯部。

11月5日、6日,山西起义部队两

"燕晋联军"大都督吴禄贞

---

① 何遂:《辛亥革命亲历纪实》,载《辛亥革命回忆录》,第一集,第476-477页。

个营按计划先后到达石家庄,吴禄贞派何遂前去迎接,并送去大批猪肉、馒头,以示犒劳,安顿两营部队驻扎在石家庄附近的正太路一带。此时,张绍曾也致电吴禄贞表示:"我军整装待发,请与山西起义军前来会师。"

吴禄贞等人在京畿地区调兵遣将,图谋发动"中央革命",攻占北京,令垂死的清王朝和野心勃勃的袁世凯深感不安。11月3日,袁世凯电告清廷:"张(绍曾)、蓝(天蔚)所请,尽可照准,以缓和当前局势。""惟吴(禄贞)镇心怀叵测,亟应严防。"他们视吴禄贞为心腹大患,必欲尽快铲除而后快。这时,他们指派被吴禄贞免职的原第六镇第十二协协统周符麟布置刺杀吴禄贞,并于6日任命李纯为第六镇统制,免除了吴禄贞的职务。

11月5日,周符麟潜入石家庄,暗中串通第六镇部分对吴禄贞心怀不满的军官,密谋收买吴的警卫营长马步周,伺机下手。马步周,字蕙田,毕业于安徽速成学堂,长期跟随吴禄贞,深得吴的信任。其实,马步周是个善于迎奉的势利小人,且沾染了嫖赌的恶习,欠债不少。为了得到周符麟悬赏的两万元钱,他不惜充当刺吴的凶手。

何遂随吴禄贞返回石家庄后,偶然发现周符麟也到了石家庄,他感到情况有些异常,急忙告知吴禄贞。吴不以为然,对何说:"不要紧的,骑兵营营长马蕙田担任警戒,他是我的心腹,靠得住。"接着,何遂又发现有可疑人员在石家庄活动,便再次提醒吴禄贞注意安全。吴依然不在意地说:"禁卫军一团人天天跟在身边我都不怕,这几个人怕什么。"何遂要派一营人保护吴禄贞,也遭吴谢绝。

11月6日,马步周部下一个排长于文泰向结盟兄弟、马队司令元柏香透露:"今晚马蕙田要杀吴统制,

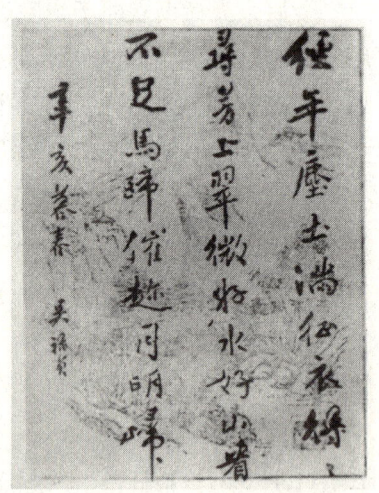

吴禄贞手书岳飞诗词

你们早做准备,速换卫兵,如办不到,消息一露,我命难保。"① 对此,吴禄贞并未采取措施进行防范,而是将马步周叫到司令部当面质询。

吴禄贞:"听说你要杀我,你就杀吧!"

马步周惊恐地跪倒在吴禄贞脚下,说:"统制待我甚厚,我天胆也不敢。"

吴禄贞:"谅你也不敢,起来去吧。"

当晚,吴禄贞在电报局楼上召集中级以上将领聚餐开会,正式宣布:"采取革命手段,明晨直赴北京","有不服从者即以军法从事"。会间,吴禄贞向与会军官分发了起义的标志,即白布臂箍,让大家各缠左臂,以为起义的标志。

会后,异常兴奋的吴禄贞返回设于石家庄火车站站长室的住处,又与来访的留日同学陈其采长谈至深夜。陈走后,吴禄贞继续伏案工作。

11月7日凌晨2时许,正当吴禄贞专注地批阅张绍曾发来的密电时,突然,马步周带领几个人闯进室内。吴禄贞当时一怔,马步周慌忙说道:"报告大人,听说统制升山西巡抚,我们特来向大帅贺喜。"说罢,他双腿打恭下去,顺势拔出手枪,向吴禄贞射击。吴禄贞躲闪不及,胸部中弹。他忍痛挣扎着,想夺门而逃,不幸又被歹徒开枪击中,倒在血泊之中。接着,马步周持刀上前,凶残地割下吴禄贞的首级后,逃离现场。同时遇难的还有:与吴禄贞同住一室的周维桢被杀死在床上,张世膺被杀死在室外不远的站台上。

住在车站附近的何遂回忆当时的经历:

> 我慰劳晋军回来,已经是夜十一点多了,很疲倦,倒下便昏昏睡去。酣睡中忽然被一阵枪声惊醒,瞿寿堤顿着脚喊道:"兵变!兵变!你赶快去调山西的队伍来镇压。"我一摸身边的手枪,没有找到,随手抓起一把短剑冲出门去。这时正是深秋的午夜,天高月

---

① 元柏香:《吴禄贞被刺事件鳞爪》,载《辛亥革命回忆录》,第八集,第253页。

朗,寒风飒飒,站台上一个卫兵也没有。忽见一队人从吴禄贞的住室中奔出,迎着我跑来。我大叫:"站住!站住!"这些人也不理我,愈跑愈快,一溜烟就不见了。我心里顿觉不妙,正往前走,忽听地上有人痛苦呻吟,仿佛是张世膺的声音(他是奉天小学的总办,是应吴禄贞之约而来的)。我叫道:"华飞,你怎么啦?"他已不能言语。我借着朦胧月光,低头一看,他的头已被一刀劈开了,眼珠突出,脑浆流了一地,快要断气了。我说:"华飞,我不能顾你了。我要看绶卿去。"说完便向站长室飞跑。我穿过外面的一条过道,刚到绶卿的卧室门口,被一个什么东西绊了一下,定神一看,正是吴绶卿!他穿着第一次和我见面时穿的那件军大衣,胸前闪烁着一颗双龙宝星。我一惊,伏下身去大叫:"绶卿,绶卿!"再摸他的双手,冷冰冰的全是血污,头已经没有了。我猛然跳起,向着仓库跑去,我记得那里有一连守军。我哭着喊着:"快来人呀,统制被人刺死了!赶快跟我去报仇呀!"跑到仓库,听队伍中有几个人叫道:"这家伙乱喊些什么,杀了他!"我见势不妙,急忙回头,向着郊外晋军宿地奔去。①

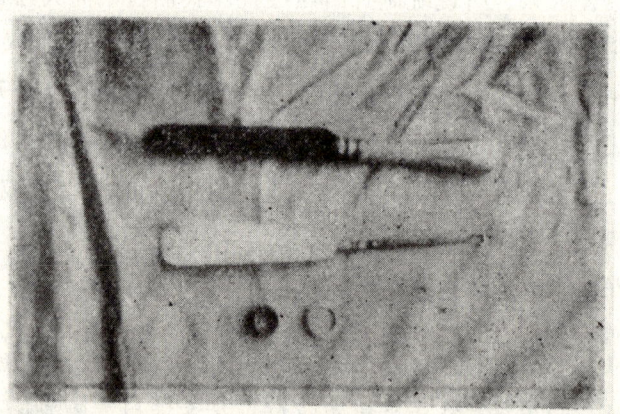

吴禄贞生前使用过的鞋拔、餐刀和印泥盒

---

① 何遂:《辛亥革命亲历纪实》,同前,第477-478页。

吴禄贞等人殉难，对时局产生重大影响。黄兴指出："三君死后，不克直捣黄龙（不能攻占北京），而南方义师遂愈愤，不旬日下名城以十数。"

1912年3月7日，民国政府临时大总统孙中山明令抚恤吴禄贞、张世膺、周维桢遗族。命令称：据该部呈称："窃维荡涤中原，肇建民国，为先祖复累世之仇，为后人造无穷之福，实赴义先烈捐躯沥血，以有今日。起义以来，效命疆场，碎身沙漠，若将若士，更仆难数。而吴禄贞、张世膺、周维桢三氏者，为同胞惨死，尤最凄怆，宜先抚恤者也。爰采各国抚遗恤亡之例，定抚恤章程，凡此次起义诸将士兵卒，或遇害于行伍，或遇凶于暗昧，均按其等级高下，申请赐予一时恤金及遗族恤金，以酬忠烈而励将来。查吴禄贞应照大将军例赐一时恤金一千五百元，遗族每年恤金八百元；张世膺照右将军例赐一时恤金一千一百元，遗族每年恤金六百元；周维桢照大都尉例赐一时恤金九百元，遗族每年恤金五百元，拟请从先酌准赐予三氏恤金，以为我共和开国报功酬勋之先表，宣示天下，以不负忠烈之意。为此呈请察核，伏乞照准施行等情前来。查民国新成，宜有彰勋之典，吴、周、张三氏当义师甫起之日，即阴图大举，绝彼南下之援，以张北伐之势，事机甫熟，遽毙凶刃，叠被重伤，身首异处，死事至惨，而抚恤之典尚尔缺如。该部所称，实属深明大体，应准如所请，风示天下。此令。"①

1912年3月14日，由黄兴发起在上海张园为吴禄贞举行隆重的追悼大会。孙中山特撰写《悼吴禄贞》一文称：

　　荆山楚水　磅礴精英　代有伟人　振我汉声
　　觥觥吴公　盖世之杰　雄图不展　捐躯殉国
　　……

1913年11月，在石家庄正太车站北的"吴大人墓"，举行了隆重的吴禄贞等烈士遗骸奉安大典。

---

① 《临时政府公报》，第31号，1912年3月7日。

吴禄贞烈士祠旧照

1911年11月5日，张绍曾将第二十镇部队正式改名为"立宪军"，抛弃清朝的黄龙旗，改换白旗中加一道红线的军旗。原来，张绍曾邀请护理统制卢永祥率第三镇部队到滦州会师，联合逼迫清廷实行立宪。然而，卢永祥率队经滦州到达丰台后，出卖张绍曾，效忠清廷，致使双方的合作破裂，进攻北京的计划已难实现。

11月6日，清廷下令免除张绍曾第二十镇统制的职务，另委任为长江宣抚大臣。任命效忠清廷的"陆军四十协统领潘榘楹，著署理陆军第二十镇统制官"。7日，清廷直接电令潘榘楹等率第二十镇四十混成协离开滦州，开赴永平驻扎。

紧要关头，许多中下级军官和士兵通过集会、上书等方式极力挽留张绍曾，革命党人蒋作宾、陈之骥、王葆真等人也相继到滦州劝说张绍曾担负起领导起义的重任。面对吴禄贞被刺后的严峻的形势，失去部队指挥权的张绍曾对前途悲观失望，他说：君等所言，已见肝胆，吾亦有心，宁不感动，惟北方倡议，缓急可恃者，仅驻保之六镇，吴禄贞遇害，应援断绝，曩昔筹议，尽成泡影，我军势孤，独鸣岂易，且经纬分流，萧蔷可虑，铤而走险，徒取败亡，少待时机，较有把握。[①]

最终，革命党人王金铭、施从云特派第七十九标队官、同盟会员郭凤山率一班士兵沿途护送张绍曾于11月10日回到天津的寓所。

---

① 陈夔龙：《梦蕉亭杂记》，载张国淦：《辛亥革命史料》，第200页。

第七章
京城起义与直隶张家口、任丘、雄县起义

一、京城起义

1911年11月7日吴禄贞在石家庄遇害,27日,南下清军攻占汉阳,革命军被迫退守武昌,革命形势出现不利局面。

北京革命党人陈雄和高新华等人心急如焚,商定立即在京城发动武装起义推翻清廷统治,建立共和政体,策应南方革命运动。而汪精卫却竭力使这次行动从属于"拥袁灭清"的政治谋划,这也是包括孙中山、黄兴在内的许多革命党人的共识。

11月13日,袁世凯奉旨返京,就任内阁总理大臣。面对日益高涨的革命浪潮,狡诈的袁世凯要借此压迫清廷下台,实现自己登上最高统治宝座的野心。因此,他很看重汪精卫作为自己控制北方革命势力,以及与南方革命政府斡旋的一个工具。

此间,汪精卫与袁世凯在锡拉胡同的袁内阁所在地,频繁地秘密交往,经过反复磋商,达成合力迫使清皇族让位,由袁世凯出任共和政体的元首的默契。为向清廷施加压力,袁世凯默许革命党人在京发动反清起义。

京城起义前夕,汪精卫离京赴津,胡鄂公十分惊讶。胡回忆:

予见兆铭而讶曰:汝今来天津,九日(29日)北京事,其谁主之?

兆铭曰:九日之进攻清室大内,自有运筹指挥之人,吾辈勿用留京冒此危险也。

予曰:汝所云运筹指挥者何人?

兆铭曰：项城耳。

予曰：袁世凯耶？

兆铭曰：是也。九日之事，实造意于世凯，世凯资助吾党发动费五千二百元，同志以为不济，闻君到津，故予使人索二千八百元足之，约以九日晚十时由吾党鸣炮为号。炮响，吾党同志即发难于正阳门、崇文门、宣武门诸处。世凯则命禁卫军第四标由西直门以进攻西华门，并命其长公子克定率兵三千攻东华门以应之。是则吾党仅负发难之责，留京奚为？①

为发动起义，北京革命党人组织了敢死队，队长是陈雄。

陈雄（约 1884—1911），字楚材，湖北襄阳人。早年入湖北两湖师范学堂学习，开始接受民主革命思想影响。毕业后入湖北新军当一名司书，因向报社投稿揭露清廷政治腐败，被新军开除。1909 年，他到保定进新军第六镇任司书，在革命党人吴禄贞等人影响下，加入同盟会的外围组织共和会，并在部队中积极发展会员。

武昌起义后，清廷派陆军大臣荫昌率军南下镇压，陈雄来到北京，与共和会北京分会同志商议刺杀荫昌，以支援南方革命运动。他与邱寿林、钱铁如、白逾桓、蔡德辰、罗明典等筹划埋伏在北京前门火车站，待荫昌率部登车南下之时，动手除害。不料，清军在车站内外戒备森严，没有机会实施刺杀计划。但他毫不气馁，更积极地准备京城起义。最初，"众议举雄领参谋事，雄不就，任敢死队队长。"

11 月 29 日晚，陈雄率领敢死队潜伏在内城东南一所大宅院附近，按事先布置于 10 时鸣炮，发出京城起义的信号。随后，一支队伍快速赶来，陈雄原以为是袁克定按计划率军前来协助，没想到却是大批杀气腾腾的清军前来镇压。起义军敢死队当即被清军团团包围，情况危急。陈雄感到起义被汪精卫与袁世凯的政治交易所出卖，悲愤交加，毅然拔枪自杀，年仅 27 岁。②

与陈雄在一起的敢死队员李汉杰，字振黄，是河南汤阴人，少年丧

---

① 胡鄂公：《辛亥革命北方实录》，载《辛亥革命》第六册，第 277 - 278 页。

② 胡鄂公：《辛亥革命北方烈士传》，载"近代中国史料丛刊"，第五十三辑，文海出版社 1970 年版，第 144 - 145 页。

父,家境贫困,18岁入上海公学校,次年入教会学校。后从上海乘船到天津,遇覃秉清相谈甚欢。李汉杰与覃秉清"话及国事日非,咸感慨流涕,深信非革命不足以救中国,遂因秉清之介绍,加入共和会为会员"。此后,他奔走于关内外开展革命活动。起义当晚,面对清军的围攻,他英勇地抵抗,不幸在端方私邸前被军警抓捕。在狱中三日,他始终大义凛然,"审讯时,强之跪,不从",刚强不屈,受尽酷刑折磨,后被清廷凌迟处死,时年33岁。

在当晚的激战中,另一部分敢死队员由高新华指挥。高新华是直隶宣化人,"貌狰狞,富膂力,然下笔千言,于经史无所不通。"他走关外,以技击联络少年数十人,抑强扶弱,颇有古侠士风。他曾因事涉讼被捕,遭凌辱,愤殴狱吏致死,被定罪死刑。后值清帝宣统登基大赦,得以出狱。1910年,他在新军第六镇任司书,经赵鹏介绍加入共和会,并担任吴禄贞的地下联络员,常奔走北方各地。吴禄贞被害后,他离开部队来到北京,参加筹备京城起义。

当晚,高新华率队隐蔽在内城东北角的安定门附近,听到起事信号,他"首掷一弹于安定门戍卫营,声震屋瓦,遐迩惊恐",敢死队员们跟着又将数枚炸弹投向敌营,出其不意地发起袭击,迅速登上城门楼,顺利地占领了安定门。

安定门城楼

然而，四面清军纷纷包围过来，却不见其他起义部队前来增援。敌众我寡，守卫在安定门的敢死队员死伤严重，弹尽粮绝，被迫突围，向南撤退。眼见起义受挫，敢死队被打散，众多战友遇难，高新华满腔悲痛，于城南永定门外投井自杀，时年41岁。"同志悲之，即葬其遗骨于井旁"，这口井被当地民众传颂为"高公井"，以示对烈士的纪念。①

二、直隶张家口、任丘、雄县起义

张家口起义是在同盟会领导下，以铁血会为主力，经天津共和会、保定共和会和山西民军的积极协助而运作的。

1911年10月下旬，保定的革命党人秘密集会，共谋策应南方，分头行动，发动北方各地起义，合击清廷。参与密谋的有直隶籍的保定北关优级师范学生张雨岑、南琴轩、李锐夫、段炳中等人，他们素有革命志向，认为：如能光复张家口作为根据地，南扼居庸关，可拊北京之背；西连大同，可合晋绥的豪杰，扩大革命力量，胜利可有把握。②

他们于1911年10月24日乘车离开保定，奔赴张家口，策动反清起义。在张家口，张雨岑、南琴轩等人立即与铁血会西部首领秦礼、反清志士李飞仙取得联系，具体研究起义的部署。

秦礼，字宗周，直隶丰润县秦庄人，毕业于保定武备学堂，铁血会的主要创始人之一，任铁血会京北部军司令。他少时习武，身高体壮，因善

张家口大境门

---

① 黄真、陈致宽：《辛亥革命期间北京的起义与斗争》，载《北京史苑》，第一辑，北京出版社1983年版，第73－74页。

② 王葆真：《滦州起义及北方革命运动简述》，载《辛亥革命回忆录》，第五集，第415页。

使大刀，人称"大刀秦礼"。1905 年，他在张家口地区以"救国军"名义，创建革命队伍，力量不断壮大。李飞仙系奉天人，"精通医术，愤清政日非，遂投身同盟会。在张家口开办同仁医院，阴结同志，待机而动。"①

此时，西北革命形势发展很快，归绥党人云佳会、晋北党人续桐溪加紧发动起义，与张雨岑等商定相互策应。10 月 29 日，山西宣布独立，张雨岑等决定尽快配合山西义军，在张家口举事。11 月 2 日，革命党人在石家庄同仁医院召开紧急会议，大家"咸主速发，为云（佳会）、续（桐溪）声援，且可乘虚直下幽、燕，以竟成功"。会议推举张雨岑、南琴轩、李飞仙组成张家口起义军总司令部，张家口商会会长秦礼负责财政，铁血会首领马德山负责编练以京绥路修路工人为主的起义军。

为发动起义，张雨岑到天津找王葆真帮助运送已购置的武器弹药。王葆真回忆：因需要械弹，由段炳中之介绍，张雨岑到津访余，余适外出，归寓，见雨岑留字即搭车返张垣。余驱车至车站访晤之。但从未见过面，怎能认识他？余乃从候车百数十人中的年貌风度精神，加以分析，一猜而中。雨岑大喜，具道来意，商筹运械弹事。

王葆真立即商请天津共进会会长白毓昆协助运送武器的工作。白毓昆亲自带领女师学生、共和会会员黄守璟、汪芸、冯世俊等人，将武器弹药藏在随身的行李中，乘火车到达新保安，再由当地同志将武器运往张家口。在列车行进的五六个小时过程中，几名女学生冒着生命危险，将藏有炸弹的皮包，抱在怀中，谨防强烈震动引发意外爆炸。一路上遇有盘查，白毓昆便称送学生去上学，得以避免被查行李。

11 月 27 日，山西民军高志清等十余人再从天津运送大批武器弹药到张家口。当时，清廷已获悉革命党人正在张家口谋划起义的情报，派出许多密探随车侦察。

在列车上，高志清等人担心震动引发炸弹爆炸，脸上时常流露出紧张的神情，引起密探的怀疑。结果，密探上前检查了高志清等人的行李，搜出军火，立即将他们抓捕，押解到张家口都统署。

---

① 邹鲁：《张家口举义》，载《辛亥革命》，第六册，第 372 页。

经对高志清等人严刑拷问,清廷得到了张家口革命党人密谋起义的计划和主要领导人名单。张家口都统黄懋澄深知秦礼手下的武装力量人多势众,便假意邀请秦礼到府上议事,欲乘机将其拿获。秦礼的部将李鸿恩,力劝秦不要前往,以免危险。秦礼并不知道起义计划已泄露,认为若不应约恐会引起敌人的怀疑,暴露起义计划。他还自恃武功高强,大意轻敌,听不进劝告。于是,李鸿恩一方面派高云汉速往铁血会总部,向丁开嶂报告;另一方面与尹德威商量,暗带手枪,随秦礼同赴都统府,以防不测。

秦礼、李鸿恩、尹德威走进都统府,即遭四面伏兵攻击。三人高喊杀贼,奋力与敌拼杀。秦礼冲出重围,跳墙逃出,看到李、尹两人仍处险境,他毅然再次翻墙入院,解救战友。不料,他被敌人的绳索绊倒,终与李、尹二人被敌人抓捕。敌人对三人实行了抱烧红的铁桶、走烧红的铁板等酷刑,三人坚贞不屈,誓死不向敌人低头。①

与此同时,在张家口被捕的革命党人有十几人。11月29日,秦礼、李鸿恩、尹德威、李飞仙与山西民军高志清等7被敌人腰斩于张家口西沙河署前河套内,英勇牺牲。

此外,张雨岑逃往石家庄,南琴轩逃到天津。张家口起义未举而止,以失败告终。

张家口起义受挫后,京畿地区革命党人于1911年12月9日,在保定再次召开各地革命党领导人会议,决定于12月18日"举义于任丘,京、津、保、滦、通、石家庄各地立起响应,藉以牵制袁世凯进攻山西之师"。②

会后,保定附近地区的蠡县、高阳等县革命党人立即布置起义,但最终没能发动起来。任丘、雄县两县的革命党人在准备起义时,不慎走漏了消息,遭到敌人的严密监视,被迫提前举事。

当时,以耿世昌、靳广隆等为首的任丘地区起义领导机构成立后,便把任丘、雄县、高阳、博野等县的武装力量编成六个大队,冯杰、戴

---

① 参见《张家口起义》,载千层浪网,2010年8月21日。
② 胡鄂公:《辛亥革命北方实录》,载《辛亥革命》,第六册,第288页。

国栋、李启明、郑书城、罗子云、刘长雄分别担任大队长。号令分三路向任丘集结。起义军的口号是："打倒封建，建立共和，实行民主，全民安乐。"

耿世昌（1872—1911），字吉斋，山东烟台西乡人，出身于世代务农的家庭。他"轻财任侠，喜为不平鸣"。他在教会学堂读书时，经常接济贫困的同学，乡里有负屈无告者，则不避修怨以扶助之。成年后，他"漫游海内，自鲁、岱、江、淮以迄秦、晋、巴、蜀，目睹各地吏治败坏，生民困苦之状，深信非革命不足以救中国"。闻知孙中山倡导三民主义，创立同盟会，他"欣然赴日本，顾以趋谒无由不果"。1910年春到西安任小学教员，加入北方革命组织共进会。1911年7月再由陕西来北京，北京起义失败后，奉命发动任丘起义。

1911年12月18日，在耿世昌的指挥下，任丘起义爆发。一支五百余人的革命军分三路向清军发起了猛攻，并占领任丘县城。袁世凯闻讯大惊，立即从保定调动两营淮军前来围剿。19日，起义军与淮军在任丘县城郊激烈交战，歼敌数十名，缴获大量军用物资，迫敌败退。接着，直隶总督陈夔龙急调重兵增援淮军，围攻任丘县城。面对敌人的疯狂反扑，起义军浴血抵抗，终因寡不敌众，缺少周边支援而弃孤城突围，北上雄县。

雄县革命党人于12月19日发动起义，迅速攻占县城，推举靳广隆任燕省民政分府第一军大元帅。靳广隆部与耿世昌部会合后，共同抗击围城的清军，战火愈演愈烈。12月21日，顺天府又派出禁卫军数营，张怀芝从天津派出大批毅军，源源不断地开赴雄县县城，镇压起义军。①

21日下午，清军用大炮轰城，城池塌陷，敌军冲进城内，起义军节节抵抗，耿世昌等一百多起义官兵殉难。余部由靳广隆率领向南撤退，行至任丘县梁台镇时，再陷清军重围。至26日，靳广隆牺牲，起义部队被敌人打散。②

任丘、雄县起义前后坚持了9天，最终遭强敌镇压，归于失败。

---

① 朱文通、王小梅：《河北通史》，第9册，民国上卷，河北人民出版社2000年版，第14页。

② 《河北文史资料选辑》，第五辑，河北人民出版社1981年版，第20页。

第八章
滦州起义

一、筹划起义

吴禄贞遇难与滦州兵谏失败后,北方革命形势陷入暂时的低潮,继任新军第二十镇统制的潘榘楹采取各种手段,妄图削弱第二十镇的革命力量,压制反清活动。

此时,第二十镇的部队分驻各地,第七十七标驻锦州;第七十八标驻关外的东八家子、沟帮子、葫芦岛一带;第八十标开往临榆;第七十九标仍驻滦州,其中第一、二营营部驻扎在北关直隶第三师范学堂,第三营与标部驻滦州火车站。第二十镇的大部分革命官兵集中在第七十九标,主要领导人是该镇第二营管带王金铭、第一营管带施从云等人。

王金铭(1880—1912),字子箴,山东武城人,出身贫苦农民家庭。他8岁入私塾,1898年应募入北洋常备军,1905年调入北洋军第五镇第十八标第一营任前哨哨官,1907年升任第一混成协第七十九标第一营帮带,移驻奉天新民府,1910年秋任第二十镇第七十九标第二营帮带,后晋升管带。此间,他开始接触民主革命思想,结识施从云、冯玉祥等倾向革命的下级军官,参与组织"武学研究会"、"山东同乡会"等团体,广泛联络京畿地区革命同志,秘密从事反清活动。

施从云(1880—1912),字燮卿,安徽桐城人,少时入私塾,稍长务农。他于1900年离乡入天津镇台吴长纯部,后被选送保定将弁学堂,毕业后返吴部任排长,又升任督队官,1910年秋调任第二十镇第七十九标第一营管带。他与冯玉祥、王金铭等人志同道合,秘密参与反清革命活动,发挥了重要的骨干作用。

王金铭　　　　　　施从云

张绍曾离开滦州后，王金铭、施从云召集第二十镇的革命同志举行会议，统一思想，鼓舞士气。王金铭在会上鼓动说：国事本非一人所能独任，亦不能以一人之去留，将国事遽行停顿。天下兴亡，匹夫有责，况革命事业，须以牺牲精神，与恶劣环境奋斗，我辈军人，尤应本此主义，地狱当前，我请先入，拿破仑字典无难字，我亦云然，同志相处，非依朝夕，愿共以铁肩担当革命，竟厥全功！①

王金铭的演讲深深打动全场官兵的心，"闻者感泣，全体肃然"，大家一致表示坚决拥护反清革命事业。接着，张之江、鹿钟麟、石敬亭、李鸣钟、韩复榘、张树声、张振扬、周文海、李子峰、李兹懋等人经密议，推举王金铭、施从云、冯玉祥等继续主持反清斗争。

此时，第二十镇的革命官兵加强了与天津地区革命党人的联系。第二十镇的革命党人何任之、郭凤山、孙谏声等人在天津秘密约见天津同盟会重要骨干王葆真，表示：张绍曾虽已离开第二十镇，镇中营连长尚有若干人热心革命，仍可联络起义，并与王相商同赴滦州接洽。

11月24日，王葆真与何任之、孙谏声、熊朝霖等结伴到达滦州。由于潘榘楹在滦州遍布侦

王葆真

---

① 罗正纬：《滦州革命纪实初稿》，转引自《辛亥滦州兵谏与滦州起义》，第170页。

探，严加防范，他们只好分散活动。王葆真回忆当时的遇险经过：我与何任之住一店，专为运动二十镇中下级军官起义。……次早何任之出店去接洽某营部，日午未回。余正踌躇间，董锡纯来告：何任之被清军官撞见，告知潘榘楹，何已被捕，并要逮捕同来者。我当即收拾皮包，正拟出门，忽一军官至，查问从何处来？到何处去？我答说：至城内看朋友。问：看何人？答：至教会去看白牧师。其人抽出靴内皮夹，看了看；又拔出刀向我看了看，后把刺刀、皮夹装回而去。事后思之，其人可能是善意，示我宜速去。

……我出城已经是晚七时，心念孙谏声等不知怎样。北门到车站有五六里，行至半途，有骑兵四五人蹄声得得，迎面而来。我躲入路旁坟坑暂避。骑兵过去，我循河边前进，不料前面堆集着粮囤，有兵看守，突然喊问口令。我答："乡下人进城去来，回来晚了。"守兵放我过去。从滦河铁桥下穿过，挨到孙谏声所住店附近，侦缉队六七人手拿提灯，自山坡路下来，我一跃至岸下，刚刚可以遮住灯光。侦缉队说着笑着过去了。我到店前叩门，店主系山东老翁，见我颇警惶，说："天爷，你还没走开！侦缉队来搜过五次了。"我问："他们怎样？"他说："先钻到火柴堆里，侦缉队向火柴堆扎了几刺刀，走了。他们后来越过墙，逃到山后走了。"我才放心。又沿着河边岸下返回北门外店里，已十二时半了。睡到天明，托店主雇了一辆轿车。轿车无门帘，是晨风雪交加，我乃以被单遮雪遮面。欲奔草桥过河。车夫说，草桥已毁。乃径向车站前进，通过铁桥下，即雇一渡船，在风雪霏霏中，渡过滦河，东行十数里，到古冶购车票。售票员竟对我说："应该不卖给你票。昨夜军警在此守候拿人。"且说且把票递给我。由古冶过滦河时，军警到车上巡视，无识我者，得平安返津。同志相见，咸庆我脱险。①

12月6日，天津共和会骨干凌钺、张良坤等开会研究斗争形势，一致认为：革命不颠覆首都，成功究属渺茫，北方始终沉默，专制何能推

---

① 王葆真：《滦州起义及北方革命运动简述》，载《辛亥革命回忆录》，第五集，第407－408页。

倒？宁汉久撑危局，前途定可忧虑，党人若怕牺牲，成功定无希望。①大家商定由共和会成员组织敢死队，签名者约70多人，公推凌钺任队长，尽快奔赴滦州联络第二十镇的革命官兵举行起义。

凌钺（1882—1946），字子黄，河南固始人，出身耕读世家。青年时入天津北洋政法专门学校读书，1905年加入同盟会，参与发动国会请愿运动，参与创建天津共和会，组建北方革命协会。

第二天，敢死队员化整为零，分头化装往滦州集结。他们两三个人为一组，拉开距离，在新车站或老车站乘车，分别在唐山、古冶、开平下车，步行至雷庄集合。当时，凌钺和刘人达化装为基督教徒，董震寰装成翻译，何英、刘士廷扮作车脚夫，熊飞往脸上涂了一些灰尘，扮成乞丐，张良坤手提一个小仁丹箱，装成卖野药者。共有19人到达雷庄，住在一家花生货栈。随后，大家又把驻地移至位于滦州城南20里左右的坨子头。常住这里的有凌钺、张良坤、于树德、何英、刘沛洋、丘子永、黎元术、张耀卿、熊飞、董保华、刘士俊、刘德海等人。他们以此为基地，在附近地区广泛开展联络宣传等活动。

不久的一天夜间，凌钺等来自天津的12个革命党人，与当地倾向革命的栈主李堂、塾师李忆珍举行了结盟仪式。他们以同盟会章程作为誓词，盟誓结盟，并自称"龙山十四郎"。其中李堂最长，凌钺排第三，年仅17岁的于树德排行第十四。

12月22日深夜，凌钺指挥敢死队成员携带手枪和炸弹，赶到滦州北门外的师范学堂，迅速将七十九标营地包围起来，隔墙向院内喊话："我们带来了南方革命政府的命令，在滦州建立北方军政府，任命施从云为总司令，王金铭为大都督，张建功为副都督，旗帜印信都已带来"，还高呼："革命万岁！"他们发现院内开始集合部队，便继续高喊："如不相从，就用炸弹炸个同归于尽。"

经商量施从云、王金铭令第二营第一连连长郭凤山出来迎接凌钺等人入军营商议，决定起义及任职等事，因事关重大，暂缓宣布，由王金

---

① 凌钺：《辛亥滦州起义记》，载《中华民国开国五十年文献》，第二编，第五册，第274页。

铭赴海阳找八十标的冯玉祥再商议，以期一举成功。双方会商约20分钟，凌钺将旗帜、印信交给王金铭、施从云收存，率队返回坨子头村。

在商谈起义问题时，王、施曾告诉凌钺等人：七十九标大多数人倾向革命，只有标统（团长）岳兆麟顽固守旧，敌视革命，非除掉此人不可。于是，"十四郎"中的小弟于树德自告奋勇，愿承担杀岳的重任。很快，于树德经过辗转介绍当上了岳兆麟团部师爷（秘书）王墨村的勤务兵。于树德回忆：

于树德

……天津师范教员张幼臣给我无色透明的毒药一包，据说毒性很厉害。有一天我乘机把毒药下在岳某面汤里，他吃了只是呕吐，并没死，我以为毒药下少了。标部十来个人，除王墨村沉默寡言对革命不表态度外，其余都是反革命家伙。隔了几天再给岳某单独下毒不得手，我就把剩余的毒药都下在大饭锅里；他们吃了都在呕吐，我也只好在他们呕吐的地方假装呕吐，以免起疑。当时他们认为是山岚瘴气，闹着要标部搬家（起义失败后，他们发觉是我下毒，把王墨村枪毙了，冤哉！）。后来王金铭等通知我已经定期起义，速谋脱身，我这才托故回家探母脱离标部。①

12月9日，鄂军政府代表、北方革命协会会长胡鄂公等人在保定西关直隶高等农业学堂召开京、津、保、滦、通、石家庄、任丘等地革命党领导人会议，决定于12月18日"举义于任丘，京、津、保、滦、通、石家庄各地立起响应，借以牵制袁世凯进攻山西之师"。

12月15日，胡鄂公、孙谏声、胡伯寅、李孝通等一行数人离津赴滦州，当夜密会王金铭、施从云，商讨起义事宜。胡鄂公告诉王、施二人，将于12月18日在任丘举行起义，要求滦州新军响应，还带来炸弹12枚，以便滦州起义时作为信炮。施从云分析了面临的实际情况，表

---

① 于树德：《回忆滦州起义与共和会》，载《辛亥革命回忆录》，第五集，第426－427页。

示：滦州北门外师范学堂驻有七十九标的一、二、三营，自队排长以至士兵，绝大多数倾向革命。但标统岳兆麟监视严，第三营营长张建功则又阴险反复，任丘起义之事，我与王营长当尽力为之。然以日期迫促，殊难必也。随后，胡鄂公留下胡伯寅、李孝通、卜宝珩、乐邦彦等人协助王、施工作，他和孙谏声赶赴南青坨找丁开嶂商议组织关内外振武社会员参加天津、滦州起义的问题。

此时在二十镇任营长的冯玉祥与来自天津的革命党人接触较多，他回忆：虽然吴禄贞被刺和张绍曾被解职，但第二十镇的革命将领与白毓昆、王励斋等的奔走联络却格外密切起来。那时，白毓昆、王励斋曾数度和我们接洽，他们以为京奉一线，革命实力过于单薄，主张密约烟台民军由海道自秦皇岛登岸，再合力发动武装起义。王金铭的兄弟金钰也是一位民党分子，这时从国外回来，亦奔走于其间，非常努力。

另一位在二十镇任职的鹿钟麟回忆：王金铭、施从云一面令武学研究会分子坚持秘密工作，暗中勾通革命官兵的联系；一面和先期潜伏滦州一带的革命党人白毓昆、凌钺、孙谏声、熊朝霖、陈涛、高德海、邱子久等通力合作，共策进行。这时，滦州知州朱佑葆、警察所长张注东等也已转向革命，无形之中使革命的阵势更加扩大，谋取起义的活动反而越发积极起来。

此间，白毓昆曾几次冒险到滦州，策动七十九标官兵起义。12月中旬，为去滦州做准备，白毓昆和孙谏声专程拜访王葆真，听取意见。王葆真告诫他们：第三营管带张建功表面上对张绍曾很忠诚，自称完全以统制的马首是瞻，其实靠不住；现在第二十镇"兵分则力薄"，"袁世凯入京后，调来军队，拱卫京畿，对滦军早有戒备"；"同志们矢志革命，见义勇为，不怕牺牲，是很可敬佩的，但需要谋定后动，决策制胜。如果决定起义，应与小川（指丁开嶂）地方民军联合在一起，作游击战，广结声援更为必要。"①

临行前，白毓昆让妻子带着孩子返回家乡，亲手将一封密函缝在孩子

---

① 王葆真：《滦州起义及北方革命运动简述》，载《辛亥革命回忆录》，第五集，第409页。

的内衣里,嘱咐妻子务必把密函面交沪军松江分府都督钮永建。密函的主要内容是白对滦州起义的设想,要求上海军政府派部队立即由海道北上,占据山海关,切断京奉铁路,然后与滦州起义军会师,直捣北京。

当晚,白毓昆、孙谏声与崔昭华、崔震华两名共和会女成员扮装成两对夫妻,躲过车站敌特严密的盘查,先后到达坨子头村与凌钺等人会合。

在凌钺的协助下,白毓昆立即开始工作。他先拜会滦州警察所长张注东,引导张拥护革命,为武装起义效力。接着,经张注东引见,白毓昆、凌钺等人又到滦州知州府拜会了知州朱佑葆。白毓昆对朱佑葆晓以大义,希望朱能站到革命力量一边。凌钺开导朱佑葆说:"吾等奉南方革命军政府命令来滦,实行革命,军警皆赞同,计划在滦州宣布独立,兴师讨伐,清廷势急,业已昭然;肘腋之下,重起革命,倾覆胡虏,千载一时也。以滦州衙署为北军革命军政府,凡各税款,请一律交军政府以作军需!"① 朱佑葆深明大义,当即答应了白毓昆、孙谏声的要求,命令张注东带领4名警察到城东街永平盐务局第三区征收局,清查存款账簿,提取全部现款,作为武装起义经费。

接着,白毓昆、孙谏声赶到北关师范第一、二营营部,与施从云等官兵见面,大家一致认为发动起义的条件已基本成熟。

12月30日上午,北方革命协会在天津法租界召开各革命团体代表会议,白毓昆首先汇报了滦州新军起义准备情况,以及王金铭、施从云要求天津革命党人赴滦州指导起义和组建政府等问题。会议商定派遣白毓昆、孙谏声、熊朝霖、陈涛等十余人,尽快分批赴滦开展工作。

出发前,白毓昆与胡鄂公就滦州起义的部署和策略进行了深入的讨论。胡鄂公回忆:……白毓昆于晨光未曦登车赴滦前,问予以滦州革命战守之策于小白楼。

予曰:此难言者也。滦州南邻京、奉铁路,无山河关隘以自固,京、津、辽、沈之敌,朝发而夕至,届时言战,则无可战之地;言守,又无可守之资,此可虑者一也。施、王、张三营,可战之士,不逾千

---

① 唐向荣:《滦州辛亥起义》,载《滦县文史资料》,第七辑,第72页。

人，况建功以比肩之势，而存犹豫观望之心；一旦敌人来攻于外，建功或起而叛变于内，必至战守两失，此可虑者二也。敌人知道滦州驻军之倾向革命，盖自世凯奏罢第二十镇统制张绍曾、协统蓝天蔚，刺杀第六镇统制吴禄贞时已可见之，非必有待于滦军独立而后知也。其所以迟迟未予讨伐者，以协标分离不相联属，且领袖无人，又有岳兆麟辈可谓牵制，是敌人谋我，早已尽其包围攻取之计，尚何有待于我独立时而策战守哉？此可虑者三也。有此三虑，予故曰此难言者也。

毓昆曰：然则将奈何？

予曰：是惟有避实以就虚耳。

毓昆曰：公试为我言之。

予曰：滦州不可战，我惟有于独立前，掘昌黎、雷庄之路轨，毁滦河之桥，以阻敌军前进。滦州不可守，我惟有于独立后，则引军而北以至长城，择其可以休息之地而休息之，使敌无力远攻，我于此则俟京、津、保、通之变以为策应。此则予所谓避实就虚耳。

毓昆笑曰：如公所言，诚为革命战守策谋之上者。然公言之可也，若言之自我，则人将叱其不勇矣。

言至此，毓昆遂与予别。①

1912年1月1日，继白毓昆之后，孙谏声、陈涛等人作为第二批奔赴滦州。出发的前一天晚上，众人为此次壮举钱行。"席间各自道平生，感慨嘘唏，咸涕泣不能自已"。胡鄂公记述当时的情景：

> 夜半，予被酒假寐，谏声濡毫申纸拟为壮士之歌七解。稿成，陈涛起舞双剑于室中，谏声和而歌之，歌音如出剑映。予偕得山起视，则谏声与陈涛，已载歌载舞矣。其初也，若新月之腾海，远山之雨霁，若春花之乍放，晓莺之婉啼。其继也，若游龙之行空，长虹之透迤，若嫠妇之夜哭，寒虫之鸣壁。迨至歌声磅礴，舞剑划鸣，则若虎啸狮吼，雷电震霹。又若风雨骤至，山崩海立。于是得山叹曰：大哉，壮士之歌也，吾于此观止矣。②

---

①② 胡鄂公：《辛亥革命北方实录》，载《辛亥革命》，第六册，第301、302页。

与孙谏声、陈涛分手之际,胡鄂公赠给每人夷铳各两支,并简要说明了自己对滦州起义的意见,叮嘱再三。两人回答:"大局如斯,滦州之战守,固无关于革命之得失也。"言毕辞别而去。

12月30日,王金铭亲赴山海关内海阳镇第八十标驻地,找到第三营管带冯玉祥,密商联合起义的具体事宜。据冯玉祥回忆:我和金铭的意思,都以为老袁上台后,北军已渐见振作,如果和议不成打起来,只怕民军吃不消。再则北方一带,情势一天天恶化,我们若不早干,终有被保皇派全部消灭的危险,所以主张立即动手,从他肘腋之间的嫡系军队中爆发一颗炸弹,使他们无所措手足。

……当时计划等烟台民军一到秦皇岛登陆,滦州和海阳同时动作,"三张"的骑兵亦在秦皇岛西南山嘴发动,郑金声为右翼,王石清为左翼,我为预备队。到时我的预备队先袭击炮兵阵地,并将萧广传、范国璋的旅部团部完全解决,而后合占山海关,分头进击北京和奉天省城。这一举即使不能直截了当地打倒满清政权,也可使之丧胆,牵制其进攻武昌的行动。商议的结果,我在海阳负责和登陆烟台的民军接头,其余在滦州等地策应者,都由他们去分头布置,等约好日子,即行发动。①

12月31日,白毓昆再赴滦州,先到坨子头村会见凌钺等人,接着去北关与施从云会商,决定发动起义,宣布独立。会后,他们一方面派士兵在滦州城内四处张贴起义文告,组织演讲,宣传革命主张;另一方面以王金铭、施从云等人的名义,发布致袁世凯等人的通电,表明主张共和的立场,电文称:北京内阁总理大臣(上海伍代表、唐大臣、天津顺直咨议局)钧鉴:自武汉起事,各省响应,势如奔涛,足见人心所向,非兵力之所可阻也。全国人民,望共和政体,甚于枯苗之望雨也。诚以非共和难免人民之涂炭,非共和难免外人之干涉,非共和难免后日之革命。我公身为总理,系全国之总代表,决不能以一人之私见,负万人之苦心,况刻下停战期迫,议和将归无效,全国人民,奔走呼号,惊慌之至,而以直省为尤甚。是以陆军混成四十协官佐目兵等,驻扎直省,目睹实情,不能不冒死上陈,以渎尊听,查前奏之信条内,开有军

---

① 冯玉祥:《我的生活》,同前,第118页。

人原有参政之权，刻下全体主张共和，望祈我公询及刍荛，不弃鄙拙，速定大局，以弭乱事，而免惨祸，实为至祷。临发百拜，不胜惶悚之至。①

当天，王金铭从海阳返回滦州，邀请白毓崑、凌钺等革命党人，与新军起义部队领导人施从云、鹿钟麟、石敬亭等，在师范学堂紧急会议，决定再派人到海阳镇通知冯玉祥等人按时发兵，响应起义；争取岳兆麟出任北方军政府的领导人，以带动全标官兵参加起义。

王金铭、施从云到第七十九标标部面见标统岳兆麟，告知发动起义，建立革命军政府，推举他做大都督的计划，希望他支持革命。他们说：标统为吾标领袖，赞成义举与否，一言决之，标统所虑者，恐失败耳，预筹已妥，敢尽情告之，友军方面派李兹懋赴海阳联络冯玉祥、郑金声、张之江、张树声、张振扬等率部来会，新招骑兵派韩复榘率领，由黑山子绕道赴滦，鹿钟麟、石敬亭等组织唐山武装同志三千余名，联合天津张怀芝部届时相应，通州方面由丁东第、王冶增等运动淮军加入，又派夏得祥赴辽阳庄河同商震、朱霁青、王德权、程起陆、李树森、连成基等联系，届时各率民军共同北伐，四处准备，计策万全，义旗一揭，大业立就。

一贯敌视革命的岳兆麟闻知惊恐不已，频频摇首曰："胆大矣，胆大矣，吾不敢为也。"次日，岳兆麟便逃离滦州，到开平向通永镇镇守使王怀庆告密去了。王怀庆接报后立即电告直隶总督陈夔龙，陈急电袁世凯、军咨府和陆军部称："驻滦州三营要求共和，已不服从标统命令"，"怀庆已派队于车站陆路严加防御"。袁世凯立即下令驻石家庄的第三镇曹锟，将娘子关和保定的嫡系部队集结待命，同时让王怀庆对七十九标起义部队实施劝解抚慰之计。

于是，王金铭与施从云将计就计，决定诱使王怀庆来滦，迫其担任军政府大都督，借以稳定部分中间派和顽固派；否则，将其扣押，使所属淮军内乱。

---

① 罗正纬：《滦州革命纪实》，载《中华民国开国五十年文献》，第二编，第五册，第319-320页；冯玉祥：《我的生活》，第119页。

二、创立中华民国北方军政府

1912年1月1日下午，王怀庆乘车前往滦州，入住火车站附近的福德恒大商号。王怀庆立即召集各营长王金铭、施从云、张建功、知州朱佑葆、警察所长张注东，及一些知名士绅。

王怀庆生气地对大家说："你们做得不对，你们不该乱来。"

王金铭答道："你来得正好，你得帮我们干。"

王怀庆抚慰说："今南北议和，尚未成立，革命胜败，复不可知，我辈军人，应忠职守，辇毂之下，军人独立不仅违反纲纪，而且区区兵力，岂足与战！审时度势，实非所宜，望诸君善自采择，毋贻后悔！"

王金铭慷慨陈词："清廷误国殃民，罪恶昭彰，海内志士，同举义旗，凡有血气，皆当振臂兴起，光我民族，公总领师干，宜以民意为重，不可冒此不韪，致招自危。我辈宣布独立，词义正大，心之所至，万死不辞。"王金铭还对王怀庆厉声说道："现在大都督的位置让给你，若是不受，你也休想走得了！"①

话音刚落，几名军官上前将王怀庆团团围住，排长张振甲用枪口对准王怀庆的胸口说："你若不干，咱就开枪！"王怀庆见势不妙，只好假意应允。当晚，起义官兵以王怀庆的名义向各国驻京公使和各领事馆发出照会，文称：中华民国军政府北方大都督王怀庆，为照会事：本都督为光复民国起见，择于西历一千九百一十二年一月三日二十四点钟，以举义直攻燕京，为达中华民国完全共和之目的。凡各国人民之生命财产，本军所到之处概负保护之责，祈各国公使严守局外中立。本军政府暂设直隶滦州，各友邦如有交涉条件，请与本军直接办理。②

不久，上海的英文报纸《字林西报》在新闻电讯专栏，全文刊载了以王怀庆名义发布的照会通电，使滦州起义的消息传遍各地。

1月2日清晨，王怀庆在张建功陪同下，离开福德恒商号，骑马进

---

① 唐向荣：《辛亥滦州起义》，同前，第93页。
② 《冯玉祥自传》，军事出版社1988年版，第44页。

城准备就任大都督。途中行至车站以南的紫金山附近时，张建功暗示王向西逃跑，精于马术的王怀庆便故意勒紧马缰，令马狂跳，众人急忙闪开，王乘机调转马头，死命加鞭，策马向西狂奔。待众人拔枪射击时，王怀庆已骑马消失在西面一道很高的沙岗背后。

王怀庆逃到赵各庄煤矿，急电陈夔龙和袁世凯，报告滦州"兵变"情况。袁世凯速令第三镇分兵一协前往开平，归王怀庆指挥；令第三镇统制曹锟调第六协协统陈文远率第十二标由廊坊赶往滦州，计有步兵三营、马队一营，另有通州毅军一营，淮军炮队400人抵雷庄布防。至此，清军将滦州起义部队西进的道路都严密封锁。

王怀庆

1912年1月3日，滦州起义军在原滦州知州府衙门，建立了北方军政府。主要领导人的任职如下：

王金铭：北方军政府大都督

施从云：总司令

冯玉祥：总参谋长

白毓崑：参谋长

孙谏声：军政部长

朱佑葆：民政部长

凌　钺：外交部长

刘现云：财政部长

张良坤：秘书长

张注东：警务处长

陈　涛：军法处长兼前敌指挥

熊朝霖：敢死队队长

石敬亭：中路司令

鹿钟麟：右路司令

韩复榘：左路司令①

滦州衙署

北方军政府在滦州县城内举行了隆重的就职典礼，参加起义的千余名官兵在军政府门前列队欢呼，气氛热烈。还有一些驻滦州车站、城内以及附近地区如古冶、林西、开平、唐山等镇的外国军政人员及宗教人士前来祝贺观礼。

王金铭郑重地向全体军人躬身施礼，庄严宣读就职誓词：

中华民国军政府北军大都督王金铭，于十一月十四日（实为十五日），宣布直省独立于滦州，谨具数言，以告我同胞及军士曰：此次起义，纯为恢复民权起见。宜极力遵行人道主义，军行之地，秋毫无犯。无论何时何地，遇有清兵，彼不极端反抗，我军不得擅行攻击。良以革命军清军概系同胞，共抱救国思想，谅有同情，当不忍同种相残，贻笑外人。我军兄弟有不愿为国捐躯者，仆愿资助旅费，令其归养。至仆则本国民天职，必达共和目的而后已。②

王金铭就职后，又恳切地对大家说：今日，我驻滦新军，响应南方

---

① 《辛亥滦州兵谏与滦州起义》，第217－218页。
② 《中华民国开国五十年文献》，第二编，第五册，第344页。

暴动，揭竿宣布独立，誓师进军天津。众兄弟推吾为都督，吾当仁不让，愿率公众覆满清建共和，以竟大业。我辈军人，概以服从军命为天职，吾跨前一步即为都督，授令各官兵定当必从。时下，差此一步，吾与大家仍为兄弟，余愿晓清理义，令兄弟抉择。凡举事革命，必有流血牺牲，军内凡独生男儿者，或有家室妻儿者，劝其返乡事亲，抱（报）效高堂，抚育儿女，本府发放路费送返。再有怯懦怕事者，亦可退去，革命出于自愿，绝非强迫，不以军纪而处。众官佐，我辈男儿正值方刚，应图鸿鹄之大志，誓把革命当己任，活就要轰轰烈烈，死也当壮烈千秋！愿众兄弟抱定革命之主意，随我出征战清军，推翻满清倾帝制，光我汉室建共和。

言毕，王金铭肃然下跪，给起义官兵叩头四次。一时间，群情激奋，除几十人由于各种特殊原因选择离开部队外，绝大多数人坚定地投身于反清的武装起义之中，誓为革命奋斗。

随后，参谋长白毓昆、外交部长凌钺先后演讲，宣传革命思想，鼓舞大家的斗志。

就职典礼持续了几个小时，接着举行了威武雄壮的阅兵式。阅兵式结束后，军政府在师范学堂为中外来宾举行盛大宴会。俄国领事代表驻天津的各国领事出席了宴会，他"见军政府组织谨严，人民倾心爱戴，乃向外交部长表示……承认义军为交战团体"。外交部长凌钺对各国代表承认军政府表示感谢，并邀请外国领事代表与军政府成员合影留念，然后将他们礼送回天津。

同时，军政府分别致电内阁总理大臣袁世凯、上海南方中华民国临时政府谈判代表伍廷芳及各国驻华公使、领事，阐明军政府的大政方针。军政府告诫袁世凯："现闻南北议和期迫，势将决裂，万恳迅速主持共和，切勿再开战衅，涂炭生灵。本军现已宣布独立，枕戈以待，特此电闻。"在致伍廷芳的电报中，表明新成立的北方军政府，隶属于中华民国临时政府；要求转告袁世凯，议和期间"不得派兵来攻"。军政府致电外国使节称："现因我国南北议和，恐致决裂，本军已宣布独立，即日出师，所有外国人士性命财产，一律保护。特此知照。"①

北方军政府成立后，颁布了一系列文告，向社会各界阐明执政的基本方针和内外政策。

以王金铭名义发表的《对内宣言》，列举了满清王朝专制统治的十大罪状，指出：本都督身为汉民，素知大义，自武昌肇事，即已联合同志，日夜惕励。今南方已定，大军北向，斩荆拔棘，职应先趋，用是光复天津，以寒虏胆，且继续会合群雄，一致行动，克日长驱捣穴，擒戮伪王，所有伪朝一切虐政慢令，无不涤除尽净，以与我同胞更始，协建共和政体，同享自由幸福，我同胞亦当推心置腹，共表同情，为此宣言，不胜期望之至。

王金铭在《敬告直隶同胞书》中呼吁：呜呼袁贼出，虏气张，汉阳危，义师蹶，长此梦梦终日，蜀山氏之子孙，将胥以沉沦永没于九幽，不复起矣！吾直隶诸同胞，其亦闻焉否耶！……斯时也，全国望吾直隶同胞如望岁，盖鞑虏施暴于外，而粮食复竭于内，奉、晋诸义军，日伺其隙。乘其气夺，以数百敢死士，溃期中坚，不崇朝而伪清之秽泽竭矣，此固我直省同胞之所易为，而为大义之所不可辞者也。乃延至于今，犹为伪清效命，天下义士，皆谓直省为鞑虏势力所束缚，士庶之受制胁，已成习惯，而人心之不相复活，一等于死灰。今之首鼠不前，后且甘为异族顽民，而腼然自乐，人言不恤，窃为吾直省同胞羞之。悲夫！汉阳之剧战，骸积成丘；金陵之力攻，血流成渠，兵祸日炽于南，而人心不竞于北，欲以不战而略地，不攻而降城，同人深所未喻也，嗟呼！直省同胞伏一尸，则行尸尽奋，滴一血，则冷血能温。时至今日，岂宜畏死？岂可昧大义，冒举世之不韪，若独乐为众矢之的，北征义师，指日且临城下，纵怜而宥汝，其何面目以立于共和之廷也。②

《对外宣言》共有四项，申明对外政策：……今我国合汉、满、蒙、回、藏五民族建一大共和国，遵守大同主义，一洗旧日之非，根本法律，进退合矩，凡非法律禁止，外人得享有之权利，均一律平等，生命财产，皆当竭力护持，不遗余力，以符共和之宗旨，而维我国之秩

---

①② 《中华民国开国五十年文献》，第二编，第五册，第320、331页。

序也。

……邻国友邦，交谊素笃，此次严守中立，尤见热心，凡义师未起以前之条约，自应遵守不违，其在鄂军既起以后，而与满政府秘密缔造者，则我军按公法例不得承认也。①

此外，军政府还颁布了《敬告顺直各府州县地方行政官吏》、《劝降军界同胞白话告示》、《告警界同胞书》、治军的《赏罚十六事》、《敬告满清执政诸大臣》、《告八旗军人书》、《敬告满清诸亲贵执事文》等诸多文告。

"辛亥北方革命军总司令部中华民国北方军政府旧址"纪念碑
（唐山师范学院滦州分校校园内）

三、雷庄殊死血战

北方军政府隆重成立后，立即加紧筹划西征，攻取天津、北京。然而，被迫参加起义的第三营营长张建功，"暗中却一直与王怀庆勾结，互通消息，俟机破坏革命。"② 当时，张建功的第三营驻扎在滦州车站附近的火柴公司，距第一、二营和司令部的驻地约5华里，张借口火柴公

---

① 同前，第341-342页。
② 鹿钟麟：《滦州起义的前前后后》，载《辛亥革命回忆录》，第六集，第174页。

司营房已拆毁，将部队移驻城内。

1912年1月4日，张建功派亲信、督队官李得胜乘车潜往永平，将有关起义军部署的重要情报送交王怀庆。李得胜化装成乡民，躲在火车头的存煤车间，不久即被车站掩护队哨官张振甲拿获。

张建功得知阴谋败露，煽动第三营不明真相的官兵到司令部为李得胜求情，遭拒绝后集体叛乱。张建功指挥一部分兵力在城外袭击第一、二营的侧翼，另一部分兵力登城向北关师范学堂的第一、二营发起正面进攻。顿时，城内外枪炮声大作，四处一片混乱。

叛乱初起，军政府的许多人原以为是士兵枪支走火，后见战火愈烈，才查明张建功叛变了。王金铭、施从云等立即组织部队反击，命令石敬亭、王鸿升二人率队抵抗叛军的进攻。据当时的目击者称："城内的一支叛军将钢炮从北门东边的斜坡推上城墙，对着师范学堂校园猛轰"，叛军居高临下火力强大，第一、二营有多人伤亡，包括第一营队官葛盛臣在东门外中弹身亡。

紧急关头，王金铭获悉清军第三镇的曹锟将率领混成标从娘子关前往天津，再向东进攻军政府，他与施从云当机立断，不与张建功的叛军纠缠，除留少数部队牵制叛军外，主力部队立即西进，抢在曹锟之前，攻占天津。

起义军主力撤出滦州城后，第三营叛军占领该城，疯狂捕杀革命党人，城内一片白色恐怖。军政部长孙谏声在滦州公署被捕，他英勇不屈，被叛军捆绑押至城墙西南角枪杀。凶残的敌人还割下孙谏声的头，剖腹取心，将他的尸体丢到城下。

孙谏声（1883—1912），字鼎臣，山东诸城人，幼时家境贫困，以官费入县立高小学习，1900年入山东武备学堂，1906年举家前往营口。1908年冬，他与丁开嶂等倡立"铁血会"，后加入清军第二十镇，逐步升任连长。此间，他积极宣传革命，联络同志百余人。武昌首义后，他奔走于天津等地，与胡鄂公、王葆真、白毓昆等人筹划北方革命，任天津革命军司令。

孙谏声

他于1912年1月1日到达滦州,参与北方军政府的筹建工作,并担任要职。

侦察员李晓燮在北城与叛军相遇,叛军查问:"什么人?"李晓燮直言"革命党人",叛军当即开枪击中李的腹部,将他抛弃在城下,一日后痛苦而亡。最先发现奸细的张振甲,被叛军杀害于凉亭车站,尸体被塞进滦河的冰窟。事后,在滦州的一个大坑中,就找到数十名遇难的革命党人遗体。

为实施进攻天津、北京的计划,滦州起义军以王金铭名义致电天津各国领事馆,称:"……定于西历1912年1月5日赴津,应请贵领事严守中立,所有一切生命财产,均由本都督实行保护。"

同时,起草了《进京安民告示》,文称:

> 中华民国北军大都督王
>
> 为布告事,照得本都督奉军政府命令,督师北伐,以政治革命为宗旨,要在扫除专制,建立民国,出吾同胞于水火之中。是以义军到处,秋毫无犯,当为国人之所共悉,北京五方杂处,人口繁巨。当兹元凶既殄,居民人等,正宜各安生业,勿相惊扰,庶免宵小乘隙,扰害治安。投诚各军,尤宜恪守军律,同心协力,共襄盛业。本都督有厚望焉!①

王金铭、施从云指挥第一、二营义军部队击退叛军的进攻,迅速撤出战斗,跑步向城北车站集结,准备乘火车西进,攻打津、京。起义部队拦截了一辆客车,登车前,王金铭再次慷慨陈词,鼓励众官兵说:吾辈革命,原抱牺牲主义;时势至此,若不努力,不惟坐以待毙,且于革命宗旨不符,于大局无补。是空有革命之名,而无革命之实。吾已决计登车西进,以与反革命决一死战,无论胜败,均于革命有利,胜固可喜,败亦足寒清廷之胆;纵牺牲亦不过吾辈数百人同死尔!人孰不死?为革命而死,为民族国家而死,虽死犹生,有革命意志,愿与同死者,请即登车!

---

① 唐向荣:《辛亥滦州起义》,载《滦县文史资料》,第七辑,第120页。

参加滦州起义的北洋陆军第二十镇官兵

在场的官兵深为王金铭的革命精神和气概所震撼，他们群情振奋，踊跃登车。王金铭率敢死队员在火车前部车厢担任前哨，作为进攻的先锋。其他官兵及军政府机关人员乘坐在后几列车厢。按计划义军到达天津后，由大都督王金铭和凌钺指挥敢死队直接进攻直隶总督衙门；施从云和熊飞率部分义军攻打南北段警察署；张良坤带领部分义军守卫新车站。

义军所乘的火车驶离滦州15里左右，疾行到雷庄车站以东时，司机突然发现前面的铁轨被人扒断，慌忙落闸刹车，不料为时已晚，高速推进的惯性使火车继续向前猛冲，随着一声巨响，火车冲出铁轨。

原来，王怀庆率淮军一部在这里设防，并事先破坏了铁路，借以阻扰义军西进。火车出轨不久，叛军的探访队长谭庆林带队前来查看，敌我双方立即交火，枪声四起。义军领导人王金铭、施从云、白毓崑等紧急商议，决定将部队分为两部分，以敢死队为先锋，依东、西山势夹击雷庄。

当天夜晚的战斗甚为激烈，驻扎在铁路南北两侧的淮军第二十三标第二营士兵被枪声惊醒，仓促出营参战。曹锟所辖第三镇第六协的部队正好乘车赶到，来不及下车就开始用火炮和机关枪向义军疯狂射击。凌钺回忆当时的战况：曹锟的第三镇部队未及全下车（指源源而来的第三镇后续部队）即行接战，大炮向空乱发，长枪声音成片。两小时后义军热烈有加无已，勇往直前，旁若无人，各上刺刀攻入敌阵。

面对清军凶猛的攻势，前敌指挥陈涛无畏地冲入敌阵，横枪四射，见者披靡，终因弹尽力竭，遍体鳞伤，壮烈牺牲。总司令施从云"持刀奋呼，身先士卒，所向无敌，猛力陷阵"。身边的秘书和卫士劝施从云化装逃走，他断然拒绝，说："见危授命，古训昭然，予自从军之日，即斯一俟包裹；死得其所，幸也！已矣，毋复言！"秘书听了涕泣再劝："其于大事何？"施从云回答："此后死者之责也！"言罢，他依然冒着枪林弹雨，"督战益力"。①

滦州的起义部队与曹锟的第三镇激战正酣，谭庆林的探访队被夹在两军之间，无处躲避，"乃卧地吹号停战，滦军误以为清军归降，答示停战，清军误以为滦军投诚，亦示停战，双方误会，遂休战焉"。② 随后，清军派两名官兵徒手越过阵地，请王金铭、施从云到雷庄车站兵营，会谈议和。

王、施二人早知革命党曾在第三镇内部开展过秘密活动，有些中下层官兵加入了同盟会，还有不少人倾向革命。他们认为可以通过和谈的方式，争取第三镇的官兵弃暗投明，转向革命，使双方化敌为友。由此，他俩决定亲赴敌营谈判，说服第三镇官兵反正。然而，大家深感王怀庆为人奸诈，心狠手毒，此事十分危险，竭力劝阻王、施，以防上当。王金铭却不以为然，坚定地说："吾辈革命军人，抱定为国牺牲宗旨，纵为龙潭虎穴，何足惧哉？"施从云也表示："君既如此，施某宁怕死耶？"

王金铭、施从云挺身而出，执意与敌谈判，深受感动的一百多起义官兵纷纷要求一同前往。于是，以王金铭、施从云为首的一百多起义官兵越过阵地，进入敌军营地。

王金铭、施从云首先会见了第六镇第三协协统陈文远和第十二标统任学谦。王、施晓以大义，大意是：吾等大汉民族，不甘臣服满清，特约贵军共同革命。

陈、任顽固不化，斥责起义军为"叛乱"。王、施据理反驳：君等认吾辈叛乱，悖谬尤甚！自满洲篡国，生民无依，虏廷与汉民不并立，

---

① 罗正纬：《施从云》，载《中华民国开国五十年文献》，第二编，第五册，第345页。
② 罗正纬：《滦州革命纪实初稿》，[节录]，载《辛亥革命》，第六册，第354页。

犹水火互不相容。（清廷）处心积虑，谋绝汉人生计，制汉人于死命；二百余年，荼毒备至。吾先烈得倡革命于前，吾辈与君等继之于后，驱除异类，还我河山，此其时也！

王、施慷慨陈词，令在场的清军官兵多有触动，皆"怆然色沮"。

王、施身入敌营，游说清官兵，使王怀庆惊恐不安。他急忙布置嫡系部队暗中包围前来谈判的义军官兵，并发动突袭，将王金铭、施从云等一百多革命官兵扣押起来。事后，陈文远曾为王金铭等人求情，提出将王、施等暂时监禁，以后慢慢管教的建议，遭到曹锟拒绝。曹说：你不知道详情，不用管了，在德州四女寺闹"拳匪"的时候，王金铭就在那儿捣乱。这种作乱成性的人，不杀一两个还行！

临刑前，王怀庆恶狠狠地下令将王金铭等捆绑起来，王金铭、施从云等毫不畏惧，高声说道："吾辈军人，安用此。"王金铭巍然挺立，双手叉腰，怒骂敌人不绝口。他还指着军政府随从刘荣说："责任在我，放他走！"刘荣说："我愿与都督同死！"刽子手先斩断了王金铭等人的咽喉，然后割下头颅，王金铭、施从云等人壮烈牺牲。

同时遇难的有多年追随王、施，从事反清斗争的起义军骨干戴锡久、牟惠来、吕一善等人。当时牺牲的烈士、有名字可考的还有黄云水、刘瀛、董锡纯、张永胜、张宗棠、叶朝贵等，他们大多是同盟会成员。

此前，滦州义军与清军激战时，革命党人丁开嶂亲率马队五十多骑，从西面驰援义军。丁开嶂指挥部队从正面向清军发起进攻，丁竹钦、王丕显带人分两翼侧击，打退清军。后因遭敌大炮轰击，被迫撤退。

由铁血会领导的另一支武装约三百余人，在唐自起、刘俊的率领下自雷庄东南增援，及时接应了败退的义军主力部队，两军会合后在杨各庄附近发起反击，毙伤清军五十多人。

最终，失去指挥核心的滦州义军无力抵抗十倍于己、装备精良的清军的围攻，除少数人突围脱险外大批义军官兵被敌人杀害或俘虏。亲历此役的凌钺回忆："本军与清军第三镇曹锟、淮军王怀庆战于雷庄，王、施阵亡,全军将士,死亡殆尽。"①

激战中,白毓昆和熊朝霖与几名士兵突围逃出,先隐蔽在附近的一个士兵家,然后冒险西行20多里,到达古冶,藏在一个古庙的佛像背后。待敌兵搜索过后,他们又更衣沿小路继续西行。由于很久没有吃饭,身体疲惫不堪,行动迟缓,白毓昆等人不幸被敌人发现而落入魔掌。

1月7日,白毓昆等人被清军押往开平通永镇守使王怀庆的官衙,王怀庆亲自审讯白毓昆。面对王怀庆的逼问,白毓昆坦然宣称:我,滦州革命军参谋长白雅雨也,何刺刺不休为?我为革命党,自当为国死!他环顾四周的清军官兵,沉痛地说:我死不足惜,惟诸君为满奴,异日将为外人牛马,痛何如之!最后,他疾呼:同胞们!共和大好!若男子,当为此!

王怀庆急忙制止白毓昆宣传革命主张,下令立即处死。临刑,王怀庆喝令白毓昆下跪,白厉声怒斥:"此身可裂,此膝不可屈!杀则杀耳,何迫辱为!"恼羞成怒的敌人将白毓昆倒吊在树上,砍去他的头颅,白毓昆壮烈牺牲,时年44岁。

白毓昆牺牲后,他的身首异处,肢体残碎,生前好友白相文、黄守瑾等含泪以布逢成头足之形,拼成全尸入殓。他们还在白毓昆衣袋里发现他生前写的一首绝命诗:

白毓昆

　　慷慨吞胡羯,舍南就北难,
　　革命当流血,成功总在天!
　　身同草木朽,魂随日月旋;
　　耿耿此心志,仰望白云间。

---

① 凌钺:《辛亥滦州起义》,载《中华民国开国五十年文献》,第二编,第五册,第293页。

悠悠我心忧,苍天不见怜!
希望后起者,同志气相连,
此身虽死了,千古美名传!①

同时遇难的还有接替凌钺担任敢死队队长的熊朝霖,就义时年仅24岁。他有绝命诗流传于后,其中有词句曰:

夷祸纷纷愧霸才,天荒地老实堪衰。
须知世界文明价,尽是英雄血换来。(胡鄂公:《辛亥革命北方实录》,第161页)

滦州起义失败后,清军先后屠杀革命党人约一百多人。1936年4月,民国政府下达表彰令,追赠滦州起义烈士王金铭、施从云、白毓昆等3人为陆军上将,吕一善、戴锡九、葛盛臣、董锡纯、张振甲、孙谏声、刘瀛、王踽臣、熊齐贤、牟惠来、黄云水等11人为陆军少将。

为纪念滦州起义殉难的烈士,冯玉祥于1936年发起在北平西郊温泉村的显龙山建造"辛亥滦州革命先烈纪念园",并于1937年5月举行了落成典礼。北平为先烈举行了国葬仪式,将先烈衣冠葬入纪念园。

位于北京海淀区温泉乡的"纪念园"

此外,军政府外交部长凌钺在与清军激战时成功突围,辗转潜回天津,坚持斗争。他记述起义失败后的情形:北方革命失败后,所有公义难友,或奔走各方,继续革命,或为袁氏所逼,潜伏各地。他们化整为零,散见于永平、滦东一带。

---

① 筹鸣:《辛亥滦州兵变记》,载《庸言》,1912年第一卷,第五号,第2页。

第九章
通州起义

一、策反毅军

通州位于北京东南，距城区仅约十多公里，是京城东部交通的枢纽和重要门户。近代以来，这里曾是西方列强从海岸登陆入侵中国，攻打北京的必经之路；是清政府派重兵驻守，拱卫京师安全的要地；也是中国民众反帝反封建斗争的重要战场。

通州城内的钟鼓楼

最早在通州开展反清活动的革命志士王治增（1853—1912），字如川，回族，通州张家湾人。他幼年受教于伯父，以字写得好，做了某州县巡检司的誊录，并升任巡检，后还乡教授生徒。他为人刚果，喜任侠。长喜齐孟尝、魏信陵之为人，招致宾客，朱覆盈庭。① 他研读西方自然科学与社会政治学说，痛恨清廷专制统治，曾开设讲习所，办理阅报社，宣传民主进步思想。

1907，他与同盟会员丁东第相呼应，加入振武会，后发展为铁血会，担任副部长，逐步成为共和会、同盟会的骨干分子。在他的影响下，杨兆林、王斌、朱永、纪成海，及其三个儿子王丕显、王丕谟、王丕承都加入了共和会。当时，通州革命党人的领导机关就设在王治增家中。

武昌首义爆发，王治增对杨兆林、王斌等人说："天相中国，斩彼清祚，吾侪素志可偿矣！"不久，他接到黄兴、宋教仁密电，立即派其子王丕承、王丕谟驻京，尽力与京畿各地革命力量联络，还与蔡德辰积极筹划武装起义，准备策应南方革命军北伐，直捣清廷老巢。

通州革命团体的主要领导人蔡德辰（1893—1912），又名振民，湖北蕲春人，幼随父读，稍长去武昌，曾从美国传教士习英文。以后到北京求学，入鼓楼西豫文中学，开始参与反清活动。

1910年，蔡德辰与革命党人钱铁如、罗明典等人在北京建立共和会北京分会，加紧与各地革命党人的联系。1911年春，他转至通州华北协和书院学习，继续从事革命活动，秘密组建了共和会通州支部，担任支部长。

据书院四川籍学生杨学羔回忆当时的蔡德辰：……辛亥年春，升入书院深造。他就向书院师生进行革命宣传工作。因为他的介绍，书院一部分师生就与北京国风报社社员田桐、白逾桓、杨时杰取得联系，有文字的

蔡德辰

---

① 《革命人物志》，第五集，第7页。

交往。该社每日赠送书院报一份,最为书院师生所欢迎。书院师生既受到如上所说的诸般影响,对清廷极端的不满,而蔡德辰的为人,一向又为书院师生所敬爱。因此,武昌起义后,他就无形地被拥戴为领导书院师生革命的领袖。①

共和会通州支部所在地——书院的卫氏楼

在蔡德辰等人领导下,通州日益成为北京近郊革命活动的基地。武昌起义后,张绍曾、吴禄贞在北方发动革命接连受挫,书院进步师生认为失败原因在于起义部队驻扎滦州、石家庄,距北京较远,不能朝发夕至,乘虚入京,坐失良机。如果能策反驻通州的毅军起义,当可迅速攻入京城,威逼清廷。在通州举事,"因得地利之宜,坐言立行,顷刻可至,胜利果实,可以杯酒犹温而得。"于是,大家决定加紧策反通州毅军起义。

当时驻守通州的是毅军七个旧式营,由北洋陆军元老、古北口提督兼武卫左军总统官姜桂题所管辖。毅军营房距书院仅4里,由于华北协和书院院长高厚德与姜桂题相识,因而驻通州毅军官兵也与书院学生时有交往。于是,蔡德辰等人利用这种联系,暗中在毅军官兵中进行革命宣传,引导不少官兵转向革命,其中富有正义感、思想进步的教习张雅堂、军药局医官雷竹村等先后加入共和会,使革命党人掌握了部分武装

---

① 杨学羔:《华北协和书院师生的革命活动》,载《辛亥革命回忆录》,第五集,第443-444页。

力量。杨学羔回忆：书院师生利用驻通毅军与书院有友谊这个良好条件，就积极地活动起来，举蔡德辰为总代表，向当地毅军进行工作。不久，就将七个营中实力最强、为姜最亲信的统领陈某等的四个营运动成功，连姜的一个亲侄儿和一个外甥也都在内。他们都赞成起义，推倒清廷。

1911年12月2日，通州革命党人代表蔡德辰、王丕承、张雅堂到天津参加共和会代表会议。会议确定在北京、天津、保定、滦州、通州、石家庄等地联合发动起义的部署，并组建各地起义军司令部。其中通州司令部的总司令为蔡德辰，王丕承等5人担任指挥。

通州革命起义司令部旧址

1911年12月24日，胡鄂公召集通州军队代表同志，在通州张家湾王治增家会商准备起义事宜。参加会议的有蔡德辰、王丕承、张雅堂、徐云谷、黄之萌、万谷生、陈东阁、李肃斋、陈金堂、雷竹村、谢魁武、马鼎轩、刘皋甫、姜乾一、刘学丝、王得胜、潘孝初、沈寿山、沈桂臣、杨寿臣、袁广振、孙寅昶、朱登瀛等20余人。会议决定加紧各部队革命党人的联络，待武昌军政府汇款到津时，立即在北京、天津、保定、滦州、通州同时举义。

据胡鄂公掌握的北京、通州各军联络番号、联络人，及其驻地如下表：①

北京

被联络军营	任联络者姓名	驻在地
毅军许营	右哨官殷惠臣、前哨官郭永学、左哨官尚玉台	外城善果寺
毅军方营	中哨官余岐山、前哨官师誉宾、左哨官杨峻峯	给孤寺
毅军田营	后哨官周翼卿、帮带马逊斋	永定门外
毅军张营	左哨官王永清、教练官吴墨如	十八半截胡同
毅军郑营	后哨官孙汉三	斋化门外
毅军王营	帮带栗振鲁、排长杨敬仙	阜成门外
毅军李营	中哨官王子和	宝泉局
毅军姚营	营官姚瑞卿、帮带石敬斋、前哨官楚见龙、司书生刘少泉	墨寺
毅军殷营	右哨官丁子诚、后哨官李崐山	南苑万字地
毅军崔营炮兵	前哨官马登云、左哨官钱墨林	南苑
毅军张营	中哨官李青选	南苑
禁卫军第四标	周敬孚、刘竹坡	西直门外

通州

被联络军营	任联络者姓名	驻在地
毅军马营	帮带陈东阁、后哨官李肃斋、蓝旗陈金堂、教习张雅堂、医官雷竹村	南关外
毅军刘营	中哨官谢魁武、左哨官马鼎轩、教练官刘皋甫	西仓
毅军姜营炮兵	营官姜乾一	西仓
毅军米营	排尾刘学丝	西仓
毅军王营	前哨官王得胜、右哨官潘孝初、后哨官沈寿山	西仓
毅军李营	左哨官沈桂臣	西仓

① 胡鄂公：《辛亥革命北方实录》，载《辛亥革命》，第六册，第296—297页。

续表

被联络军营	任联络者姓名	驻在地
毅军尤营	帮带杨寿臣	大操场
毅军杨营马兵	哨官杨素臣	东关
毅军袁营	营官袁广振	大操场
毅军卫营	后哨官孙寅昶	北关内
毅军殷营马兵	前哨官朱登瀛	北关

滦州起义爆发后，蔡德辰、钱铁如、吴若龙等人认为时机已到，曾计划立即发动通州起义，配合滦州义军张树声、李兹懋部，进攻北京。据胡鄂公记述大致安排是：届时，拟以吴若龙、蔡德辰、黄之萌、武子展、王丕承、张雅堂、徐云谷、万谷生、谢练伯等率领通州西仓、南关、东关、北关、大操场等地毅军，与毅军退伍士兵三百余人所组之敢死队，于午夜自通州向北京进攻，以与李尧衢、罗明典、邝摩汉、王振汉、张先之、林伯衡等所督率之南苑毅军，按时到京会合于永定门，直趋东城外交部以包围内阁官署。邱寿林、杨禹昌、周敬孚、刘竹坡等指挥西直门外禁卫军第四标攻入西直门，以进攻西华门。钱铁如、覃秉清、张先培、罗定文、李孔支发动内外城毅军与珠巢寺车夫千人与之会合后以环攻禁城大内，而刘仙洲、许润民、王荣九、刘新茹、赵海涛、程芝田等则联合西关路警东关驻军千人，以遥应于保定，此其布置大略也。

但是，北方革命协会领导人胡鄂公南下筹款未果，经费不足，又闻滦州起义已失败，通州起义暂时改期再议。

杨学羔回忆：……议定由总代表请武昌军政府先发军饷两个月，以资接济，饷到，即行举事。军政府电允于九月底（11月中旬）将饷发到。乃决定由统领陈某和姜侄、姜甥等逼迫姜桂题起义，于十月初一日（11月21日）夜，率兵潜行到北京，威逼清廷逊位。书院全体师生也分别担任临时职务，随军指导或辅助一切。不意正当武汉军事紧急之际，军政府筹饷不易，经派代表张天雨（字耿光，学生，保定人）到府坐催，也未如期发到。改期十月初七日（11月27日），又未发到。再改期

今通运桥与张家湾镇南门

十月十五日（12月5日），仍未发到。以致有部分赞成的军官，到这时就不赞成了。他们说："事不过三，三次改期，饷都未能发，终是不发了，简直是个骗局。"于是就有人向姜告密。

二、惨遭镇压

1月14日，北方革命党的重要领导者汪精卫，特派亲信余临江赶到通州张家湾王治增家，面见蔡德辰。余声称奉汪精卫之命，调查革命机关工作，再三强调正值南北议和停战时期，切勿轻举妄动。蔡德辰据理力争，驳斥余的观点，致使"两不相协，遂至用武"。随后，余临江败兴离开张家湾。

同日，清廷内阁总理大臣袁世凯得到密报称：北方革命党团，有共和会、铁血会、光复会、急进会……成立北方协会。最近在通州、南苑、齐化门、阜成门一带毅军驻地活动……秘密机关设在张家湾铁血会头目王治增家，今又有余临江来报"明天就要举义"。袁闻讯大惊，当即下令毅军出动镇压。

1月15日凌晨，毅军第十二营管带马松图率领马队两百余骑，突然包围了张家湾花园府胡同王治增的家，鸣枪示警，蔡德辰等奋力反抗。最终，清兵抓捕了蔡德辰、王治增、王玉承、杨兆林、张文炳、雷茂林等6人，并押至毅军提督府。敌人还从王家搜走器械、旗帜多种，家中什物也被劫掠一空。王斌当时也在场，受伤昏倒，未被敌人抓走。

事后，姜桂题跑到华北书院厉声训斥院长美国人高厚德说：我对你们洋人，一向恭敬，殊不知你们不识抬举，反而教人民仗势欺人，为非作歹，教学生闹革命造反，叛逆皇上，这真是我想不到的事情。你们书院的师生运动我的部下造反，要推倒朝廷，闹得我的脑袋都要保不住了，真是可恶。老奸巨猾的姜桂题曾提出由高厚德作保，将蔡德辰领回去，自行处理。高厚德不敢保证蔡德辰不再领导学生闹革命。

1月17日，敌人将蔡德辰、王治增、王丕承、杨兆林、张文炳、雷茂林等6人，押赴通州东关外土坝刑场。

临刑前，年仅19岁的蔡德辰对围观的群众说道："我为同胞自由幸福而死，诸君如以我死得其所，请为我叫一声好！"顿时，群众中爆发出雷鸣般的叫"好"声。蔡德辰生前曾与同邑某女士相识，她也是通州华北协和书院学生，"二人情好甚笃，遂订婚约。武昌起义，德辰当送女士至其京寓，及抵女家，德辰出悔约书以示绝，女士知德辰许身革命，亦不相强。及闻德辰死，竟矢志不嫁。"① 为纪念蔡德辰，书院师生于1912年4月在校园内建立起蔡德辰烈士墓碑，并在图书馆内悬挂蔡德辰的遗像。

56岁的王治增视死如归，从容地对群众说："清运既终，天命不再，吾事虽败，将必有继吾起而成其功者，则吾死犹生，可无恨也！"人们听了莫不痛惜。王治增的三子王丕承，字叔平，北京艺徒学堂肄业生，聪敏好学，思想新颖，随父革命，奔走京畿各地，担任联络工作，受刑前大义凛然，亢喉高歌。1992年通州博物馆举行隆重仪式，收藏王治增家属捐赠的烈士遗物。

同时遇难的烈士：杨兆林，字敬一，通州普济闸人，王治增内侄，为人富胆魄，深蒙铁血会骨干丁东第赏识。张文炳，字雅堂，原籍浙江，寄居北京。为人器识深渊，胆略绝伦，在铁血会负责运输枪械工

---

① 胡鄂公：《辛亥革命北方烈士传》，载"近代中国史料丛刊"，第五十三辑，第165－166页。

蔡德辰烈士墓

作。他担任毅军教习,"军中有志之士,受雅堂影响者,多加入革命。"张牺牲后,"军中官佐士兵,受雅堂教育者,抚雅堂尸而哭。毅军当局,惧因此激发变乱,乃于通州郊外为雅堂营新塚,树丰碑墓前"。① 雷茂林,字竹村,安徽亳州人,身为毅军军医,尚义气,重言行,颇有学问,深受他人尊重。

另一位烈士王斌,字子嘉,通州东关人,为人干练,性豪迈,自费游说通州、三河、香河、蓟县各地,"彼时经其引入之同志约千余人"。当他听说蔡德辰等6人被捕遇害后,于次日毅然身入敌营,愿与战友共赴难,遂于19日在通州东关外土坝刑场英勇就义。②

通州起义失败后,协和书院于1912年1月21日被清廷强令解散,将学生遣送回籍。惟有川籍学生杨学羔和无家可归的学生耿志清、陈保安等三人暂住书院,为蔡德辰烈士守墓。他们继承蔡德辰未竟的事业,坚持反清斗争。杨学羔回忆:

>……书院图书馆所订阅的一些报刊,现在仅有他们三人来阅读。他们每日将报上所载各省独立、革命胜利的一些好消息,择抄

---

① 同前,第167页。
② 耿宝珍:《通州辛亥革命及七烈士》,载杜宏谋主编:《古韵通州》,文物出版社2006年版,第292-295页。

誊写油印出来，邮寄给那些家居的同学，以慰他们对革命事业殷切的关念，并加强他们对革命必将迅速成功的信心。在乡同学也可借此得些资料好在农村做基层的宣传工作。他们又常撰稿投寄北京《国风报》发表，鼓吹革命，或讽刺清廷。如此者一个多月。至十二月二十六日，他们于京津各报见到头一天清廷所颁的逊位诏书，他们就以为革命真正地成功了，真是兴高采烈，欢喜的连觉都睡不着。于是星夜里将诏书誊写油印出来。次日清晨，即邮寄给在乡村的同学。①

---

① 杨学羔：《华北协和书院师生的革命活动》，载《辛亥革命回忆录》，第五集，第448页。

第十章
暗杀团狙击袁世凯与彭家珍刺杀良弼

一、狙击总理大臣袁世凯

1911年11月中旬,袁世凯进京就任清廷内阁总理大臣,独揽军政大权。

袁世凯(1859—1916),字慰廷,号容庵,河南省陈州府项城县人,出身于仕宦世家。少时先后到济南、南京、北京等地读书,1879年第二次乡试未考中,弃文从武。1881年至山东投入吴长庆的部队,任营务处会办。1882年随军东渡朝鲜平乱,后以"通商大臣暨朝鲜总督"身份驻藩属国朝鲜。1895年开始在天津小站编练"新建陆军"。1898年出卖主张变法的资产阶级改良派,1899年署理山东巡抚,镇压义和团运动。1901年升任直隶总督兼北洋大臣,1907年被调离北洋,到北京任军机大臣兼外务部尚书,1908年被解除官职,返回河南。1911年辛亥革命爆发后,重新受到清廷的重用。

11月27日,袁世凯指挥嫡系部队攻占汉阳,炮击武昌,武力威胁新生革命政权,他极端仇视以孙中山为首的南京中华民国临时政府,竭力破坏和镇压京畿地区革命党人的反清斗争。

对此,同盟会京津保分会成员意见分歧。会长汪精卫暗中与袁世凯频繁联系,充任袁的南北"议和代表参赞顾问",竭力对袁妥协,阻挠革命党人的反袁活动。另一部分成员则坚

袁世凯

持革命到底，反对对袁妥协，力主铲除袁世凯。革命党骨干黄之萌在北京起义前曾当面质问汪精卫："巨憨不除，革命鲜有完成之理，世凯今日不忠于清，他日岂能忠于革命乎？"

同盟会京津保分会成立以后，针对张绍曾离职、吴禄贞遇难，以及滦州起义惨遭镇压，暗杀部确定了"以为诛锄元凶巨憨之计"，刺杀对象为袁世凯、良弼和载泽，而"首先要对付的则是袁世凯"。暗杀部由军事部长彭家珍负责，所需武器弹药从上海运来，暗杀团成员还到京郊门头沟、十三陵等荒野处，练习射击、爆破等技术。

1月15日，袁世凯派兵镇压了通州起义，逮捕蔡德辰、王治增等领导人，情况危急。同盟会京津保分会的骨干张先培、钱铁如、黄之萌等人立即在北京宣武门外荆州会馆召开紧急会议，研究应对办法。大家认为不能再迟疑，必须立即行动，刺杀袁世凯，解救被捕的同志。

暗杀团成员早已掌握了袁世凯的有关情报：袁每日入清宫议事，要经过王府井大街、东安市场、东安门大街，入东华门。这一路线虽然袁经过时街旁均密布军警，但仔细看他们态度悠闲，并不警惕，实为易与，所以决定就在这一段街上截击他。又袁入宫时在晨间，街上人少，容易被军警注意；出宫时在十一二点钟，人多容易混过。又当时的街道不宽，在人行道上投弹，可达街心。①

暗杀团决定于1月16日实施刺袁行动，由张先培、杨禹昌、黄之萌、严伯勋等4人负责，彭家珍等人连夜赶制炸弹十数枚。

张先培（1888—1912），字心栽，贵州省贵筑县（今属贵阳）人，其父曾任总兵，以"军功"起家。他少时在贵阳乐群小学读书，以"父荫"被选入京都陆军贵胄学堂，毕业后供职于军咨府测地局。1911年11月结识革命党人黄以镛、陈宪民等，并加入同盟会京津保分会。执行刺袁任务前，他对战友说："吾能免，当再，同人免，亦然，事成则幸，不成，必再接再厉，死而后已，吾人不得为共和之国民，亦当为共和之鬼雄，必举天下之障碍共和以为国民公敌者而去之始快，公等努力，慎

---

① 税西恒等：《记京津同盟会二三事》，载《辛亥革命回忆录》，第六集，第54–55页。

勿失言。"①

杨禹昌（1885—1912），字敏言，四川省资州县人，出身于世代务农的贫寒家庭。他于1902年到富顺读书，1907年到北京入蜀校学习，1908年考入保定陆军师范学堂，毕业后到清河陆军中学堂任国文教员。他目睹朝廷的腐败，毅然投入反清斗争。他曾以度假为名，北上内蒙古、张家口等地从事革命活动。"及武昌起义起，禹昌自请辞职，与堂中诸学子约，勉以分途致力革命大业。至上海无所遇，复返北京，与同邑李献文识，遂由献文介绍加入同盟会，又加入刺杀袁世凯之暗杀团。禹昌于是薙发变服，日与暗杀团同志演习投弹射击诸事。"②

张先培

杨禹昌

黄之萌（1887—1912），字季明，贵州省贵定县人，"性坚毅，重然诺。"他于1901年至贵阳，进乐群学校读书，1908年在贵州省立中学堂读书时，得知同盟会在云南河口举行起义，便毅然前往参加，不料起义很快失败。1910年夏，他来到北京，考入陆军测绘学堂，毕业后到军咨府测地局任职。此间，他结识了张先培，俩人"诗文唱和，乃成莫逆"，"而革命之志，

黄之萌

① "无尽的爱"纪念网：张先培档案资料。
② 胡鄂公：《辛亥革命北方烈士传》同前，第170页。

亦与时俱进。"袁世凯出卖北京起义,令他义愤填膺,"刺杀世凯之志遂决。"

严伯勋,福建省侯官县人,时任清廷海军部军法司司长。

据胡鄂公回忆,刺袁行动的实施情况是:正月十六日,为袁世凯早朝之期。第一组张先培、傅思训、徐同华、黄永清、陶鸿源等隐匿于三义(顺)茶叶店楼上。第二组黄之萌、李怀莲、李献文、箫声、薛荣等则为祥宜坊酒楼。第三组钱铁如、曾正宇、杨禹昌、覃秉清、邱寿林等则在东安市场之前。第四组吴若龙、罗明典、郑毓秀等三人各驶马车游弋于东安门、王府井两大街之间。①

当天上午 11 点 45 分左右,王府井一带军警夹道林立,袁世凯退朝从东华门出来回府。袁乘坐双骑马车,在前后大批骑兵的簇拥下,由西向东行进。当袁世凯一行经过东安门大街,走到三顺茶叶店门前时,埋伏在茶店楼上的张先培迅即掷出一枚炸弹,不料炸弹引发稍慢,袁乘马车疾驶而过。袁乘马车继续前行至祥宜坊酒楼,预伏的黄之萌、李献文各投出一枚炸弹,其中一弹炸中袁乘马车,当场炸死炸伤驾车的马各一匹,护卫营管带袁金标被炸身亡。

革命党人刺杀袁世凯的地点——东安门大街茶叶老店门前

---

① 胡鄂公:《辛亥革命北方实录》,载《辛亥革命》第六册,第309页。

袁世凯慌忙从被炸翻的马车下爬出，由卫兵扶助换乘另一辆马车，拐入路南另一条胡同，绕道而逃。这时，张先培、黄之萌等人已先后冲到街头，试图追击袁世凯，却遭袁的卫兵开枪拦阻。黄之萌搀扶着受伤倒地的张先培，一同抗击袁的卫兵。第三小组的杨禹昌等人，听到爆炸声后也立即冲到街头，手持武器与敌交火。

最终，革命党人寡不敌众，张先培、黄之萌、杨禹昌、陶鸿源、徐同华、傅思训、黄永清、李怀莲、箫声、薛荣等10人，被四面围过来的敌人抓捕。随后，陶鸿源等7人因被捕前及时藏匿武器，未被敌人掌握证据，经由一位办报的西方人保释出狱。张先培、黄之萌、杨禹昌因投掷炸弹、携带武器被袁世凯下令判处死刑。

1月17日，张先培、黄之萌、杨禹昌被敌人押赴刑场，执行死刑。他们视死如归，从容就义。黄之萌在临行前当众演说，宣传革命道理，怒斥袁世凯的罪行。他还留下一首《绝命词》：

> 朔风砭骨不知寒，几次同心是苦甘。
> 在昔头皮拼着撞，而今血影散成斑。
> 天悲却为中原鹿，友死犹存建卫蛮。
> 红点溅飞花满地，层层留与后人看。①

对于此次刺袁行动，当时的革命党人税西恒等另有略不同的相关记述：

> ……我们这样作好行动计划，推定四个同志负责行动，并布置三道关口，各人的阵地如次：（一）严伯勋同志守候在东华门外不远路南一茶叶店门外；（二）黄之萌、张先培两同志在丁字街一临街酒楼上；（三）杨禹昌同志在东安市场门口。袁车经第一关时，严伯勋同志投弹甚准，正落袁车下，但由于车行较速，炸弹猛烈爆炸时，车已过去，只炸毙车后卫兵一骑，伤数人。袁车立即改道折

---

① 黄真、陈致宽：《辛亥革命期间北京的起义与斗争》，载《北京史苑》，第一辑，北京出版社1983年版，第77页。

入路南一小街逸去，未经原路。在丁字街酒楼上的黄、张两同志闻第一弹声，即开窗持弹等候，但因袁车已改道，未得一击，反被街上军警察觉，上楼捕去。在东安市场门口的杨禹昌同志，在场内休息时闻得弹声，持弹奔出，也因形迹败露被捕。惟投弹的严同志乘人声鼎沸、军警慌乱之际，暗退入茶叶店内，将手枪插入茶叶桶中，从容出门逸去。①

另有一位英国记者曾于事发后赶到现场，拍摄了一些照片。1912年2月10日的《伦敦新闻画报》刊发了他拍摄的这些照片及相关的报道。报道称：

……请见证1月16日所发生的事件，他（袁世凯）在那次事件中差一点没有逃过在北京对他进行的刺杀。当时他在紫禁城参加完一次御前会议之后出来，马车正要穿过王府井大街时，突然有三颗炸弹向他扔来：大约有二十人在这次事件中受伤，其中包括他的卫兵和巡警，有好几个人因伤势严重而濒临死亡。那些跟炼乳罐头一般大小的炸弹中装了威力强大的烈性炸药。其中有一颗炸弹没有爆炸，另外两颗也没有命中目标，而是落到了内阁总理大臣马车的后面。刺客们是在袁世凯的马队接近时从茶馆里出来的，扔完炸弹以后，他们又逃进了茶馆，并在那儿被捕。②

袁世凯遇刺逃脱之后，仍心有余悸，借此称病不入朝，指派自己的心腹、民政部大臣赵秉均做代理人。他曾对亲信说："我不怕南军反攻，就怕南军暗杀。"他还假惺惺地向革命党人表示要效忠革命，推翻清朝，并请各革命同志勿急。

二、刺杀宗社党首领良弼

刺杀袁世凯失利后，京津革命党人将下一个刺杀目标对准了良弼。

---

① 税西恒、何鲁、唐午园：《记京津同盟会二三事》，载《辛亥革命回忆录》，第六集，第55页。

② 《袁世凯遇刺疑案破解》，载"北青网"。

良弼（1877—1912），字赉臣，满洲镶黄旗人，生于成都，寄籍湖北，1899年赴日本留学，入日本陆军士官学校步兵科第二期学习，1903年毕业回国，在练兵处任军学司监督，1905年被袁世凯调任陆军第八标统带官，1907年升任陆军部军学司司长，1908年授禁卫军第一协统领。武昌起义后，任军咨府军咨使，兼镶白旗汉军副都统。

良弼

与满清其他贵胄相比，良弼素有大志，以知兵而著称，不仅是"崭新的军事人才，而且才情卓越"，清廷的"改军制，练新军，立军学"等一系列振武图强的军事活动，"良弼均主其谋"。但是，良弼自负而傲上，死心塌地地效忠满清政府，极端仇视民主革命。1912年1月12日，他与溥伟、铁良等组织"君主立宪维持会"（宗社党），强烈反对南北议和与清帝逊位。他们上书袁世凯称："欲将我朝天下断送汉人，我辈决不容忍，愿与阁下同归澌灭。"①

担当刺杀良弼任务的是同盟会京津保分会的军事部长兼北京暗杀团负责人彭家珍。

彭家珍（1887—1912），字席儒，四川金堂人，其父为清末秀才，以塾师为业。他于1902年到成都尊经书院学习，1903年考入成都武备学堂，1906年以最优等成绩被选派赴日考察军事，其间深受民主革命思想影响，"油然萌保种救亡舍我其谁之志"，主张投身军政界，实行中央革命。

随后，他肩负革命任务回国，入四川高等军事研究所实习，后调任清新军第三十三协六十六标一营左队排长、连长。1907年在成都加

彭家珍

---

① 吴兆清：《袁世凯与良弼被炸案》，载《近代史研究》，1987年，第2期，第288页。

入同盟会,曾掩护密谋起义的革命党人逃脱敌人的追捕。1909年6月到昆明,任第十九镇随营学堂管带兼教官,又升为提调。1910年5月到沈阳,7月就任奉天讲武堂附属学兵营前队队官,其间积极宣传革命思想,大力发展同盟会组织成员。

1911年武昌起义后几天,他就任东三省天津兵站司令部副官,代理标统,协助张绍曾在滦州截留清廷大批军火,先后将兵站内的免费乘车券、半价票、输送军用物品票等数万张票券送予革命党人,往来京奉交通所用。事发被通缉后化名朋嘉桢,字锡三,奔波于京、津、奉、滦、宁、沪之间,联络各地起义,制运武器弹药。在上海曾任四川同盟会党人旅沪支部军事部副部长,筹组北伐蜀军,被推为副总司令。随后返回天津,任同盟会京津保分会军事部部长。

尽管在沪四川革命党人力邀彭家珍回川主持军事,但他认为:北京为清虏根据地,四川枝叶也,拔其根本,枝叶自萎,吾愿任其难。四川之行,非吾意也。刺袁失利,彭家珍在北京的住所四川营董宅也遭警察搜查,仆人张顺被捕。因此,彭家珍等迁居前门外中西旅馆,决心继承张先培等烈士遗志,伺机铲除清廷政要亲贵。

彭家珍与陈宪民、李石曾等人反复研究,总结经验教训,确认要改变街头狙击的办法,采取上门在室内直接击杀敌人的方式,同时增强炸弹的爆炸威力。彭家珍提出一个方案:乘以良弼为首的宗社党骨干成员到资政院参加联席会议之机,"怀炸弹到该院,将其全部炸死"。

1月19日上午,陈宪民通知暂避天津的彭家珍,资政院当天开会,要彭立即赶回北京,设法觅得一亲贵旁听证,从秘密藏武器处取得炸弹,化装去资政院。不料,这次会议时间很短,待彭家珍赶到时会已结束,宗社党成员全部离开,行动落空。

随后,彭家珍又提出另一方案:彭在奉天讲武堂任教时与清廷贵族崇恭相识,熟知崇恭与清宗室权贵的密切关系,利用这一层关系,拟派"刘升之到奉天拍一假电,谓东省(满)族人愤宗室将亡,谋保卫满清,举崇恭为首领,来京与良、泽……诸人面商保护清廷,组织敢死队"等语,计划电报到京后,各同志暗携炸弹,持崇恭名片,分赴良弼、载泽、载洵、荫昌、载涛、溥伟诸宅刺杀之。然而,如此行动风险极大,革命党内部分人"恐其谋不洽，徒死无益"，最终否定了此方案。

于是，彭家珍等人改变"一网打尽"的行动方案，决定实行"分头出击"的方法，"择其阻碍最力者先去之"。在彭家珍看来，"有军事知识，且极阴险者为良弼，此人不除，共和必难成立"。此外，彭家珍与吴禄贞共谋发动起义，进攻北京，两人生死与共，感情深厚。吴遇刺身亡，彭家珍悲痛欲绝，"寝食俱废"，他断定元凶就是良弼，自是立下决心，要替亡友报仇，铲除"这个元凶大憨"。① 彭家珍慷慨激昂地向同志们表示："赴义岂能相强，我一人为之可矣。"

彭家珍的行刺方案是：化装成崇恭去见良弼，因为他在奉天曾与崇恭共事，对崇恭的言行举止有较多的了解，如此易于接近良弼。同时，摸清良弼每日活动规律，择机登门拜见，见面时出其不意地掷出炸弹，当场将良弼炸死。

彭家珍从四川同乡徐某处得到一张良弼的照片，便反复仔细察看，心中默记下其相貌。袁世凯遇刺后，良弼自知革命党人不会放过自己，为保命赶紧搬家，行动诡秘。为寻找良弼的新住处，彭家珍与陈宪民从早到晚，在京城内四处查寻，终于1月24日探知良弼的新宅位于西四牌楼北的大红罗厂胡同。

此时，彭家珍获得重要情报，满清宗室将借举行赏赐喇嘛腊八恩粥典礼为名，齐集内廷，密议南北战事。彭家珍当即与李石曾等人议定，次日分头在各要道拦截。随后，他赶到同志家取回两枚自制炸弹。当彭家珍返归旅馆时，一个负责监视良弼的同志赶来报告说，当晚良弼乘车外出一直未归，彭家珍当机立断，提前实施刺杀良弼的行动。

1月25日早晨，彭家珍写下给同盟会诸同志的绝命书：

> 诸同志兄弟姊妹鉴：不佞自入同盟会以来，不敢不稍尽责任。惜才力薄弱，未见大效，抱愧奚如？前在东三省，即欲尽个人主义，去赵尔巽，然不过对四川一省起见，义稍狭隘，竟未实行。此次各省起义，北方尚未响应，实满奴汉奸势力之下，不易着手之

---
① 韩峰：《武昌起义后在京党人的活动》，载《辛亥革命回忆录》，第六集，第61页。

故，不佞欲去之久矣。适诸兄弟姊妹，正在经营一切，不忍即弃。然奔走北方，迄今两月，大局尚不能定。不佞才薄，愿为其易，决计仍行个人主义。初本欲炸资政院各王公，为一网打尽之计。方觅得入场券，而该院适散会，因是不果。袁世凯被炸，同时有主张共和之耗，惟以亲贵反对最力，而其中之重要人物，有军事智识，且极阴狠者，为良弼。此人不除，共和必难成立，则此后生灵涂炭，尚何堪设想乎！呜呼！吾党抱拯救同胞之心肠，计自川鄂起义以来，同胞死者何可胜数？因一二人之执拗，又复兴战，兵连祸结，何时可已？不佞除良弼之心已决，计划已备，只待事机发动。呜呼！或者与诸兄弟姊妹，从此永别矣。诸君，诸君，勿悲！勿悲！二十年后又当成一健儿也。共和成，虽死亦荣；共和不成，虽生亦辱。与其生受辱，不如死得荣。不佞去矣，前途艰难，望诸兄弟姊妹，和衷共济，努力为之，期达目的而后已！辛勿各起意见，致碍一切。吾人作事，不求有功，只求无过。若诸君欲从获过一方面着手，则非不佞所愿见也。前与诸君商议，不免有过激之论，望谅之！此皮包内尚余龙洋二百元，账簿一册，乞交某君为荷。临书仓辛，不尽，即叩劳安！弟彭家珍顿首，初七辰刻。①

同时，彭家珍还留下1月中旬准备舍身炸资政院前，写给同盟会京津保分会同志的八条意见：

  任难任之事，要有力而无气，处难处之人，要有知而无言。吾党其三思之。
  撼大摧坚，要默默留意，悄悄下手，慢慢见功。吾党当列为座右铭。
  凡在横逆来侵，先思所以取之故，继思所以处之之法。不可便动气。两个动气，便成一对小人，一般受祸。吾党其勉之。
  分明不动声色，济之有余，却露出许多痕迹，仍未成功。吾党

---

① 蜀军政府：《国民报》，1912年3月15日，转引自《四川文史资料选辑》，第一辑，1961年，第187-188页。

执一偏之见者，其翻然改辙！

使气最害事，使心最害理。吾党临事，当平心静气。

作事要见事后效果，休惜事前议论。吾党畏首畏尾者，其思之！

审时、量力，固为作事之不二法门。然理所当为，地在可为，则计不得成败利害。吾党观望犹豫者曷当听诸！

多人共事，事成不必功之我出，事败不必咎之他归。吾党争权揽势者其知否？！①

彭家珍写完绝命书，留下意见书，便开始化装，他穿上与崇恭的统制官阶相同的冬季呢子军服和军大衣，西式黑马靴，挂上指挥刀，然后将崇恭的名片装进上衣口袋，将两枚炸弹分别放进大衣的左右口袋中，再将一支新式手枪插在腰间，他还带了一些现金，可作为万一脱险后去南京的路费。

一切准备妥当后，彭家珍将银票百元和书信交给仆人伍焕章，嘱咐他说："余有事他往，能否回京，尚不能定。明晨早车，将余衣服器用运津交民意报馆，汝亦暂住报馆。今夜如陈（宪民）、李（石曾）、朱诸先生至，令勿在我房宿。"②

1月26日阴历腊八晚上，彭家珍乘马车离开中西旅馆，绕道前往金台旅馆。走进旅馆，他拿出崇恭的名片，自称从奉天来，要办理紧急军务，并住进楼上中层13号房。不久，彭家珍快步走出旅馆，乘马车到军咨府和良弼旧宅，均未发现良弼踪迹。于是，彭家珍乘马车来到西四北大红罗厂南巷的良弼新宅。

彭家珍下了马车，敲开良弼新宅大门，递上崇恭的名片，自称来自东北，有军务要事求见。门房告诉他：良大人前去肃王善耆府议事未归，并引导彭家珍到客厅就座等候。彭家珍等至深夜仍不见良弼返回，

---

① 曾绍敏、刘章霖、张诚毅：《辛亥革命四川三大将军传》，四川社会科学出版社1986年版，第140—141页。

② 张志军：《彭家珍刺杀良弼案》，载王培、金人主编：《续民国大案》，群众出版社2003年版，第8—9页。

今西四北大红罗厂南巷良弼宅旧址

便起身告辞,乘车离开良宅。不料,彭乘马车驶离良宅不远处,竟迎面遇到良弼乘车返归寓所。彭家珍急忙叫车夫掉转车头,尾随至良弼新宅大门。

良弼的马车刚走到新宅大门口,彭家珍抢步上前拦车施礼,口称拜会良大人,并由仆人递上崇恭的名片。良弼下车细看彭家珍的身材不如崇恭高大,心知有诈,急欲躲避,张口喝问:"贪夜至此,胡匆迫乃尔!"彭家珍一言不发,右手迅速从口袋里掏出炸弹,投向良弼。"轰隆"一声巨响,良弼的左腿当即被炸断,血肉模糊,仅有筋皮相连,倒在门前的台阶上,昏死过去。彭家珍也被撞在上马石上弹回的弹片击中头部,当场牺牲。同时还有几名卫兵伤亡。

事后,北京《正宗爱国报》派记者到现场进行了采访,并于次日作了详细报道:

> 据调查员报告:有一人年二十余岁,身着灰色呢双金道军服,左挎指挥刀,足登黄色皮靴,乘坐敞亮马车,至西安门外迤北皇城根路西红罗厂东口外良弼宅,叩门拜访。仆人答以不在。此时其所乘马车已赶至坡下等候,该军人正在游移欲走之际,军咨使良弼忽乘马车回宅。下车后,该军人口称拜客,良弼即向其车夫小张询问是什么人。话言未了,该军人即从右边兜内取炸弹一枚掷放,正中

良弼左腿，车夫小张亦受微伤。该军人自己面目炸伤甚重，登时毙命。

良弼遇刺的第二天，经日本医生及时诊治，锯掉左腿，伤情稳定，生命尚无危险。有传说袁世凯为实现个人野心，排除独霸政坛障碍，指使心腹赵秉均买通一名中医，给良弼开了一个药酒的处方。良弼服用这方中药后，伤痛加剧，辗转号呼，气促神昏，于1月29日晚身亡。临死前，良弼对家属说："内廷纷争，外患四起，我宗社之亡将无日也。我见政府不可为，始组织宗社党，甫有头绪，欲以实力进行，而我遂受此

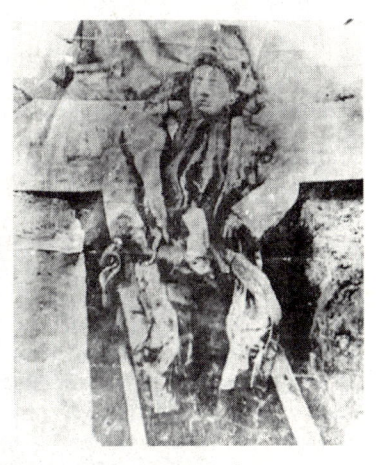

彭家珍牺牲后遗照

惨痛。我死，清廷亦随之亡也。"① 他还曾感慨："杀我者好英雄也，真知我也。"

果然，良弼毙命是对清王朝的又一致命打击，宗室贵族犹如惊弓之鸟，纷纷逃离北京，远走天津、大连、青岛等地避难，嚣张一时的宗社党也土崩瓦解。2月12日，满廷被迫宣布接受优待条件，下诏退位，统治中国268年的清王朝宣告垮台。

同年3月29日，中华民国临时政府颁布大总统孙中山签署的"令陆军部追恤邹谢喻彭四烈士文"，以褒奖他们为民主革命做出的卓越贡献。其文称：顷据川人黄复生等呈称："四川前后起义死难者甚众，以邹容、谢奉琦、喻培伦、彭家珍四烈士功绩最为卓著，请照陆军大将军阵亡例赐恤，并请崇祀忠烈"等因前来。案查邹容当国民醉生梦死之时，独能著书立说，激发人心。喻培伦则阐明利器，以充发难军实。彭家珍则歼除大憝，以收统一速效。所请赐恤崇祀各节，着即照准。惟谢奉琦丙午在蜀运动起义，组织各县机关等因，虽其功在民国不小，究与

---

① 张诚毅：《彭家珍将军传》，载《辛亥革命四川三大将军传》，第159页。

邹、喻、彭三烈士之功略有区别，着改照陆军左将军阵亡例赐恤，仍准崇祀忠烈祠，以慰忠魂而垂不朽。①

8月29日，彭家珍和杨禹昌、黄之萌、张先培三位烈士的遗骸被移葬北京万牲园，并建起烈士纪念碑。孙中山亲赴万牲园出席移葬仪式。9月24日，黄兴、陈其美、谭人凤、宋教仁等也来到万牲园瞻仰烈士墓。

黄兴等在万牲园凭吊彭、杨、黄、张四烈士墓

位于北京动物园内的彭、杨、黄、张四烈士墓遗址

---

① 《临时政府公报》，第51号，1912年3月29日。

第十一章
天津起义

一、王熙普英勇就义

王熙普（1874—1911），又名宗成，字钟声，浙江绍兴人。他自幼胸怀大志，倜傥不群，曾留学德国、日本。清末回国后，在上海创办一所"通鉴学校"，科目有国文、英文、算术、历史、舞蹈、戏剧等，课余组织学生从事戏剧活动。他对学生们说："中国要富强，必须革命；革命要靠宣传。宣传的办法，一是办报，二是改良戏剧。"

通鉴学校停办后，他于1907年成立"阳春社"，演出新剧。他们上演的第一个新剧是《黑奴吁天录》，陆续演出的还有《迦茵小传》、《秋瑾》、《徐锡麟》、《官场现形记》等剧目，嘲讽亲贵官僚，宣传革命思想，在社会上产生广泛影响。王熙普所演的戏，不用锣鼓场面，名为"改良新戏"，也称"文明戏"，由此成为我国话剧运动的创始人之一。

王熙普

1909年冬，思想进步的北方伶人田际云邀王熙普领导的剧团到北京，在鲜鱼口天乐茶园演出。演出时，前面有京剧名角杨小楼、尚和玉、龚云甫等轮流登台献艺，王熙普的剧团演大轴。该剧团人数不多，演出了新剧《落花园》、《彩楼配》等折子戏，还演出过《禽海石》、《爱国血》、《血手印》等新戏。此间，王熙普还经常带领剧团到天津，在河东意租界演出。

阳春社演出《黑奴吁天录》后的全体合影

王熙普借演戏宣传革命的活动，受到清政府的严密监视。清廷曾以所谓"聚赌打架"为借口，将住在北京全浙会馆的王熙普拘押，递解原籍，交地方严管。

1911年上海光复后，王熙普曾出任沪军都督府参谋。11月间，王熙普返回天津，住在奥租界移风乐会会长刘子良家，暗中召集戏剧界同行故旧，筹划反清武装起义。然而，由于他谋事不密，过早暴露身份，直隶总督陈夔龙密令天津南段警察总办杨以德逮捕王熙普。

12月2日晚间，杨以德串通奥租界当局，出动探访局十余人到刘子良家，将王熙普、刘子良、朱琦、佟尧山、吴楚湘、陆金浦、曹恩祥等人抓捕，当场搜出一颗都督印信和若干文件、信函。

天津镇总兵张怀芝把王熙普等人押解到西门外疙瘩洼营中，交军法官开庭突击审讯。在法庭上，王熙普器宇轩昂，承认自己是革命党人，从上海来天津开展革命活动。他理直气壮地质问法官："九月初九上谕，大开党禁，非据法律，不得擅以嫌疑逮捕。我是革命党，你们把我怎么样？"军法官理屈词穷，只得将原口供交张怀芝处理。张怀芝与陈夔龙密商，决定按行营拿获奸细罪，立即处死王熙普。

12月3日下午，王熙普等人被敌人绑赴郊外韩柳墅疙瘩洼刑场。敌人本想将王熙普斩首，王熙普郑重提出："革命党人非畏死，但斩首野蛮，请改为枪击。"同时被"陪绑"的演员徐来福亲眼看见王熙普牺牲的经过：

> 十月十三日下午，我们就被押到疙瘩洼操场上跪在地下，只见几个兵押着王钟声走进来。钟声站定后，面不改色地对大家演说，高呼"驱除鞑虏，光复大汉……"，还没有说完，刽子手就开了枪，头一枪打偏了，未中要害。钟声大骂陈夔龙、张怀芝、杨以德是奴才，一连打了十三枪，才倒下去。①

二、刺杀天津镇总兵张怀芝

1911年12月18日，湖北军政府代表胡鄂公与孙谏声从唐山返回天津。为协调北方革命运动，策应发动滦州起义，他们于20日在英租界小白楼召开革命党骨干会议，参加会议的有孙谏声、白毓昆、熊得山、陈涛、易宣、薛成华、尹渔村、樊少轩、周希文、张在田等人。先期成立的北京暗杀团负责人张先培也从北京赶来参加会议。

会议决定成立天津暗杀团，由薛成华、尹渔村、樊少轩、周希文、张在田等5人组成，薛成华任团长。

薛成华（1887—1912），字友棠，直隶无极县人，"明敏敦厚，胆识过人"。年少时常与乡里的伙伴在古庙里玩耍，庙中塑像颓败，杂置荆棘间，孩子们争相攘扑，鼓掌喧嘻，只有薛成华默立一隅，若无睹者。在他看来，"木偶无智无力，彼等狎而侮之，何得言勇，吾他日得志，当斩佞悻头，为天下除蟊贼也"。② 他先后在县高等小学堂和保定师范学堂学习，1910年毕业后，任清苑县的盲哑学堂教员。辛亥革命爆发，他振奋地说：启导盲哑的学生，是很容易的事，若是牺牲性命，为人民造福，这种难能可贵的事，正是我们燕、赵人的责任啊！③ 于是，他加入

---

① 梅兰芳遗稿：《戏剧界参加辛亥革命的几件事》，同前，第358页。
② 胡鄂公：《辛亥革命北方烈士传》，同前，第172页。
③ 姚跨鲤：《薛成华传》，载《三民主义半月刊》，第7卷，第3期，转引自《中华民国史事纪要》，1912年1月至6月，第140页。

同盟会，与许润民、尹渔村、张在田等奔走于南直各县，从事革命活动，并日益看重暗杀手段。

当日会后，胡鄂公宴请暗杀团全体成员，他记述：……酒至半酣，希文取夷筝击之，毓昆歌荆轲易水之歌，其声郁抑苍凉，听着皆涕泣相向。陈涛、易宣起立拔剑而语众曰：此何时，尚能作儿女子耶？遂对舞梅花落一阕，舞罢，则夜深十一时矣。①

薛成华与暗杀团成员反复研究后，将暗杀目标锁定北洋巡防大臣、直隶镇守使、天津镇总兵张怀芝。张怀芝（1861—1934），字子志，山东省东阿县人，毕业于天津武备学堂炮兵科，曾任陆军第二镇、第五镇统制官，1910年驻军天津，武昌起义后奉命帮办直隶防务。滦州起义时，张怀芝坐镇天津和秦皇岛，指挥军队残酷镇压革命军，血债累累。

薛成华认为：我们所以急于京、津、保起义，因为首都革命，其收效较大较速于各省。但天津方面，有警察厅厅长杨以德的侦骑四出，天天想捕我们；又有张怀芝倾巢的重兵挟制，一切图谋，殊嫌辣手。以我的意思，不先刺杀张怀芝，障碍就会很多。同盟会京津保分会副会长李石曾担心：此举固极端赞同，谁做这件事情呢？薛成华坚定地回答："愿与此獠一决死活！"

张怀芝

此前薛成华并不知道张怀芝的模样，于是他多方查阅报刊，探访照相馆，苦心寻找张怀芝的照片。最终，他在一家照相馆发现一张朝廷官员的合影照片，其中就有张怀芝本人，喜出望外的薛成华立即花重金买下这张照片。回到家里，薛成华仔细地用小刀将照片中张怀芝的像割下来，让暗杀团成员认真辨认，把照片的剩余部分扔到炉子里烧掉了。

1912年1月，袁世凯患病，张怀芝急忙离津赴京探望。薛成华等人认为这是一个刺张的绝好时机，决定待张怀芝返津时，在天津火车站下手，除掉这个革命的大敌。

---

① 胡鄂公：《辛亥革命北方实录》，载《辛亥革命》，第六册，第293页。

天津河北新站火车站

1月26日上午,薛成华带领尹渔村、樊少轩、周希文、张在田等人,携带手枪、炸弹来到天津新站,混入站台上迎候张怀芝的人群中。中午11时许,张怀芝所乘列车进站,当张怀芝走下车厢时,薛成华奋不顾身地冲出人群,向张怀芝投出一枚炸弹。弹片炸中车厢,一名卫兵受伤,张怀芝被震昏倒地。此时硝烟弥漫,薛成华又向张怀芝投出第二枚炸弹,尹渔村等人也频频开枪射击。大批军警迅速赶到,尹渔村、樊少轩、周希文、张在田等人弃枪趁乱撤出,薛成华依然孤身还击,打伤两名敌军。不久,寡不敌众的薛成华被敌人抓捕,押解到营务处。

敌人对薛成华用尽酷刑,企图从他的嘴里得到刺张的幕后指使者。薛成华大义凛然,坚贞不屈,他对恼羞成怒的敌人说:"我为同胞谋幸福,炸张贼,不是私仇,可惜未中,我死了,也不能瞑目,但是吾党人很多,狗子亦未必能侥幸。"

李石曾闻讯返回北京,托人向袁世凯疏通,解救薛成华。李石曾说:"满清法网虽密,自从资政院刘鸿岷、易宗夔都上书请开党禁,足下当不治充耳不闻,且京津一带党人何止千万,杀之恐继其者踵相接。"然而,张怀芝从杨以德处带走薛成华,并枪杀于疙瘩洼。临刑前,薛成华奋力高呼:"亲爱之共和,幸无迟迟而不来,则我今一死,可告无罪矣!"

事后,人们在薛成华的枕边发现了他留下的绝命诗:

男儿死尔果何悲,断体焚身任所为;

寄语同志须努力，成功早建荡夷碑！①

天津光复后，曾开办一次革命展览会，会场上悬挂着薛成华烈士的遗像。革命党骨干王葆真献上一副祭奠的对联："让盲者见光明，教哑子能语言，舍己为人，一方慈悲善士；炸民贼于下车，痛神奸之窃国，粉身取义，千载革命英雄。"

三、天津起义

1912年1月初，北方革命协会会长胡鄂公与孙蔚强、徐修广离津南下，经秦皇岛到上海，与沪军都督陈其美面谈北方革命问题。胡鄂公记述：……陈都督当告以王金铭、施从云退守昌黎事，予始知滦州已为清军攻陷矣。予复叩以唐绍仪、伍廷芳上海议和事，陈都督曰：我大总统现在积极规划北伐，谁复谈此，顾不识北方革命有能继滦州而起者否？予曰：京、津、保、通所联络之军队官佐士兵，其数且多于滦州十倍，然以无发动费，无力举事耳。陈都督因问所需发动费几何？予曰：二十万足矣。陈都督曰：此戋戋者非难事也，可至南京呈请大总统指拨之。②

随后，胡鄂公一行赶往南京，由陆军总长黄兴陪同，见到了孙中山。孙中山对胡鄂公说：沪军都督陈其美，昨晚来电，亦谓北方革命，现在极宜推动，不可有所瞻顾，所言甚是。接着，孙中山指示黄兴：此二十万元，即由陆军部拨付，他日若有急需，可再来电汇寄。他强调："北方革命运动，固重于目前一切也。"③为安全起见，用于北方革命运动的20万元经费，由黄兴代寄天津小白楼日本洋行的川本代收。

1月19日，胡鄂公返回天津。当晚，熊得山、吴若龙、丁开嶂、李孝通、易宣、薛成华等人秘密集会，祭奠在北京、任丘、滦州、开平、通州等地牺牲的革命烈士。吴若龙、丁开嶂、李孝通先后向胡鄂公讲述了各位烈士牺牲的惨烈之状，在场的同志们痛哭失声，大家纷纷表示要

---

① 辛公显：《辛亥革命时期天津的革命活动》，载天津文史资料选辑，第16辑，第15页。

②③ 胡鄂公：《辛亥革命北方实录》，载《辛亥革命》第六册，第306、307页。

尽快举事，以图自救。

1月27日上午，胡鄂公召集北方革命协会各团体代表，在天津西开织布局的同盟会京津保分会办事处，举行紧急会议。参加会议的有白逾桓、赵铁桥、黄以镛、李煜瀛、吕超、熊得山、吴若龙、钱铁如、丁开嶂等50余人。会上，胡鄂公汇报了赴南京谒见临时总统孙中山的经过，各团体代表介绍了各自人员、经费、武器弹药，以及策动军警的有关情况。会议着重研究了组建北方革命军总司令部、发动天津起义及京、保、通各地响应日期等问题。

会议通过北方革命军总司令部组织大纲，其内容是：

第一，北方革命军总司令得领有顺天、直隶、奉天、吉林、黑龙江、热河、察哈尔、绥远以及内外蒙古等区域革命军之指挥全权，俾得协助以上各区域都督或总司令之革命军起事独立。但为统一以上各区域革命军起见，北方革命军总司令得兼摄各该区域军政府参谋部长陆务部长，或由北方革命军总司令就各该区军人同志中选任。

第二，北方革命军总司令得于以上各区域中选择一地为总司令部驻在之所。总司令部得设秘书处、参谋、军务、政务、财政、交通、联络各部。秘书长、参谋、军务、政务、财政、交通、联络各部部长及副部长均由总司令委任之。

第三，北方总司令部所辖各区域之财政，划为国家收入、地方收入二种：其属于国家收入者划归总司令部，属于地方收入者划归各该区军政府。

第四，北方总司令为集中北方革命力量起见，所有加入北方革命协会之各革命团体枪弹军械经济存款等物，一概缴存于北方总司令部。各革命团体于必要时，得申请北方总司令部核发。

第五，北方革命军总司令及其总司令部，至协助以上各区域完全独立或清军势力完全消灭时，始行撤废。①

会议选举胡鄂公为北方革命军的总司令，并于当天组成总司令部，主要成员是：

---

① 胡鄂公：《辛亥革命北方实录》，载《辛亥革命》第六册，第313-314页。

秘书长：熊得山

参谋部长：陈之骥

军务部长：丁开嶂

政务部长：易　宣

财政部长：邱寿林

交通部长：白逾桓

联络部长：吴若龙

会议决定组建津军都督府，由汪精卫任都督，陈之骥任副都督，赵铁桥为秘书长，白逾桓为参谋部长。汪、陈当时均不在津，暂由白逾桓兼代理都督。

会后，李煜瀛当场将武昌鄂军都督汇到北方的革命经费19500元交与北方革命军总司令部。

当日下午，会议改在法租界吉祥里14号继续举行，具体研究天津起义与北京、保定、通州各地相应的部署。参加会议的有胡鄂公、白逾桓、熊得山、吴若龙、钱铁如、丁开嶂、易宣、姜赐卿、刘竹坡、孙茂春、孙汉三、王勉直、尹渔村、程芝田、张在田、刘应福、邱寿林、李尧衢、覃秉清、罗明典、张先之、李孔之等人。

会议研究确定于1月29日在天津举行起义，北京、保定、通州相机发动起义，予以策应。会议决定由吴若龙暂时代理蔡德辰所遗通州总司令一职，王丕承、张雅堂、黄之萌牺牲后所遗指挥各职，即由王勉直、邝摩汉、王振汉接任。

当晚，胡鄂公以北方革命军总司令的名义，发出了发动天津起义的命令：

第一，武昌起义，旨在推翻清室，建设共和，扫除中国三千年以来专制余毒。故月余之间，而湖南、陕西、江西、山西、云南、江苏、浙江、贵州、安徽、广西、广东、奉天、福建、山东诸省，以次响应。此虽我大总统孙公二十年来倡导之殷所致，而吾民之脱离桎梏以求自新之切亦有以完成之也。乃伪清内阁总理大臣袁逆世凯，于我革命军振师北伐，北方各省相与共谋独立之时，忽遣使向我乞和，此则世凯篡取清室攘窃革命之计，我各省代表不悟，尚欲于清帝退位之时而畀世凯以临时大总统，此非革命之自杀而何？夫革命者，所以扫除官僚，涤荡专制余毒也。今清帝退位而代以袁氏，此与父死子传兄终弟继者何以异哉！我北方同志有鉴于此，用（由）是屡举义旗，前仆后继，势必讨灭袁氏，不使专制余毒永留于中国也。本总司令为实现我北方诸同志此种主张，爰决于本月二十九日夜十二时在天津起义，一举而将天津全镇占领。我北京、保定、通州各总司令，于闻得天津独立时，当即举兵响应。然后再举我京、津、保、通革命军全力，以次规复我奉、吉、黑、热、察、绥及我内外蒙古、新疆、甘肃诸地，俾全中国得以统一于革命之下，建立共和政体。凡我同志，其各忠于自己之任务，则革命有厚望焉。

第二，津军都督天津各路司令，在二十九日下午五时以前，应将是夜十二时所有发难一应事宜准备清楚。二十九日下午十时以前各部武装同志集中于各部所指定地点，至十二时闻到号炮响声，各路司令即率领所部按照预定路线前进。

第三，第一路司令姜赐卿，于十二时闻到号炮声响时，即率领所部敢死队三大队以进攻总督署。第二路司令兼水师总指挥孙茂春，则于都署前所统炮船鸣炮以为响应后，当率领其陆师与第一路司令姜赐卿会攻总督署，并将其占领。

第四，第三路司令史玉生率领敢死队一大队进攻巡警道署。石国材率部下巡警响应后，即与第三路司令史玉生分路猛攻营务署，并将其占领。

第五，第四路司令刘应福率领所部保卫警察占领保卫警署；第五路司令崔文藻率领敢死队一大队与之会合后，即向督练公所进攻，并将其占领。

第六，第六路司令孙树声率敢死队两大队占领金钢桥，以与水师总指挥孙茂春所部水师相策应，阻止敌军偷渡及其破坏桥梁等事。

第七，第七路司令林少甫，第八路司令何南屏，第九路司令韩佐治，分率敢死队十余小队，占领各重要交通机关电报电话及其桥梁道路。

第八，冀、鲁招讨使孙炎生，京奉、津浦交通总司令龚善支率领韩柳墅陆军三营，于占领京津、津浦、津奉铁路道口防御敌军来援外，并以一部兵力肃清津郊残余军警。

第九，第一路司令姜赐卿，第二路司令孙茂春，于占领都署肃清残敌后，即以一部兵力迎护兼代都督白逾桓到署成立都督府，发布安民告示。津军都督白逾桓，应将组府视事启用印信等情由呈报于本总司令。

第十，北京总司令钱铁如，保定总司令刘仙洲，通州总司令吴若龙等，于闻得天津独立时，应督率该各路指挥，迅速响应。

第十一，是夜口号为完成革命四字。

第十二，北方革命军总司令胡鄂公，正月二十七日夜十一时发于天津老西开吉祥里十四号。①

与此同时，起义指挥部的工作人员分工协作，通宵达旦地加紧进行起义前的准备工作。负责津军都督监印的徐修广、汪固等人督率女工们制作铁血旗帜，印写襟章，裁剪缠臂白布。津军交通部副部长章以保，与张鸿翰、黄石、周一、李芬、陈心等缮写文告。北方总司令部的军械处长孙蔚强分配各路部队的枪械炸弹。津军外交部副部长郑毓秀编译致天津各国领署的照会。

1月28日，北方革命军总司令部再次召开会议，参加会议的有胡鄂公、白逾桓、熊得山、丁开嶂、易宣、邱寿林、赵铁桥、黄以镛、吴安定、覃秉清、李尧衢等人。会议商定占领天津后应执行的7个事项。第一，逮捕帝制余孽；第二，发布安民告示；第三，豁免一切苛捐杂税及本年下忙丁漕；第四，优礼市乡父老，问民疾苦；第五，礼求当地逸材，俾为国用；第六，通电全国，详述袁世凯攘窃革命篡夺清室帝制自为之阴谋；第七，正式通告各国驻津使领。

---

① 同前，第316－318页。

会后，众人谈及 29 日夜由日本同志谷村燃放信炮的事。胡鄂公记述：予曰：谷村不谙吾国语言，若得能言日语同志往襄其事，则于途中较为便利。逾桓曰：国风报翻译同志王一民习日语，且与谷村善，使之同往，必能胜任。予曰：此事于全局关系甚大，非沉着详慎者不能于此，予不识一民，未知能当否？逾桓曰：我知一民稔，可勿虑。于是决定由日人谷村及国风报翻译王一民二人燃放信炮。①

1 月 29 日，时值隆冬季节，起初乌云密布，天似欲雪，未几风起云散，寒气袭人。当晚，负责燃放信号弹的日本同志谷村与国风报的王一民异常兴奋，俩人举杯痛饮，喝得酩酊大醉。8 时许，他们潜入直隶总督衙门附近的一家木厂内，安置两枚信号弹。这两枚信号弹，一枚为 12 磅，另一枚为 6 磅，均系钢壳引线炸弹。然后，俩人偃卧在木架旁等待发动起义的规定时间。

10 点钟时，邻院挂钟报时敲了 10 下，他俩迷迷糊糊地以为到了 12 时，王一民急忙说："时间到了！"谷村赶紧低头看了看自己的夜光表，但他醉眼矇眬，误将分针当成了时针，便回答说"时间是到了"。于是，他俩赶紧起身点火，分别燃放一枚信号弹。不料，王一民燃放的信号弹迅速爆炸，竟将躲闪不及的谷村炸得肢体四飞，当场身亡。接着，谷村点燃的那枚信号弹也炸响了。

由于提前两个小时发出起义信号，致使起义部队措手不及，打乱了事先的缜密部署。此时，总指挥部立即派人通知各路起义军提前行动，但因城内实行宵禁，市民不得夜行，因而命令无法全部送达。据胡鄂公记述：……各路司令于闻到信炮后，仍集合部下依原定计划出发，多者三十余人，少者才十余人，然亦有以联络中断而自动集合者。金钢桥为天津交通咽喉，乃战守之所必争，固革命军之视金钢桥其重要与都署同。

据胡鄂公记述：当信号误发之时，各路司令如姜赐卿、史玉生、崔文藻、孙树声、何南屏、韩佐治、林少甫等，明知事已失败，乃犹奉命集合少数同志各向其目的地出发，此其忠勇为何如者。

---

① 同前，第 318－319 页。

金钢桥旧貌

赐卿率领所部进攻都署时,遇孙树声于途,赐卿谓树声曰:今日事,金钢桥与都署孰当先?树声曰:金钢桥扼天津交通之枢纽,都署为敌人号令之所从出,同一不可后也。赐卿曰:子所言者乃战守之形势,吾则谓今日之急务耳。吾人革命,与其人少力分而无所得,不若将各路集中较有效力。树声曰:善。于是赐卿乃尽并树声之军而得八十余人。会林少甫、何南屏、韩佐治等率领四十余人从他道来,总计赐卿、树声所领者得百二十余人。赐卿乃编分为五队,而以树声领前队,林少甫、韩佐治领左右翼,何南屏领后队,赐卿则自率中队以指挥全军。

赐卿率领所部进至都署时,都署卫兵与革命军战于辕门外,一时枪弹炸弹飑飑如雨下,赐卿当挥令前队向都署东辕门进攻,而以左右翼掩护之。敌军卫兵以炸弹猛烈无可防御,遂不支向东辕门内溃退。赐卿遂指挥左右翼掩护前队攻入东辕门。战方酣,敌军卫队忽以一部由都署后以绕袭革命军之背,革命军受击,不得已,遂从东辕门退出。适孙茂春率领所部水师二十余人赶至,以与敌军战于都署后。赐卿知后路之危已解,乃复指挥左右翼掩护前队第二次向东辕门进攻。迨进至督署大门时,而孙茂春所部已为敌军击散,林少甫、韩佐治又相继战死。赐卿知不可复战,始下令冲围退却。是时,何南屏军殿后,南屏于掩护诸同志退却时,率所部后队左右射,以此敌军不敢进逼。南屏甫出重围,即以重伤继林少甫、韩佐治而逝。

但同时,有进攻金钢桥而死者则高士俊也。有在中途与敌遭遇而战死者，则钱秀峰、管国贤、江润生、郭牧之等是也。亦有在途中为敌所捕者，则崔文藻、刘应福、李景伯、赵正叔、冯泉廉、周守玉、黄敬斋等是也。

1902年以后设在天津的直隶总督府东辕门

至此，天津起义以失败告终。

1月31日，胡鄂公召集各革命团体代表在小白楼会商天津之再举计划。出席会议的有熊得山、丁开嶂、易宣、冯云峰、李兰廷、陈熙泰、王荣九、李尧衢、吴经武、李世英等人。

会议认为，当前北方形势不在响应之无人，而在发难时主力之不充实。会议决定：派李尧衢、冯云峰、吴经武、李世英等人到遵化、玉田、丰润，王荣九、李兰廷、陈熙泰等人到宁远城。以丁开嶂、冯云峰于遵化、玉田、丰润尚集有振武社员百人；李兰廷、陈熙泰、宋志强、张先耀、古应风、杨玉等人在宁远城宋庄、青石岭、甘耳屯一带集有铁血会会员五百余人，每人均有盒子炮一支；俟其到津后，稍加训练，即可作为发动主力。

最后，会议以各革命团体名义，拟定致南京民国政府临时参议院的电文，力主彻底革命，反对和平解决南北争端。

下篇

风云变幻

风云变幻

第十二章
民国初创的京畿局势

一、南京临时政府的成立与京津的及时报道

1911年10月12日，孙中山在美国的丹佛城获悉武昌首义的消息，立即着手争取列强支持中国革命的外交活动。他于11月2日离开纽约前往伦敦，21日由伦敦到达巴黎，24日由马赛乘船回国。

12月21日，孙中山到达香港，广东军政府都督胡汉民及廖仲恺等人乘兵舰前来迎接。在船上，他们讨论了目前的局势和应行的对策。孙中山认为，当务之急是赴沪宁成立和主持临时中央政府，他说："现在各国政府士夫，均望文速归，组织中央政府，此事一成，财政、外交皆有头绪。此外问题，亦因之迎刃而解。当今政策，莫大于此。"

12月25日清晨，孙中山一行乘英国邮轮丹佛号驶抵吴淞口，受到了上海军政各界及中外人士的热烈欢迎。当时盛传孙中山携带巨款回国，他一上岸就有记者问：您这次带回了多少钱？孙中山回答说："予不名一钱也，所带回者，革命之精神耳！革命之目的不达，无和议之可言也。"

孙中山的到来，使首义以来久未落实的政府元首问题终于有了众望所归的人选。各地纷纷致电"各省代表会"，要求选举孙中山为大总统。海内外舆论也盛赞："孙先生才、德、望，中外相孚"，"先生归国，国基可定"。

12月29日，"各省代表会"在南京举行临时大总统选举，到会的共有17省43名代表，2名华侨列席代表。正式选举之前，当众揭晓了前一天预选产生的孙中山、黎元洪、黄兴3名候选人。正式选举以每省一票的原则进行投票,选举结果为:孙中山以16票当选,浙江代表投黄兴1票,黎元洪得票为零。

中国历史上第一位总统的产生,令大家激动不已,"众呼中华共和国万岁三声,是时音乐大作,在场军学各界互相祝贺,喜悦之情,达于极点。"①

随后,"各省代表会"即向孙中山发出贺电,并请他"即日移驾来宁,组织临时政府"。孙中山则复电表示接受,愿竭诚服务,与国民共创理想之未来。

孙中山当选临时大总统的消息迅速传遍全国,传向海外。全国各地纷纷集会庆祝,海外贺电更是"为日盈尺"。

1912年1月1日,孙中山乘火车由沪赴宁,当晚10时在临时大总统府举行就职典礼。孙中山举手向全国国民宣誓:

> 颠覆满洲专制政府,巩固中华民国,图谋民生幸福,此国民之公意,文实遵之,以忠于国,为众服务。至专制政府既倒,国内无变乱,民国卓立于世界,为列邦公认,斯时文当解临时大总统之职。
>
> 谨以此誓于国民。
>
> 中华民国元年元旦②

誓毕,他被授予中华民国临时大总统印。当天,孙中山还发布了《临时大总统宣言书》和《通告海陆军将士文》等。

1月3日,各省代表会选举黎元洪任副总统,经讨论和修改后通过孙中山提出的各部总、次长名单。

1月28日,由各省都督府派参议员组成的临时参议院举行正式成立大会。

在京畿地区,许多报纸对南京临时政府的

就任中华民国临时大总统的孙中山

---

① 《民立报》,1911年12月30日。
② 《孙中山全集》,第二卷,第1页。

南京民国临时政府举行首次内阁会议

南京临时参议院成立时的合影

成立,尤其是孙中山就任中华民国临时大总统的情况,作了及时报道。

　　天津《大公报》于1912年1月1日刊登题为"南京公举总统消息"的要闻,报道了孙中山从海外回国,由香港赴沪,再到南京的行程,及其当选临时大总统的情况,文称:……又据上海电则谓江宁初十日举孙文为临时总统。

　　查孙文到沪一节已见唐大臣电告,兹据上海函述较详言,孙与美大将郝末里、粤军都督胡汉民乘英国邮船由香港赴沪,于初六晨九时驶抵吴淞口三夹水。孙等即换乘拖船于九点四十五分钟,在南京路公司码头起岸,一时西人持快镜摄影,脱帽示敬者纷纷。当乘汽车由英大马路至哈顿花园中膳。然后至爱文义路,与伍廷芳晤商一切,再赴戈登路寓所。刻间孙已赴南京,预备一切进行事宜。

《顺天时报》在"时事要闻"栏中报道:新任大统领孙逸仙举行就任礼,"颇极一时之盛"。该报还介绍"孙文就职总统及组织内阁之概略"和所谓"孙逸仙之政见"。

2月9日,《大公报》连载南京临时政府颁布的《中华民国临时政府组织法》。次日,该报又发表评论文章《迁都问题之研究》。

此间,《大公报》曾报道北京街头出现革命党人张贴的告示,其中呼吁民众策应陆续进京的敢死队,攻伐推倒清政府。文称:北京又发现革党告示。京函云十五日(1912年1月3日)上午,北京宣武门外香炉宫四条后铁厂及西河沿一带,又发现有共和军告示。闻贴至西河沿迎宾旅馆时,当为商团某扭获送区,当标赏十元。

兹探闻告示原文系称,共和军政府大都督黄为出示晓谕尔军民人等知悉,本军政府现编有敢死队两万人,不久即陆续晋京,攻伐推倒满清政府,与人民谋永久之幸福。本都督不忍人民涂炭,应预先通知,免致临时惊恐。现满政府天宜泯灭,我人民受其涂炭已深,今当光复。凡我黄帝子孙均有应负之责任,凡我同志同声务将左臂缠以白布,屋外悬挂白旗。本都督有厚望焉!

2月12日清帝退位,京津多家报纸又及时刊载了"清帝退位诏书"。

二、袁世凯扩张权势,清帝被迫退位

1911年10月辛亥革命爆发后,清廷垂死挣扎,调兵遣将南下征讨革命党人,却连遭重创。11月1日,清廷宣布以庆亲王奕劻为首的内阁免职,重新重用"回籍养疴"的袁世凯,2日授袁为内阁总理大臣,并命令他"即行来京,组织完全内阁,迅即筹划改良政治一切事宜"。11月13日,袁世凯自湖北前线回京上任内阁总理大臣。16日,袁组成责任内阁,取得了清廷的全部军政权力。12月6日,载沣辞去监国摄政王位，隆裕太后正式授权袁世凯主持南北和谈。

12月中旬，南方革命政府代表伍廷芳与北方清廷中央政府代表唐绍仪开始谈判。谈判十分复杂和艰难，袁世凯表面代表清廷，实欲窃取革命成果，扩张个人权势。接着，南北双方转入经高层授权的幕后私下商谈。12月20日，代表南方的江浙联军总参谋顾忠琛与代表北方的直隶陆军学堂总办廖宇春，在上海文明书局经理室达成协议：第一，确定共和政体；第二，优待清帝；第三，先推翻清廷者为大总统；第四，南北将士均不负战争责任；第五，召开国民大会，恢复各地秩序。①

南京临时政府成立之前，"各省代表会"也曾议决"如袁世凯反正，当公举为临时大总统"。

早在回国之初，孙中山就明确表示："革命之目的不达到，无议和之可言也。"1912年1月初，孙中山宣布担任北伐总指挥，任命黄兴为陆军总参谋长。陆军部制定了六路北伐计划：以鄂湘为第一军，由京汉铁路北进；宁皖为第二军，向河南北进；淮扬为第三陆军；烟台为第四军，向山东进军；关外为第五军；山陕为第六军，向北京进发。待第一、二、三、四军抵达目的地后，与第五、六军会合攻占北京。随后，在南京集结的粤军姚雨平部和皖军柏文蔚部，立即沿津浦路向北推进，在皖北的固镇重创江南提督张勋指挥的清军，乘胜进逼山东。

孙中山回国在南京就任临时大总统，令野心勃勃的袁世凯极为恼怒。袁怀疑南方让位于他的诚意，发电质问南方议和总代表伍廷芳："选举总统是何用意"，"以总统让袁，有何把握？"1月2日，袁世凯电准唐绍仪辞去北方议和总代表，北方众多将领分别通电表示

张聿光：袁世凯骑木马（载上海《民立画报》，1911年）

---

① 廖大伟：《1912初试共和》，学林出版社2004年版，第63页。

拥护君主立宪，誓死反对共和政体，不惜一战到底。袁世凯还发出补充军费，重新开战，讨伐南方的叫嚣，在以辞职相威胁刁难清廷的同时，向南京临时政府施加压力。

对此，万般无奈的隆裕太后只能对袁世凯好言挽留，从皇室小金库里拼凑出8万锭黄金充当军费。

另一方面，南北军事对峙，兵力基本相当，各方均无必胜的把握。

袁世凯拥有北洋六镇七万多精兵，加上北方其他能够调动的军队，总兵力约近二十万，军费也不困难。他在向南方炫耀武力的同时，残酷地镇压北方革命党人的反清活动，杀戮多人。

南方的北伐部队集中在江苏境内，约10万人，加上光复各省驻留军队，总数达三四十万人。但是，这些部队有大量新兵，虽士气高昂，却缺乏训练。尤其是北伐军的军费严重不足，"每日到陆军部取饷者数十起"，"军人无术使之枵腹"，"前敌之士，犹时有哗溃之势"。① 因此，原定的六路北伐计划，实际只有宁皖和淮扬两路有所进展，烟台和关外有所行动，其他的并无动作，北伐中途停滞。

因此，在军事上相持不下，政治上各有所图，促使南北双方都寄希望于议和。

针对袁世凯的疑虑，在内外巨大的压力下，孙中山审时度势，多次声明只要袁赞成共和，迫清帝退位，定举袁为临时大总统。当选临时大总统的当天，他就向袁世凯解释只是"暂时承乏"。正式就职的第二天，又致电袁世凯表示："文不忍南北战争，生灵涂炭，故于议和之举，并不反对。虽民主、君主不待再计，而君之苦心，自有人谅之。倘由君之力，不劳战争，达国民之志愿，保民族之调和，清室亦得安乐，一举数善，推功让能，自是公论。文承各省推举，誓辞具在，区区此心，天日鉴之，若以文有诱致之意，则误会矣。"1月5日，孙中山电告北方将士，特地声明："一俟国民会议选举实行之后，政体解决，大局略定，敬当逊位，以待贤明。"1月15日，孙中山再次公开表示："如清帝实行退位，宣布共和，则临时政府决不食言，文即可正式宣布解职，以功以

---

① 《孙中山全集》，第二卷，第85-86页。

能，首推袁氏。"①

随着南方临时政府的成立，北京各报纸纷纷发表敦促清帝退位的文章。1月3日，清驻俄公使陆徵祥联合驻外各使节电请清帝逊位。同时，追随袁世凯的张謇等人拟定了优待清室的条件并获得革命党人同意。张謇致电袁世凯称："甲日满退，乙日拥公，东南诸方，一切通过。"随后，袁世凯秘密地把清室退位将得到优待的条件转达给奕劻。

1月12日，皇室召开秘密会议，研究议和形势与清室退位优待条件，无果而散。肃亲王善耆、恭亲王溥伟、贝勒载涛、载洵及毓郎、良弼、铁良等人，对袁世凯极为不满，遂决定组织"宗社党"进行对抗。

1月16日，袁世凯入朝谒见隆裕太后，诉说严峻形势，声言目前除非皇帝自行退位，实行共和，以换取优待条件外，别无出路。

隆裕太后与皇帝溥仪

正巧这时袁世凯遭革命党人炸弹袭击，侥幸逃命，他借此称病不朝，命人在朝廷内外散布"革命党人已经遍布北京城，咱们的生命都没保障"的恐吓之言，搞得朝廷上下人心惶惶。

1月19日的御前会议刚结束，袁世凯的代表赵秉钧即晋见隆裕，正式提出由内阁商定的解决时局的方案，即将清政府和南京临时政府同时取消，另在天津由袁世凯设立一个统一临时政府。这一方案遭到孙中山的严正拒绝，他表明临时政府的地点必须设在南京。

---

① 《孙中山全集》，第二卷，第23页。

1月22日,孙中山致电伍廷芳及各报馆,明确提出:……今确定办法如下:一、清帝退位,由袁同时知照驻京各国公使电知民国政府,(言)现在清帝已经退位,或转饬驻沪领事转达亦可。二、同时袁须宣布政见,绝对赞同共和主义。三、文接到外交团或领事团通知清帝退位布告后,即行辞职。四、由参议院举袁为临时总统。五、袁被举为临时总统后,誓守参议院所定之宪法,乃能接受事权。按一、二两条即为袁断绝满政府关系,变为民国国民之条件。此为最后解决办法,如袁并此而不能行,则是不愿赞同民国,不愿为和平解决,如此则所有优待皇室八旗各条件,不能履行,战争复起,天下流血,其罪当有所归。①

袁世凯一方面敷衍南京临时政府,另一方面加紧逼迫清廷让步。他不断唆使亲信部下发表通电,要求清帝退位,宣布共和。

良弼等仍然叫嚷要作战到底,他们在北京组织起17000名满族士兵,企图做最后的挣扎。肃亲王善耆发起的"宗社党"也跃跃欲试,准备逼迫袁世凯辞职,另组满人内阁。北京的气氛骤然紧张。

为防止意外,袁世凯在身边设置350人的便衣队卫士,每人佩戴勃朗宁左轮手枪,还急调曹锟的北洋第三镇一部,入驻东城和天坛一带,以威慑可能铤而走险的王公大臣。

1月25日,段祺瑞致电清内阁,表示"人民进步非共和不可,且兵无饷补,饷械俱匮,战守无具,败亡不免"。26日,段祺瑞约同姜桂题等42名将领致电清内阁、军咨府、陆军部及各王公大臣,请代奏朝廷,恳请"明降谕旨,宣示中外,立定共和国体"。

同日,北方革命党人再次行动,一举刺杀良弼,严重打击了顽固势力,宗社党分子纷纷逃离北京,反对清帝退位的内部阻力随之烟消云散。隆裕太后吓得魂不附体,哭求袁世凯"务要保全我们母子二人性命!"还特派专使到袁府传达温谕,赐封袁世凯"一等侯爵,以昭殊奖"。但袁世凯再三推辞,坚决不受,只因其志不在此。

2月3日,隆裕太后授权袁世凯全权与南京临时政府磋商退位条件。

---

① 《孙中山全集》,第二卷,第34-35页。

2月5日，段祺瑞等9名将领再次电奏，无异最后通牒："共和国体，原以致君于尧舜，拯民于水火。乃因二三王公迭次阻挠，以至恩旨不颁，万民受困。……瑞等不忍宇内有此败类也，岂敢坐视乘舆之危而不救！谨率全军将士入京，与王公剖陈利害。"

2月6日，南京代理临时参议院通过了优待皇室条件8项：

第一款：大清皇帝辞位之后，尊号仍存不废。中华民国以待外国君主之礼相待。

第二款：大清皇帝辞位之后，岁用四百万两。俟改铸新币后，改为四百万元，此款由中华民国拨用。

第三款：大清皇帝辞位之后，暂住宫禁，日后移居颐和园。侍卫人等，照常留用。

第四款：大清皇帝辞位之后，其宗庙陵寝，永远奉祀。由中华民国酌设卫兵，妥慎保护。

第五款：德宗崇陵未完工程，如制妥修。其奉安典礼，仍如旧制。所有实用经费，均由中华民国支出。

第六款：以前宫内所用各项执事人员，可照常留用，惟以后不得再招阉人。

第七款：大清皇帝辞位之后，其原有之私产，由中华民国特别保护。

第八款：原有之禁卫军，归中华民国陆军部编制，额数俸饷，仍如其旧。①

同时颁布的还有"关于清皇族待遇之文件"和"关于满、蒙、回、藏各族待遇之条件"。

2月12日，隆裕太后带着6岁的皇帝溥仪，在养心殿举行清王朝最后一次朝见仪礼。内阁总理大臣袁世凯仍然称病不出朝，委派外交、民政、度支、陆军、海军、学部、司法、邮传、工农商、理藩等十大臣，头戴翎顶，身穿袍套上殿，废跪拜礼，首次行三鞠躬礼。隆裕太后手执当场钤印玉玺的退位诏书，不禁失声痛哭。

---

① 上海《民立报》，1912年2月14日号外版。

退位诏旨共三道,并附优待条件。第一道文称:奉旨朕钦奉隆裕皇太后懿旨:前因民军起事,各省响应,九夏沸腾,生灵涂炭,特命袁世凯遣员与民军代表讨论大局,议开国会,公决政体。两月以来,尚无确当办法,南北暌隔,彼此相持,商辍于途,士露于野,徒以国体一日不决,故民生一日不安。今全国人民心理,多倾向共和,南中各省既倡议于前,北方诸将亦主张于后,人心所向,天命可知,予亦何忍因一姓之尊荣,拂兆民之好恶?是用外观大势,内审舆情,特率皇帝,将统治权公诸全国,定为共和立宪国体,近慰海内厌乱望治之心,远协古圣天下为公之义。袁世凯前经资政院选举为总理大臣,当兹新旧代谢之际,宜有南北统一之方,即由袁世凯以全权组织临时共和政府,与民军协商统一办法,总期人民安堵,海内乂安,仍合满、汉、蒙、回、藏五族完全领土,为一大中华民国,予与皇帝得以退处宽闲,优游岁月,长受国民之优礼,亲见郅治之告成,岂不懿欤?钦此。①

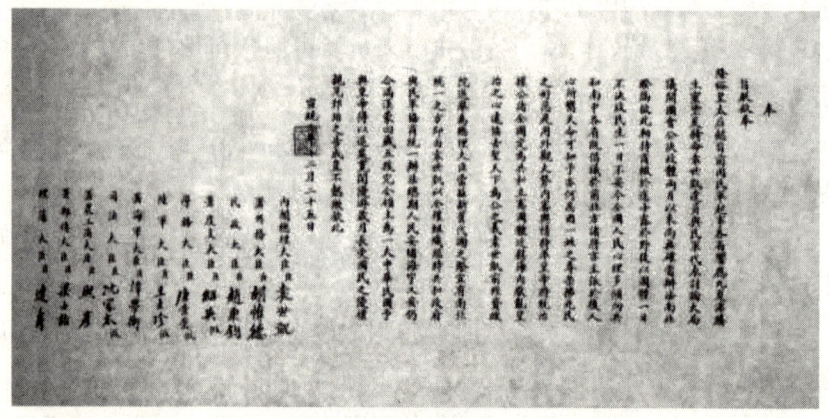

清帝退位诏书

自清世祖入主中国至此,历经 268 年的清王朝统治彻底覆灭,在中国实行了 2000 多年的封建君主专制制度也宣告结束。

---

① 同前。

三、革命团体的解散

武昌起义以后，京畿地区的王葆真、江浩、徐月卿、赵秀章、石位亭、丁开嶂、宋兆英、刘古风等众多革命党人始终坚持"彻底革命，反对与袁讲和"，并积极策划反清起义。

天津"共和会"骨干王葆真于1912年1月中旬到南京，与同盟会直隶地区领导人张继一起拜见了临时大总统孙中山。王葆真回忆：……中山先生奖励我们北方同志的奋斗，并问北方革命运动情况。

我答："北方同志和一般人民，绝大多数都同情革命，希望共和。所有同志都反对与袁世凯议和。"

中山先生问有什么见解。

我答："袁世凯绝不讲信义。他欺骗汪兆铭，约定十月初九夜间，让革命同志在京城发难，他令袁克定出兵响应。结果同志们发难后，他不但不响应，反而杀害了不少的同志。戊戌政变时，谁都知道，康有为、谭嗣同保荐袁世凯升了军职，托以心腹。他反而告密，出卖了康有为，杀害了六君子，推翻了新政。两军交战互有杀伤，当然是常事，但冯国璋烧杀汉口无辜的人民，曹锟兵到滦州，挖了孙谏声的心肝，割了白雅雨的头颅。又使人暗杀吴禄贞，破坏革命无所不用其极。这样的人，他会奉行约法，听从国会的决议吗！如把国家军政大权让给他，他必然完全摧毁革命事业。……那么，我们要战胜袁世凯只有坚持革命战争，拒绝与袁议和。现在江南和西北各省已经宣布独立了，征兵训练，人才众多，基础日益巩固，财用不至匮乏。北方未独立的省份，崛起革命的同志日益增多；一日不议和，即一日有陆续奋起革命的运动。所谓君子道长，小人道消。……这不是我一人的见解，可以说是北方同志共同的见解。请大总统多加指教。"

中山先生说很好，可以同克强、遁初再谈一谈。①

---

① 王葆真：《滦州起义及北方革命运动简述》，载《辛亥革命回忆录》，第五集，第420－421页。

三天后，黄兴和宋教仁与王葆真面谈，在座的还有谭人凤。王葆真重述了自己的观点，黄、宋说：中山先生和我们都是主张彻底革命的，但推动北方革命需要一批款子，现在正计划借一宗外债，如参议院通过，我们可以推动北方革命，以全力贯彻光复北京、天津的计划。

　　又过几天，参议院否定了借款案，并且加紧与袁世凯议和，孙中山被迫让权。

　　随后，王葆真接到孙中山的委任状，委托王葆真和吴蓬仙筹备中国同盟会燕支部，还送来返回北方的路费。

　　1912年2月9日晚，胡鄂公接到吴若龙从北京打来的电话，吴称：清帝已决定于2月12日退位，南京临时参议院将选袁世凯继任总统，汪精卫将以专使名义由南京北上迎接袁世凯南下就职。

　　消息传来，天津的革命党人非常懊丧，他们感到多年来无数烈士流血牺牲换来的却是南北妥协，让权袁世凯，对此难以接受。铁血会成员易宣当场激动地表示："我要前往锦州，召集铁血会的同志，在几天内再发动一次起义。我知道此去必死，但我要以一死让天下人知道袁世凯之盗国及汪兆铭之出卖革命。"

　　次日晨，易宣和阮琴风出发前往锦州。途经唐山时，他们发现有敌探跟踪，当即向敌人开枪，击毙两名侦探，但因敌众我寡，他俩被敌人包围，中弹牺牲。

　　鉴于临时大总统孙中山辞职和临时参议院选举袁世凯接任大总统的形势新变化，胡鄂公于1912年2月17日，在天津吉祥里14号召开北方各革命团体负责人会议。会议作出5项决定：

　　（一）所有各团体革命行动，自本日起，一律停止或解散；

　　（二）北方革命协会总部，北方革命军总司令部及北方革命军总司令部所属各地之总司令部、总指挥部与其他各种革命机关，自本日起，一律宣布解散；

　　（三）资助铁血会、振武社同志暨远地同志251人回籍旅费；

　　（四）滦军同志及其他军队中脱离队伍同志194人，资送烟台鲁军政府，按照原有等级位置；

　　（五）本日到会同志，为纪念北方死难诸烈士起见，在袁世凯当国期内，不受其任何官职及其荣典勋章等物。①

2月21日，胡鄂公收到从武昌电汇来的"结束费"2万元。他与丁开嶂、熊得山、吴若龙、钱铁如、邱寿林、覃秉清、李尧衢、罗明典、孙炎生、张先之、程芝田等北方革命团体骨干12人，分别具酒食慰饯待遣散回籍的同志445人。胡鄂公记述：

>……盖此四百四十五人，于北京、任邱、滦州、通州、开平、天津、沈阳、锦州诸役，均曾先后参加。今共和虽幸告成，而国柄乃为巨奸所窃，此所以仁人志士莫不叹惋而切齿者也。席间，吴若龙等乃与此四百余同志立为誓约，由予主盟。盟曰：袁世凯有帝制自为或变更国体时，与盟同人，无论在何时何地，均当起兵讨灭之。盟成，遂尽欢而散。②

随后，吴若龙于23日率军队同志194人，乘轮船离开天津前往烟台。冯云峰、李兰廷、宋志强等人与铁血会、振武社同志175人转移至唐山宁远城等地。远地同志76人也于同日起程返籍。

另有辛公显的文章回忆称：其后不久，汪兆铭又衔袁世凯之命，携带二十万元钱来天津，召集北方各革命团体开会，借口清帝退位，革命目的已经达到，宣布各团体一律解散，其成员除参加同盟会者外，一律资遣回籍。至此，武昌起义轰轰烈烈的北方革命运动就烟消云散了。③

1912年12月13日，副总统黎元洪发出策勋电文，文称：北京大总统钧鉴：民国肇造，党人效忠，策动行赏，迭奉大总统分别奖励，薄海同钦。惟革命成功之速，实由赞助人才之多。此次奖励所未及者，当共事搜罗，除已开效忠民国党人姓名交刘承恩转呈大总统核奖外；兹查汪兆铭、张继、吴敬恒、章炳麟、于右任、熊克武、胡汉民、田桐、白逾桓、景定成、孙毓筠、居正、宋教仁、蔡元培、冯自由、吴昆、胡鄂公、陈陶怡等，当鼓吹革命之际，或秘密运动，或暗中保全，或艰难辛

---

① ② 胡鄂公：《北方革命实录》，载《辛亥革命》第六册，第325—326、327页。
③ 辛公显：《辛亥革命时期天津的革命活动》，载《天津文史资料选辑》，第16辑，第18页。

苦，历百折而不回；或学问才猷，为举世所共佩。凡此扶持民族之勋，元洪既得之于所见，亦得之于所闻，弗膺懋赏，奚劝有功？敬祈酌核劳绩，给以勋位，为大彰公道之举，即收拾人心之助。区区愚诚，统候酌裁。元洪叩元。

对此，胡鄂公致电黎元洪转北京政府，请将自己的名字注销。文称：武昌副总统钧鉴：顷秘书处交来钧座致北京策勋元电，蒙将贱名列入，披览之余，无任惶悚。念鄂公自追随钧座起义武昌，深愧驽材，谬蒙驱策。及至汉阳之战，乃得奉命北上，倾覆清廷，主持京、津、保、滦、通一带革命。当此之时，适袁氏总理清廷军政，帝制自为，假革命威力以劫持清廷；挟清军暴戾以挫抑革命。于是杀豪杰，除异己，数月之间，我北方同志，被其明杀暗戮者不知凡几。今幸共和成立，而袁氏于我同志之杀戮，迄未休止。今年五月，使人攒杀曾广福兄弟三同志于河南光山县途中；六月，复使人暗杀吴定安、罗明典二同志于北京齐化门外，而袁氏先后所杀戮诸同志，又皆与鄂公在北方同革命共生死者。若鄂公遽膺袁氏殊荣，其将何以慰诸先烈于地下乎？且当共和告成北方各革命团体解散之时，鄂公曾与诸同志约：为纪念北方死难诸烈士起见，在袁氏当国期内，不受其任何官职及荣典勋章等物。是鄂公亦不能自食其言。伏恳钧座迅电北京将鄂公姓名予以注销，实为德便。临电神驰，不胜祈祷！胡鄂公叩删。①

四、各界纪念辛亥革命，欢庆共和政体

1912年2月13日，孙中山通电全国称："现在清帝业已退位，民国统一，兹定于本月十五日举行国民统一大庆典。"

响应孙中山关于举行国民统一大庆典的号召，京津各地出现前所未有的庆贺共和政体的热烈气氛，到处张灯结彩，人们欢欣鼓舞，开展了许多庆祝活动。

自宣布实行共和国体后，位于东单迤北路东石大人胡同的袁世凯办

---

① 胡鄂公：《辛亥革命北方实录》，同前，第326－327页。

公处,"即将大门上龙旗撤去,由壬子正月初一日,改换红黄蓝白黑五色新国旗。所有守卫并各处驻扎军队,自中上级官,一律剪发。"① 京城"所有内外城铺户,家家悬灯结彩,极表欢迎"。

作为"京师庆祝共和之先声",北京的商会与警厅协定在阴历正月一日(2月18日)举行隆重的庆祝共和的活动,并在外城搭建花彩牌楼。筹备活动的一切经费,均由商家"协济"。②

2月26日清晨,许多警察挨门通知各商家住户,称:"奉市政厅命令,从明天起,为中华民国成立,庆祝三天,晚上还要举行提灯游行!"

27日,各商号均派一名伙计参加提灯游行,但居民参与者甚少,多在周围观看。当晚,正阳门前搭起高高的彩楼,五色旗迎风飘扬,琉璃厂一带也像过节一样热闹,有演新剧的、舞狮子的、放焰火的,熙熙攘攘,五彩缤纷。

28日,经当局派警察挨门挨户劝说,参加庆祝游艺活动的居民逐渐多起来,热烈的气氛令人感叹:大汉民族光复啦!③

至2月29日和3月3日,北京内外城等地还举行了提灯音乐会,庆祝共和,并以前门外天桥为"总会所"。与此同时,由北郊二区自治会发起,联合四郊十七区,于2月28日、29日和3月1日连续三天举行提灯会。

在天津,庆祝共和的活动也搞得异常热闹。据《顺天时报》报道:天津绅商学各界闻知朝廷允认共和政体,永弭兵祸,欢喜无极,于二十六日(2月13日)晚七点钟举行提灯大会,以表庆贺。女学界亦参列,共计二千余人,齐集结队,由英租界启行,经日本租界,迳赴都署门前,高呼共和万岁。列内有某国军乐队,鼓奏乐器,每人提灯一具,光辉照耀如昼,亦有爆竹队连响不绝。至十一点钟后,各灯队始陆续散毕。当时,杨观察特添派巡警数十名,警备沿途,甚为严密。

2月23日,《正宗爱国报》发表署名竹园的演说:《万象更新》一文称:

---

① 《正宗爱国报》,1912年2月23日。
② 《顺天时报》,1912年2月16日。
③ 程栋等编著:《旧中国大博览》,上卷,科学普及出版社1995年版,第238页。

北京各界民众提灯游行,庆祝民国临时政府成立

　　四五千年的君主专制国,一变而为民主共和国,自有中国以来,这总是第一次万象大更新。

　　今年是中华民国建国的第一年,万象不新而自新。不但我们国民的精神一新,耳目一新,知识见解一新,思想志向一新,就是全球的观瞻,亦必为之一新。……今虽万象更新,我但祝精神之更新,勿徒为形式之更新,且使通国人民,实沾更新之利益,实享更新之幸福。官绅痛除旧染之利己私心,真心为公仆之责任,人民振刷新精神,留心有用之学问,不避嫌怨,实行监督官府,勤求本业,使生计富裕,实行负担新国民之义务。必如此,方对得过为国流血死去的众烈士,方对得过刮目相待的众友邦,方对得过推位让权的隆裕皇太后与宣统大皇帝,方不愧为中华民国的大国民,亦不枉流血革命,亦不枉万象更新。愿诸君勉力前途,勿谓大功告蒇,须知建设之难,难过破坏十倍百倍不止。

　　1912年7月,参加全国临时教育会议的代表,在会上提出关于确定民国纪念日的议案。经热烈讨论,代表们一致赞成以武昌起义爆发之日作为民国纪念日。

　　9月16日,黄兴在北京致电各省都督称:……数十年来,仁人志士应世界之潮流,牺牲生命,亟谋改革,屡起屡仆,屡仆屡起,至去岁八月十九日,时机正熟,武昌义旗一举,全国赴助,竟高成功。推原民国成立之基,当以是日为国民一大纪念日。

与此同时,旅京鄂籍人士聚会,认为"共和祝典为民国盛仪,万国观听所系,不可不悉心商议",力主以辛亥首义日为中华民国的国庆日。

9月24日,北京民国政府临时参议院的第80次会议,通过《国庆日及纪念日咨询案》,确定:法国、美国分别以革命爆发和宣布独立之日为国节,我国国节亦应效法法、美两国,故提出以武昌起义爆发之10月10日为中华民国之国庆日,应举行之事有放假休息、悬旗结彩、大阅、追祭、赏功、停刑、恤贫、宴会等。同时提议南京临时政府成立之元月1日和北京宣布共和南北统一之2月12日为纪念日。该决议于9月28日以临时大总统袁世凯的命令发布施行。

1912年10月10日,是中华民国第一个国庆日,举国欢庆。其庆典活动以北京和武昌两城市最为隆重。

在北京,清晨6时,首先举行"中华门开幕"仪式,政府各部门、社会各界、各团体代表到场庆祝,届时军乐齐奏,全体行三鞠躬礼。

中华门

当日上午,临时政府在北京举行盛大的阅兵仪式。检阅台搭建在总统府所在的新华门前,受阅部队约一万一千人,其中拱卫军六千人,禁卫军三千人，游辑队一千人，补充队一千人，均列队于东单牌楼至雍和宫的路旁。10 时，临时大总统袁世凯特派陆军总长段祺瑞"乘马巡视一周"。10 时 25 分，袁世凯着军服登上检阅台，11 时，阅兵仪式开始，受阅部队依次通过检阅台，"历时一时许始毕。"①

同日，北京各政府机关均放假一天。临时政府分上、下午两班在国务院举行"国庆茶会"。国务院内的空场中，"高搭彩棚，饰以松柏，下列几案数十，茶馔悉备。"上午出席者为政府部门的官员、各国驻京公使、各省代表、中外记者、京城绅董等。下午参加者为驻京军警官佐。其间，临时大总统袁世凯曾到场，"巡视一周而去"。

"共和纪念大会"的会场设在琉璃厂，这里到处"悬旗结彩"。东西两门各扎松牌坊一座，复以结彩，楼顶中嵌攒花五色匾，匾中书"万邦协和"、"普天同庆"等字，四周嵌以电灯。

琉璃厂西门彩坊

会场内外还有四座牌楼，其中三座分别扎有"于万斯年"、"尊重人道"、和"发扬国光"等字样，另一座的前面是"隆裕太后宣布共和之明诏"，后面是"五族同庆"四个大字。号门内，中央设蓆楼一座，命名"黄鹤楼"，以取武昌起义之纪念。北门内有番菜馆一座，两门均以

---

① 《东方杂志》，第九卷，第六号。

松枝彩结，中嵌袁大总统及孙中山之摄影。

纪念武昌起义的"黄鹤楼"

内务部在琉璃厂布置了一个追祭死义烈士会场，北面正中有蓆搭祭坛一座，外面高置国旗，坛中有白缎灵牌，上书"中华民国为国死难诸烈士灵位"十三字，前供鲜花、果品，炉焚檀香，灵台系三级式，灵位上放置国旗及陆海军旗，周围均用彩花及万国旗组织之。7时许，各国务员及其他参祭人员步入追祭会场，气氛庄严隆重。8时，追祭仪式开始，参祭人员列队致哀，同时奏乐，接着献花果。随后，国务总理赵秉均代临时大总统袁世凯宣读祭文，行三鞠躬礼，复奏乐后仪式结束。

中华民国为国死难诸烈士灵位

会场的西面，设立了一个革命纪念陈列馆。进中厅，均为陈列死事、诸烈士之写真及革命战事各摄影约千余枚，中陈玻璃匣内，有革命之印信、文札、刀矛、枪械，烈士遗物，如发辫及被难之衣帽，更有某女士输送北京炸弹之特别背心，又汪兆铭等在监禁时所系之铁链、镫铐等件，又王天纵君起义时之旗帜等物。

　　会场内还设有运动场和演剧场，演剧场内上演"革命新剧"，剧目有武昌起义、南京政府成立及南北统一等。

　　会场西北两门外有少年数人持剪，遇有垂辫者，即代剪除，致未剪发者均未敢逾雷池一步。更有见此情景，将发辫紧握，飞跑出场者甚多。①

　　此外，西郊农事试验场在国庆期间"不收票价，任人游览"，天坛则于10月10日至12日开放三天，"俾便游览，而伸庆祝"。

---

①　参阅：《民国北京政府时期的国庆活动》，载中国社科院近代史所民国研究室、四川师范大学历史文化学院编：《一九一〇年代的中国》，社会科学文献出版社2007年版，第414—417页。

第十三章
建都之争

一、孙中山力促袁世凯赴南京就职

2月13日,袁世凯将清室退位诏书送达各国公使及南京临时政府,并发表声明:共和为最良国体,世界之公认,今由帝政一跃而跻及之,实诸公累年之心血,亦民国无疆之幸福。大清皇帝既明诏辞位——业经世凯署名,则宣布之日,为帝政之终局,即民国之始基。从此努力进行,务令达到圆满地位,永远不使君主政体再行于中国。①

孙中山在获悉清帝退位诏书和袁世凯拥护共和的电报后,立即向南京临时参议院提出辞呈,文中称:"……当缔造民国之始,本总统被选为公仆,宣言、誓书,实以倾覆专制,巩固民国,图谋民生幸福为任。誓至专制政府既倒,国内无变乱,民国卓立于世界,为列邦公认,本总统即行解职。现在清帝退位,专制已除,南北一心,更无变乱,民国为各国承认旦夕可期。本总统当践誓言,辞职引退。为此咨告贵院,应代表国民之公意,速举贤能,来南京接事,以便解职。"②

同时,孙中山向参议院推荐袁世凯接任总统,他指出:"此次清帝逊位,南北统一,袁君之力实多,发表政见更为绝对赞同,举为公仆,必能尽忠民国。且袁君富于经验,民国统一,赖有建设之才,故敢以私见贡荐于贵院。"③

当天,孙中山还复电袁世凯,遵守先前的约定,表示推贤让能,电

---

① 白蕉:《袁世凯与中华民国》,中华书局2007年版,第23-24页。
② 《孙中山全集》,第二卷,第84页。
③ 《孙中山全集》,第二卷,第85页。

称：……幸（今）清帝逊位，民国确立，维持北方各部，统一（南）北，实惟公一人是赖。语云：英雄造时势，盖谓是也，文徒（复）何功？过蒙奖誉，曷胜愧汗。新旧交替，万机待举，遗大投艰，非公莫办。谨虚左位，以俟明哲，曷胜伫立翘首之至。

2月15日，南京参议院召开临时大总统选举会，17省议员每省一票，全体一致选举袁世凯为第二任临时大总统。会后，参议院发电通知袁世凯，并称赞他是"中华民国第一华盛顿"。

此时，孙中山虽然将临时大总统的职位让给袁世凯，却对袁世凯并不放心，依然保持警惕性，千方百计地提防袁世凯的背叛活动。

孙中山致电袁世凯，质疑已公布的清帝退位诏书中关于"即由袁世凯以全权组织临时共和政府，与军民协商统一办法"的提法，澄清"共和政府不能由清帝委任组织"，而是由南方革命政府推举产生，否则，"恐生莫大枝节"，① 并请袁世凯迅速来南京组织政府，"以孚众望"。其实，由张謇拟定、南京临时政府认可的退位诏书中本没有这句话，而是心怀叵测的袁世凯后来私自加上的。2月14日，孙中山就清帝退位诏书内"全权"一事再电唐绍仪，要求作出解释。唐回电说：此"并非项城之意"，但"清谕现在已归无效，若欲设法补救，除非清谕重降，自行取消不可，又万万无此办法"，故希望南京方面能予谅解。

此外，在致参议院请辞临时大总统的咨文中，孙中山特别附加了3项"条件"：

一、临时政府地点设于南京，为各省代表所议定，不能更改；

二、辞职后，俟参议院举定新总统亲到南京受任之时，大总统及国务各员乃行辞职；

三、临时政府约法为参议院所制定，新总统必须遵守颁布之一切法制章程。②

孙中山的3项条件，意欲将袁世凯调离反动势力的老巢北京，将其

---

① 陈锡祺主编：《孙中山年谱长编》，上册，中华书局1991年版，第656页。
② 《孙中山全集》，第二卷，第84页。

置于南方革命势力的影响和监督之下,同时借助"临时约法",对袁世凯实行法律上的约束。

由此,清帝退位后民国临时政府在何处建都的问题日趋紧迫,成为当时政局中各类矛盾的焦点。

其实,老谋深算的袁世凯很清楚孙中山的用意,他自知北京是自己势力的中心,又是扶助自己的列强"外交团"的所在地,离开北京就像断了他的命根子。所以,袁世凯根本就无意南下。

早在南北谈判期间,袁世凯就授意唐绍仪:"惟政府地点,决不可移易。"2月11日,袁世凯得到清室准备退位的消息后,随即发表声明称:"现在统一组织,至重且繁,世凯极愿南行,畅领大教,共谋进行之法。只因北方秩序不易维持,军旅如林,须加部署,而东北人心未尽一致,稍有动摇,牵涉全国。"而且"北京外交团向以凯离此为虑"。

2月13日,袁世凯以"全权"的名义发了六项文告、通电、照会,却没有任何涉及定都问题的内容,似乎民国的首都仍在袁世凯所居的北京。

针对临时参议院电请袁世凯迅速南下就职,袁世凯玩弄以退为进的手段,通电表示:若专为个人职任计,舍北而来,则实有无穷窒碍。北方军民意见,尚多分歧,隐患实繁。皇族受外人愚弄,根株潜长。北京外交团向以凯离此为虑,屡经言及。奉、江两省,是时有动摇,外蒙各盟,迭来警告,内讧外患,递引互牵,若因凯一去,一切变端立见,殊非爱国救世之素志。若举人自代,实无措置各方面合宜之人,然长此不能统一,外人无可承认,险象环生,大局益危,反复思维,与其孙大总统辞职,不如世凯退居。……今日之计,惟有由南京政府将北方各省及各军队,妥筹接收以后,世凯立即退归田里,为共和之国民。①

随后,袁世凯密电张謇来京襄赞解决建都问题。张謇并未赴京,而是密函为袁献策:"目前第一难题即要公南来。解此题者只有二法。一从在京外交团入手,一从此数省人民着手。"②

---

① 引自廖大伟:《1912 初试共和》,第98页。
② 张謇:《张季子九录·政闻录》,第四卷,第7-8页。

更为严重的是南方内部各派在定都问题上意见分歧，激烈争执。

孙中山对建都南京的态度极为坚决，他一再强调：惟临时政府地点，仍须设立南京。南京是民国开基，长此建都，好作永久纪念，不似北京地方，受历代君主的压力，害得毫无生气，此后革故鼎新，当有一番佳境。①

黄兴坚决支持孙中山建都南京的主张，他指出："临时政府自应受之于政府所在地，更无政府而送其接收之理。"驻汉口的湘桂联军以八千人名义通电，声援孙中山、黄兴，力主建都南京，文称："公等和平解决之苦心又为国人所欺，然以建都问题既经参议院第一次议决而不克实行，则袁公之心路人皆知。公等何必因循从事，希图苟安，坐令北氛逼人，胥我貔貅行见拼命流血换来之民国政府几奄奄无声息，可为痛哭。""袁果赞成共和则请速推诚布公毅然南来……若犹眷恋于专制窠穴，负隅思逞"，"某等誓必提兵北上拼死一战，不血洗二百余年之秽污地不为黄汉子孙。"②

然而，南京方面的许多立宪派分子、部分同盟会员，以及一些部队的高级将领却主张迁就袁世凯，建都北京。2月13日，章太炎致书参议院，公开提议建都北京，认为金陵地处偏倚，备有五害，不可为国都之居，"谋国事者，当规度利弊，顾瞻全势，慎以言之，而不可以意气争也。"参议院议员谷钟秀、李肇甫等人认为：政府地点为全国人心所向，前经各省代表指定南京，因大江以北尚为清有。今情势即异，自应因时制宜，仍在北京，以期统驭全国。③

2月24日，南京临时参议院讨论建都问题，与会者各执己见，争论不休，最后只得投票表决。结果投票者28人，主北京者20票，主南京者5票，主武昌者2票，主天津者1票，竟以绝对多数票通过建都北京。孙中山闻讯异常气愤，立即让参议院复议，坚持建都南京。陆军总长黄兴则调兵到参议院，一时警卫森严。

孙中山当即召集同盟会籍的参议员进行批评，统一立场。25日，孙

---

① 李新主编：《中华民国史》，第一编，下册，中华书局1982年版，第492页。
② 引自廖大伟：《1912初试共和》，第101页。
③ 尚秉和：《北京政府成立》，载《辛亥革命》第六册，第551页。

中山依法提请临时参议院复议。黄兴亲临会场，表示必须翻案，"否则吾将以宪兵入院，缚所有同盟会会员"。于是，参议院重新讨论建都问题，又经过一番激烈争论，再次投票表决，结果投票者27人，主南京者19票，主北京者6票，主武昌者2票，最终通过了建都南京的决议。

面对袁世凯变换花招，百般拖延，迟迟不南下的态度，孙中山毫不动摇，并相机加大逼袁南下的力度。2月17日，孙中山再次致电袁世凯，请其推荐人才，维持北方，以便南来受任。同时，孙中山决定变被动为主动，直接派遣以蔡元培为首的代表团专程奔赴北京，迎接袁世凯南下。

2月18日，孙中山电告袁世凯：此间派定教育总长蔡元培为欢迎专使，外交次长魏宸组、海军顾问刘冠雄、参谋次长钮永建、法制局局长宋教仁、陆军部军需局长曾昭文、步兵第三十一团长黄恺元、湖北外交司长王正廷、前议和参赞汪兆铭为欢迎员，偕同唐绍仪前往北京，专迎大驾。

二、北京"兵变"

蔡元培（1868—1940），字鹤卿，又字仲申、民友、孑民，曾化名蔡振、周子余，出生于浙江绍兴府山阴县（今绍兴县）的一个商人世家，祖籍浙江诸暨。少年时曾在绍兴古越藏书楼校书，得以博览群书。1889年中举人，后经殿试进士及第，授翰林院编修。甲午战争后，开始接触西学，同情维新。1904年与陶成章等发起创立光复会，任会长，次年参加同盟会，任上海分会负责人。1907年赴德留学。1911年12月回国，1912年1月出任南京临时政府教育总长。

2月21日，迎袁专使蔡元培等一行9人由沪启程，乘船北上，途经天津，前往北京。袁世凯表面上十分恭敬，不仅关照沿途的直隶省和天津地方当局妥为招待，还派长子袁克定到天津迎接。

专使团北上途中，京津许多机关团体纷纷派代表进见，北方军队将领和政界人士也致电

蔡元培

迎袁使团，前排右四为蔡元培

要求建都北京。蔡元培态度鲜明，认为：按共和原则，立法行政机关与被选大总统个人之间，立法行政机关是主体，而个人是客体，只能以个人就机关，而不能以机关就个人，"故袁公之就职于南京，准之理论，按之时局，实为神圣不可侵犯之条件"。他还指出：袁世凯必须前往南京就职，至于国都问题，南北均无成见，俟参议院成立，即将国都问题交院公决。①

2月26日，迎袁使团成员汪精卫和唐绍仪先期抵达北京，受到各界热烈欢迎，沿途"军队夹道迎立，火车站且有军乐队一班，人民观者如堵"。

当晚，汪、唐二人即与袁世凯会晤。唐绍仪表明：国都建设北京，孙逸仙断无反对之理，惟虽定都北京，总统必先赴南京一行庶可化南北畛域，使南京布置略定，再回北京方可。袁世凯则婉转地答称：若赴南，以后北方军队，恐有猜疑而有破坏秩序之举动。可派大公子袁克定先行南下。

2月27日，蔡元培率专使团其他成员全部到达北京。袁世凯安排在东车站内搭起彩棚迎接，全城遍悬五色国旗。主要路口均搭起了彩牌楼，民众夹道欢呼，还打开中华门正门，请专使由正门而入。中华门是

---

① 周天度：《蔡元培传》，人民出版社1984年版，第50—51页。

天安门城楼挂出庆祝民国临时政府成立的标语

清代的"大清门",按清例只有皇帝出入时才打开中门,袁世凯"开中门迎客",可谓给专使以极高的礼遇。但蔡元培等拒绝接受这种欢迎,绕道径入东门。

北京群众在正阳门等候南方专使

专使团下榻于东城煤渣胡同的前清贵胄法政学堂。

当晚,袁世凯为专使团举行隆重的欢迎宴会,他频频向使团成员举杯敬酒,殷勤备至。蔡元培向袁世凯递交了参议院举袁为临时大总统的通告文书和孙中山致袁的手书,请他尽快赴南京就职。袁世凯谦让一番,随即表示深愿即时南行,惟北方事宜,尚须妥为布置,一俟北方各处情形稍为平定,即往南京一行。

第二天,袁世凯又与蔡元培等商议迁都及赴南京就职问题。袁首先将京外人民及各团体不同意迁都之电文一百余件,请专使批阅,再详述宜在北京奠都之理由。接着又讨论赴南京就职问题。袁世凯声称暂允一行,由京汉铁路南下,先到武昌与黎元洪副总统会晤,然后换乘轮船到南京就职。俟宣誓受任后,即返北京。蔡元培等答应据此电告南京孙中山及参议院,等候答复再议。

在蔡元培等看来,袁世凯的言谈与自己"北来之目的,决无差池",他们北上迎袁南下的使命即将完成。唐绍仪在与英国公使朱尔典谈话时,也满有把握地说:"袁世凯将在几天后南下","维持北京秩序的任务是无足轻重的"。①

然而,迎袁使团到京当日,驻京北洋军的营房里就盛传"都将南迁,尽散北军"的流言。2月29日傍晚,北京城内突然枪声骤起,一场蓄谋的"兵变"猛烈爆发。

7时许,袁世凯的嫡系、曹锟所部北洋陆军第三镇驻扎在朝阳门外东岳庙的第九标炮兵营士兵率先哗变,他们突然抢劫附近的果摊和食铺,入夜即闯进朝阳门四处作恶。与此同时,驻禄米仓的辎重营,以及帅府园、煤渣胡同和东城土地庙等地各部队群起响应,到处抢劫和放火焚烧。

东城和前门外一带遭毁坏严重,"大火彻夜不绝,枪声隆隆不断",哗变军人焚掠达旦,"凡金店、银钱铺、蜡铺、首饰楼、钟表铺、饭馆、洋广货铺以及各行商铺,十去八九",并火焚东安市场、东四牌楼等处,前后绵延三日。

北洋陆军第三镇统制曹锟

---

① 胡滨译:《英国蓝皮书有关辛亥革命资料选译》,下册,中华书局1984年版,第493页。

当时报刊报道，北京第三镇兵士在袁总统府附近突起暴动，四处分散，滥发枪弹，威吓人民，借以肆其劫掠。其所劫掠者以金银古董、美术品为大宗，间有拒其劫惊者，辄开枪轰击，或以刺刀相刺。玛理逊街附近亦有乱兵一队焚烧纸店。适值大风，火势甚炽，乱兵遂乘势攻人，其余乱兵亦依次攻入店铺，悠其饱掠。仓促之间难民彷徨于黑烟之中，无处可逃。间有逾垣逃走者．其情形异常悲惨。

兵变后的东四牌楼

崇文门街附近一带遭焚掠最甚。至正阳门外亦乱兵数千，到处抢劫，历数小时之久。巡警、苦力以及未变之兵亦间有从中附和。至次日晨枪声渐稀，有乱兵百名，用马载赃，逃出城外而去。

兵变后的民政部街

西城又见火光烛天，炮声震耳，驻扎在辟才胡同的第三镇哗变士兵，计有千余人，出巷之后即奔赴天寿寺，攻门而入，后随本地土匪无数。抢完之后即将该寺付之一炬。另有哗变士兵进顺治门，由石驸马大街往北，挨户均抢，有将玻璃打碎者，有将门板钻成窟窿者，门前均贴有"本店被抢"字样。西城大小胡同之住户，皆饱受惊惧，清晨携老扶幼逃避者络绎不绝。①

当天晚上兵变发生时，迎袁专使团的驻地一带也是重灾区。据唐在礼的回忆文章称：……听说二十九日晚闹事的时候，专使们也正准备吃晚饭，饭菜都已摆好，忽然听到外面人声嘈杂，接着就听到放枪的声音，而且枪声越来越密越近。少刻就看见外面有的地方起火了，顿时火光冲天，玻璃窗上反照下来很亮的火光。专使们实在坐不下去了。就有人报说："北京驻军因为反对袁宫保离开北京，闹兵变了。"又有人提出："隔壁是个礼拜堂，那里有洋兵保护，乱兵不敢进去，我们不如把菜饭搬到那边去吃，吃完饭再作道理。"这时街上已经不大好走，就赶紧叫人搬来梯子，当时一部分专使都越过墙头到教堂去。惟有蔡元培、汪兆铭还没走。这时外面像是已被乱兵困住，吵闹的声音很大。忽然乱兵持枪一哄而进，蔡、汪迅即避入暗室，把门闩紧，总算躲过了一场风险。第二天天刚亮，专使们就放弃衣物，只身逃到东交民巷六国饭店去。如今想来，当初把他们安置在教堂隔壁，像是有意安排的。②

次日清晨，袁世凯得知蔡元培等人已经逃到六国饭店避难后，便派人前来慰问，并将他们接到府上压惊。蔡元培等人来到袁府的时候，看上去袁世凯也是一夜无眠，而且已经换上马裤、马靴，一身戎装打扮。对于昨夜之事，袁世凯似乎也是一头雾水，正急急忙忙地命人四处打探，查明究竟是何人带头闹事，又闹成何等情形。

在简单告知了兵变的情况后，南方专使团便被袁世凯请回了六国饭店。在随后的两天里，袁世凯也不再同他们会面，却不时地派人将各地变乱的电报送给蔡元培等人阅看，其用意不说自明。专使团看到各地电

---

① 参见《民视报》，1912年3月2日。
② 唐在礼：《辛亥前后我所亲历的大事》，载《辛亥革命回忆录》第六册，第342页。

六国饭店

报报来的尽是些坏消息,而北京当地的报纸舆论都纷纷要求袁世凯留在北京以安定民心,免得局势进一步恶化而导致外国势力进行干涉;有的报纸甚至干脆指责是专使团的到来使得人心不稳,导致了兵变的发生云云。

兵变由北京扩及天津、保定和京郊丰台。其中天津的洗劫较北京尤烈,保定乱后几乎没有居民,而丰台本为小地方,因是交通要道,所以过往行人受害最惨。

在天津,3月2日清晨即出现不稳迹象。直隶总督署卫队和北段巡警,以及张怀芝所带的巡防营酝酿兵变,下午三四点钟在通衢街市见有灰色衣裤,头扎黑巾的营兵,三五成群地和巡警聚语。晚上八点,北京火车开到,车上跳下乱兵四五十人,一下车即乱放一阵排枪,新火车站于是起火,接着大胡同、老洋钱厂、造币厂等同时着火,枪声四应,各繁盛街市富商大贾和新旧洋钱厂均遭焚掠,先是兵,后是匪,还杂以少数巡警,沿街挨户抢掠。

北京乱兵陆续窜到天津,前后共达二千余人,颇有组织。他们以鸣铜管线枪为号,第一次鸣铜管是准备,第二次鸣铜管即砸抢各商店,第三次鸣铜管便将细软一律抢齐,劫夺火车开往东三省。乱起的时候,电车尚开行,可是在北马路官银号前,突有乱兵开枪向电车射击,于是所有电车均告停驶,而人力车夫亦有弃车参加行劫者。因此,天津华界居民欲迁入租界避难，都雇不到人力车搬运货物，只好扶老携幼，肩背手提，甚为狼狈。据事后统计，天津因属商业城市，所以商民的损失比北京大得多。

被北洋军焚毁的天津街道

在保定，3月1日这天有淮军士兵和一个剪短发的人口角，然后淮军出动搜捕短发人，驻东关的第二镇兵士乘机肇乱，以煤油将城门烧毁，到处抢掠烧杀，风大火大，西街被祸最惨，由西门至二道口一带都成灰烬，满城枪声如爆竹，哭声彻天，十室九空，连各医院所存衣物均遭洗劫。自3月1日至5日，连续遭难，疮痍满目，瓦砾如山，且蔓延至附近十数县。

保定东关子火药库储存快枪七万余杆，子弹不计其数，均被抢去。淮军乱兵抢劫藩库存款五万余，并烧毁各司道厅。当变乱还未开始时，乱兵曾邀约毅军同抢，毅军未允，其后毅军则出力剿捕乱兵。

在京郊丰台，第三镇驻兵二千余人，加上京城溃兵和天津乱兵，从3月1日午夜开始，将丰台镇居民铺户及洋商公司等抢掳一空，第二天有火车开抵，车上行李货物及旅客随身所携各物也遭洗劫。

北京兵变时东交民巷的使馆区立即戒严，各国士兵荷枪实弹布防。

3月2日，驻北京各国公使齐集英国使馆，开会商讨应变步骤，有谓"中国现况和庚子年相同，已没有能力维护秩序，各国必须自行设法"云云。

会议决定采取几项行动:(一)日本急调在烟台的军舰前来大沽,俾沟通北京、天津、大沽及国外的电讯联络。各国关于军事上的消息,皆用意大利使馆的电台传到黄村,由黄村转大沽。(二)各国紧急抽调军队来京,每一国以200名为限。(三)组织国际兵团,由各使馆抽调武装人员700名,在英领馆集合,巡察北京街市,以维持北京城局势。

3月3日这天洋兵从长安街出崇文门绕外城一匝,自正阳门返回东交民巷。

天津、保定相继发生兵变,各国又纷纷派兵前往两地,因之北京、天津、保定三地,外国兵车往来不绝于途。

3月3日美兵到京150名,5日日本兵400名到京,英国则由北京派出武官4名领兵800前往天津,又由天津调兵30名押解子弹70余箱及其他军用物品来北京,德国则由青岛调兵百余名至京,其他各国亦日日有兵运来。保定、正定均有洋兵沿路巡逻,天津所驻洋兵甚多,尤以日本兵最多,军粮城、北塘、山海关、开平、唐山都有外国重兵驻扎。

外交团致信袁世凯,质问袁是否继续遵守清朝所缔结的各项条约。袁乃分函答复各国公使,力阻各国调遣军队来京;强调京师现已平静,此后决无意外之虞,以及自己如何尽力维持现状;力陈此次兵变决不影响国际关系,所有清朝过去所缔条约均将承认与信守。

3月1日下午4时,袁世凯在迎宾馆召集北京高级军政首长会议,决定立即采取行动制止乱事蔓延,除照章补发未变各军应领之欠饷外,随时缉捕再图逞乱兵士,遇见乱兵任意抢劫者,立即格杀。

具体的紧急措施是宣布戒严,并令毅军出动,缉捕乱兵。由于第三镇第九标的士兵已溃散,乃调第十标兵入京,保卫总统府,调第六镇的两营兵来京,分驻禄米仓、羊仪宾胡同、总布胡同等处。另将驻小站的巡防营调京以资弹压。同时把第三镇的兵一部分调至琉璃河和良乡,一部分开拔到山西,责成统制曹锟认真约束。另调驻彰德的武卫后军王有祥、武卫中军王汝贤、武卫右军刘金标率部入京。

这时,统筹京师治安的最高首长赵秉钧认为京师万万不可再增加军队,赵表示愿独负保护京师地方之责,于是袁世凯指令停止第二十镇部队进京行动,并令第一镇马步兵六营驻军南苑、北苑以资震慑。

在兵变中，皇城全部由禁卫军负责保卫，同时守卫颐和园、地安门、东华门、西华门各处，由于防卫得力，退位的清皇室未受到骚扰，清王公奕劻、载沣、载泽、载洵、载涛的府第也未受惊。

于是，禁卫军便上书袁世凯，愿入京护卫总统，请袁把所有在京的北洋部队全数调出，改由禁卫军接替。禁卫军虽然由冯国璋统率，可是这支军队原本是宣统父亲载沣所建立的，其任务在于保卫清皇室。袁只是象征性地调派一队禁卫军来京，引起禁卫军的不满，再上书给禁卫军军统冯国璋，请调全部禁卫军入城捍卫，并谓如有差失，愿扣全军饷银。冯生怕该军擅自行动，乃亲赴该军驻地西苑，嘉勉和抚慰一番，并阻止其擅自行动。

3月2日，袁面谕段芝贵转知各军队，凡未附和兵变剽掠者，不论官弁兵丁，每名各赏银廿两，其后又加发禁卫军和毅军饷银一月，巡警因维持地方有功，赏饷半月。冯国璋则奖赏禁卫军兵士，每名一个戒指，上刻"名誉"二字。珠宝市大栅栏的富商，因为在这次变乱中未受祸害，乃备银2000两及酒肉等物送至毅军军营，以表谢意。

3月4日，袁特派颜惠庆、富士英、曹汝霖等前往东交民巷，分赴各国使馆慰问，并致谢各国军队协助弹压。同时并有照会给各国使馆，对此次兵变表示愧歉，并申明今后决不会再有意外，若万一有变，损失外人财产，均由袁负责赔偿一切损失。此外并派赵秉钧、姜桂题、乌珍、曹锟、王占元等剀切晓谕部下，对于洋兵入京不可敌视，应互相友爱。更电民政部出示晓谕商民，勿相惊忧。

兵变后的北京，约有一个星期都是凄凉满目，白天的街市如黑夜一样，店铺住家关门闭户，路上只有巡逻的兵士和站岗的警察以及弃置的死尸，此外则是外国兵士腾马往来。此间有外国记者沿路拍照，萧条零落有如死市。首善之区变为瓦砾之场，穷民嗷嗷待哺，有钱人则虽以加倍的金钱也买不到食物。警厅颁令6点后禁止行人，8点钟后交通即停顿，入夜路灯不明，繁华的北京城成了黑暗世界。内城被劫4000余家，外城被劫600余家。

在天津，维持秩序的巡警于3月2日午夜捕获乱兵和匪徒400余名，3日晨在东马路处斩，午后又在北门处斩12名抢匪，天津华界人心才告安定。

关于此次兵变的起因,众说纷纭。

一说其直接起因是裁饷。袁世凯当选总统后,有解散北洋军的谣传,于是势倾一时的北洋军,内心既失望又疑惧,加之裁饷传言,兵士以讹传讹,遂造成兵变。

一说为袁世凯的长子袁克定所为。据说袁克定曾找几个北洋军的将领商议,说如果家父南下就职的话,到时直隶都督就要由别人接手,届时北洋军恐怕要被裁撤一部分,对大家很是不利;要想不让家父南下,首先是要把南方专使团给赶跑。曹锟等人听后,大为恼火,便说:"这事也不难办,只有我们让弟兄们趁夜把专使团的住处围一围,放两枪,把他们吓跑就是。"袁克定听后大为满意,说:"只要你们一闹就好办,到时就算专使团不跑,东交民巷的外交团也会出来抗议,当时家父就走不成了。"

另一说是袁克定原计划指使北洋军第三镇攻进皇宫,将小皇帝溥仪赶走后效法宋太祖"陈桥兵变",给袁世凯来个"黄袍加身"。不料,袁克定没有通知禁卫军,结果第三镇的部队遭到禁卫军拼死抵抗,竟然打不进皇宫。于是这帮兵匪恼羞成怒,最后演变成一场抢掠商家的浩劫。

对于兵变,袁世凯当时的表现也颇为惊慌,似乎事前确实不知,不过此事确实帮了袁世凯的大忙,他当时正寻求拒绝离京南下就职的借口。

许多的观点认为,此次兵变就是袁世凯在幕后策划的。据唐绍仪的回忆:当时兵变发生,南代表束手无策,促予黎明访袁。予坐门侧,袁则当门而坐。曹锟戎装革履,推门而入,见袁请一安,曰:"报告大总统,昨夜奉大总统密令,兵变之事,已办到矣。"侧身见予,亦请一安。袁曰:"胡说,滚出去。"予始知大总统下令之谣不诬。①

当时就有报刊发表文章称:共和成立,总统举定,专使到京,正在一团高兴之时,忽然保卫大总统之第三镇兵变起萧墙,祸生咫尺,土匪忽乘间窃发,京城内外落花流水,噫嘻吁奇乎怪哉,人人所不及料也。

---

① 刘禺生:《世载堂杂忆》,中华书局 1960 年版,第 171－172 页。

岂止人人不及料，即袁大总统及军官等亦不及料。然人人之不及料，理也，袁大总统及军官等之不及料，非理也。何则？知兵莫如将，知将又莫如总统也。

其实，对袁世凯来说，已获南方确认为临时大总统，清楚主张建都北京的力量占据优势，可选择的留京的方法还很多，一旦发生兵变则不易控制，风险很大，尤其容易招致国际干涉，成为列强瓜分中国的借口。因此，第三镇兵变的直接原因是裁饷，不过袁当然愿意军队表示一点行动，但要适可而止，为自己不能离开北京的借口找到更有力的事实证明。因此，即使袁世凯没有直接策划兵变，他对兵变的态度也是纵容或默许的。

三、定都北京

兵变来势凶猛，令迎袁南下的专使团成员心神不定，专使蔡元培每天致电南京临时政府和孙中山，恳切陈词，说明袁世凯不能南下，必须让袁在北京就职，迁都北京。3月1日，蔡元培急电孙中山称：……昨夜八时，北京城内枪声四起，所在纵火，招待所亦有兵士纵枪殴门而入，掳掠一空。培与汪君兆铭、范君熙绩、杨君广勷、蒋君岭晹、张君魁，暂避外国人家。今晨至六国饭店，王君正廷、王君景春亦至，余人尚无下落。此事闻因第三镇兵变，杂以步军统领衙门所辖，及禁卫军等，专为抢掠起见，与政治无关，亦未滥杀人。①

3月2日，在京的迎袁专使团致电南京临时政府与参议院称："……北京兵变，外人极为激昂，日本已派多兵入京。设使再有此等事发生，外人自由行动，恐不可免。培等睹此情形，集议以为速建统一政府，为今日最要问题，余尽可迁就，以定大局。"②

3月4日午后，迎袁专使团开会议决两项：（一）消灭袁君南行之要求；（二）确定临时政府之地点为北京。③同时，蔡元培将两项决定电告

---

① 上海《民立报》，1912年3月3日。
②③ 转引自高平叔编：《蔡元培全集》，第二卷，中华书局1984年版，第142－143、144页。

孙中山,并要求南京方面尽快议决,以拯救危局。

蔡元培在电文中说:"培等此次奉总统令而来,本止有欢迎被选大总统袁君赴南京就职之目的。顾自抵天津而北京,各团体代表之纷纷来见,呈递说帖者,北方各军队首领之驰电相商者,已数十通,佥以袁君不能离京为言,且无不并临时政府地点为一谈。""不意前月二十九日夜,北京军队忽然变乱。一般舆论,以袁将南行为其主要之一原因。内乱既起,外人干涉之象亦现,无政府之状态,其害不可终日。于是一方面袁君颇不能南行,而一方面则统一政府不可不即日成立,在事实上已有不可易之理由。培等会议数次,全体一致,谓不能不牺牲我等此来之目的,以全垂危之大局。""提议改变临时政府地点,冀得尊处同意,以便改转交涉之方针。"①

3月6日,南京临时参议院开会通过了袁世凯受职至孙中山解职程序的六项决议:(一)由参议院电告袁世凯允其在北京就职;(二)袁世凯接电后即电参议院宣誓效忠共和;(三)参议院接宣誓电后复电认可就职并通告全国;(四)袁就职后即将国务总理及各国务员名单电告参议院征求意见;(五)国务总理及各国务员确定后即在南京接收临时政府;(六)孙中山在接收之日正式解职。次日,孙中山电告袁世凯,参议院准其在北京就职。

3月8日,袁世凯复电临时参议院,对"所议六条,一切认可",并电达就职宣誓词,请参议院"代为公布",誓词称:

> 民国建设造端,百凡待治,世凯深愿竭其能力,发扬共和之精神,涤荡专制之瑕秽,谨守宪法,依国民之愿望,蕲达国家于安全强国之域,俾五大民族同臻乐利,凡兹志愿,率履弗渝。俟召开国会选定第一期大总统,世凯即行解职。谨掬诚悃,誓告同胞。②

3月9日,南京临时参议院回电认可,同时告诫袁世凯:"《临时约法》七章五十六条,伦比宪法,得守之维谨!勿逆舆情,勿邻专断,勿

---

① 同前,第143－144页。
② 上海《民立报》,1912年3月10日。

狎非德，勿登非才！"

由于形势的变化，迎袁专使的任务已经失去作用，所以蔡元培等致电南京孙大总统，要求南返。电称：培等受命欢迎袁君赴宁就职，前月二十七日，已以此意面达袁君，而袁君亦极愿南行，一俟拟定留守之人，即可就道。不期二十九夕，北京兵变，扰及津、保。连日袁君内抚各处军民，外应各国驻使，恢复秩序，镇定人心，其不能遽离北京，不特北方人民同声呼吁，即南方闻之，亦当具有同情。故培等据所见闻，迭电陈述，兹承电示，知袁君委托副总统黎元洪君代赴南京受职。是培等欢迎之目的已经消灭，似应回南，面陈一切。①

袁世凯在北京就职大总统以后，蔡元培于南返启程前，特发表《告全国文》一篇，措辞委婉而严峻，把当日袁世凯种种私心完全揭露，且对当时所发生的一切，作了一个历史的交代。文称：

> 培等为欢迎袁大总统而来，而备承京、津诸同胞之欢迎，感谢无已。南行在即，不及一一与诸君话别，敬撮记培等近日经过之历史以告诸君，托于临别赠言之义。
>
> （一）欢迎新大总统袁公之理由……袁公当莅南京就临时大总统职，为法理上不可破之条件；盖以立法、行政之机关，与被选大总统个人较，机关为主体，而个人为客体，故以个人就机关则可，而以机关就个人则大不可。且当专制、共和之过渡时代，当事者苟轻违法理，有以个人凌躐机关之行动，则涉专制时代朕即国家之嫌疑，而足以激起热心共和者之反对。故袁公之就职于南京，准之理论，按之时局，实为神圣不可侵犯之条件，而培等欢迎之目的，专属于是，与其他建都问题及临时政府地点问题，均无关系者也。
>
> （二）袁公之决心　培等二十七日到北京即见袁公，二十八日又为谈话会，袁公始终无不能南行之语。
>
> （三）京津之舆论　……大抵于袁公南行就职之举，甚为轻视。……而所谓袁公不可离京之理由……惟北方人心未定之一义；然以

---

① 转引自《蔡元培全集》，第二卷，第145页。

袁公之威望与其旧部将士之忠义，方清摄政王解职及清帝辞位至危疑之时期，尚能震慑全京，不丧匕鬯，至于今日，复何疑虑？且袁公万能，为北方商民所公认，苟袁公内断于心，定期南下，则其所为布置者，必有足以安定京、津之人心，而无庸过虑。

（四）二月二十九日兵变以后之情形……然自有此变，而军队之调度，外交之应付，种种困难，急待鳃理，袁公一日万几，势难暂置，于是不得不与南京政府协商一变通之办法。

（五）变通之办法　总统就职于政府，神圣不可侵犯之条件也；临时统一政府之组织，不可以旦夕缓也；而袁公际此时会，万不能即日南下，则又事实不可破者也。……于是孙公提议于参议院，经参议院议决者，为袁公以电宣誓，而即在北京就职，其办法六条如麻电。由是袁公不必南行，而受职之式不违法理，临时统一政府，又可以速立，对于今日之时局，诚可谓一举而备三善者矣。

（六）培等终局之目的及未来之希望　培等此行，为欢迎袁公赴南京就职也。袁公未就职，不能组织统一政府；袁公不按法理就职，而苟焉组织政府，是谓形式之统一，而非精神之统一。是故欢迎袁公，我等直接之目的也；谋全国精神上之统一，培等间接之目的也。今也……袁公之尊重法理，孙公之大公无我，参议院诸公之持大局而破成见，足代表大多数国民，既昭扬于天下……。于是培等直接目的之不达，虽不敢轻告无罪，而间接目的所谓全国精神上统一者，既以全国同胞心理之孚感而毕达，而培等亦得躬逢其盛，与有荣焉。①

3月10日下午3时，袁世凯的就职仪式在北京石大人胡同前清外交部公署隆重举行。与会者百余人，"内有洋服者，有中服者，有有辫者，有无辫者，有红衣之喇嘛，有新剃之光头，五光十色，不一而足"。②袁世凯身着军服，佩戴长剑，面南正立，宣读誓词。

---

① 同前，第148-150页。
② 《申报》，1912年3月18日。

袁世凯在北京就任临时大总统

袁世凯

蔡元培代表临时参议院接受誓词,并代表孙中山致辞祝贺:我国由专制政体而改为共和政体,现在实为过渡之时代,最重要者有召集国会、确定宪法诸事。孙大总统求全国第一能负此最大责任之人,而得我大总统,因以推荐于代表全国之参议院,参议院公举我大总统,而我大总统已允受职。孙大总统为全国得人庆,深愿我大总统躬相交代,时局有限,不克如愿。用命元培等代致祝贺之忱,希望我大总统为我中华民国造成巩固之共和政体,为四万万同胞造无量之幸福。①

接着,袁世凯致词答谢:"世凯衰朽,不能胜总统之职,猥承孙大总统推荐,五大族推戴,重以参议院公举,固辞不获,勉承斯乏。愿竭心力,为五大民族造幸福,使中华民国成强大之国家,敬谢孙大总统及欢迎团诸君。"

---

① 引自廖大伟:《1912 初试共和》,第 108–109 页。

事后,袁世凯私下得意地对一个亲信说:"吾生五十三年,今日为妄举。"言毕狂笑不已。

如此结局,恰似民间歌谣所说:

> 横商量,
> 竖商量,
> 摘下果子别人尝。
> 今也让,
> 明也让,
> 吃人的老猿称霸王。①

3月11日,孙中山在南京发布《中华民国临时约法》,将总统制改为内阁制,试图以此约束袁世凯,保住辛亥革命的成果。

---

① 华南师院中文系:《辛亥革命时期的诗歌》,中华书局1978年版,第23页。

第十四章
孙中山、黄兴北上京城

1912年3月10日在北京宣誓就任中华民国临时大总统后,袁世凯面临着与同盟会的重重尖锐矛盾,他竭力施展政治手腕,假意邀请革命领袖孙中山和黄兴北上京城,共商国是,借以分化同盟会的力量,欺骗舆论,粉饰太平,巩固专制统治。

一、应邀北上,从容应对袁氏

孙中山于4月1日到南京临时参议院正式辞职,南京民国临时政府宣告结束。

孙中山认为革命已取得完美成果,指出:"三月以来,南北统一,战事告终,造成完美无缺之中华民国,此皆中国国民及全国军人之力所致。在本总统受职之初,亦不料有此种之好结果,亦不料以极短之时期,而能建立如此之大事业。"他表示要继续为建设共和国而奋斗,指出:"本总统今日解职,并非功成身退,实欲以中华民国国民之地位,与各国民之力量,与四万万人协力造成中华民国之巩固基础,以冀世界之和平。"他确定面临的任务,指出:"今日满清退位,中华民国成立,民族、民权两主义俱达到,惟有民生主义尚未着手,今后吾人所当致力的即在此事。"①

随后,孙中山立即动身离开南京,到上海、武汉、福州、广州等地考察,宣传民生主义。

---

① 《孙中山全集》,第二卷,第317-319页。

4月9日,孙中山应黎元洪之邀,偕胡汉民、廖仲恺等到达武汉。袁世凯派范源濂、张大昕备专车赴武汉,欢迎孙中山进京,孙中山以"急于返粤"为由回电谢绝。随后,袁世凯又电致广州邀请孙中山北上,并准备派长子袁克定到上海迎接。6月14日,黄兴通电辞去南京留守的职务,袁世凯致电黄兴表示:"俟解职后,迅即来京,用资赞助。"唐绍仪、陆征祥内阁危机爆发后,袁世凯再次派人到上海,邀请孙中山和黄兴北上进京面谈,声称调和党见,缓和矛盾。7月21日,北京的《大陆报》发表文章称:"袁总统竭力招致孙中山先生来北京,盼望甚切,但孙君北上,于大局颠危也有裨益。"

8月2日,孙中山和黄兴复电袁世凯,表示"拟缓数日,即同北上"。袁世凯立即回电称:"得遂夙慕,至深欢忭",急忙指派蓝建枢、张昉为迎接专员,携函赴沪迎接。同时,袁世凯特派赵秉均、梁士诒、王庚、傅良佐、陈宦等军政要员为招待员,负责接待工作。袁世凯还腾出自己的公事房,供孙中山下榻。

孙、黄应邀北上,遭到许多同盟会员的反对,尤其是8月15日武昌首义元勋张振武、方维在北京惨遭陷害身亡后,群情激奋。上海的同志认为"此等现象,一若并非真共和,殊形危险",力劝孙、黄不要贸然深入虎穴。河南、安徽、广东等地党员也纷纷来电劝说他们不要进京。孙中山决定黄兴暂缓北上,自己则按计划赴京。此时,孙中山对袁世凯既存戒心,更抱有期望,依然认为要从大局出发,尽快缓和党际矛盾,稳定政局,推进民生方面的建设。

8月18日午后,孙中山离开上海同孚路黄兴寓所,在袁世凯的专使张昉、程克陪同下,登上招商局的"平安"号轮船。与孙中山北上同行的有夫人卢慕贞、秘书宋霭龄,还有魏宸组、居正、王君复等10余人。

据上海《民权报》报道:欢送孙公诸人中,登船后尚有劝孙公勿往者。大致谓:公世界伟人,历经艰阻,岂怯于民国成立之后。惟此行以有益、无益为断。观北方情形,似即行亦无大裨益。

孙公谓:无论如何不失信于袁总统,且他人皆谓袁不可靠,我则以为可靠,必欲一试吾目光。①

4时20分,"平安"号轮船起航离沪北上。8月20日晚,孙中山乘船到达烟台,22日上午8时,孙中山一行乘"平安"号轮船离开烟台,于下午5时抵达天津。

23日,孙中山在塘沽接受记者采访,记者问:"先生北上之用意。"孙中山回答:"予此次来北之意,不外调和南北感情,巩固民国基础。至于外交、财政、内政各事,若袁总统有问,余必尽我所知奉告袁总统,以期有所裨补。如袁总统不问及,予亦不便过问。"②

24日上午,孙中山到天津的广东会馆,出席有同盟会会员400余人参加的欢迎大会。他在演讲中指出:现在革命已经成功,但困难依然存在,非努力一心,焉能建设得臻完备。共和政体皆赖人民巩固之,宜放开大眼光,破除小意见,以谋有益国家。

天津的广东会馆(今戏剧博物馆)

下午3时,孙中山在袁世凯的代表、教育总长范源濂和工商总长刘揆一等专员陪同下,乘专列离津赴京。

此前,孙中山曾于1894年7月偕陆皓东由天津第一次来到北京。当时孙中山在天津试图上书直隶总督兼北洋大臣李鸿章,实现自己关于

---

① 《孙中山全集》,第二卷,第401页。
② 上海《太平洋报》,1912年8月28日,转引自《孙中山全集》,第二卷,第405页。

"人能尽其才,地能尽其利,物能尽其用,货能畅其流"的改良主张,遭到李鸿章拒绝。继而孙中山和陆皓东游历北京,"以窥清廷之虚实","则见满清政治下之腥臊,更百倍于广州",①断定清廷腐败无可救药。

孙中山在由津赴京的专车上

8月24日下午5时35分,孙中山的专列抵达北京站。火车站上彩棚炫目,军乐嘹亮,礼炮齐鸣,前来欢迎孙中山的有总统代表梁士诒、各部总长、各界民众,以及外国在华人士近万人。

6时许,孙中山乘坐金漆朱轮双白马车,进正阳门,前往石大人胡同的迎宾馆。该宾馆位于东单迤北路东,原为袁世凯初任临时大总统的办公处,为迎接孙中山,袁搬到铁狮子胡同东口的临时大总统府办公。

孙中山进入宾馆后,对招待员、法制局局长施愚表示:"此次北来,惟一宗旨在赞助袁大总统谋国利民福之政策,并疏通南北感情,融合党见。"稍事休息,孙中山应袁世凯之邀,前往铁狮子胡同国务院做礼节性拜会。

晚8时左右,袁世凯亲至门口恭迎孙中山,俩人手拉手来到宴会大厅。宴会上,袁世凯致辞说:我盼望先生与克强久矣,今克强未与同

---

① 《在香港大学的演说》1923年2月19日,《孙中山全集》,第七卷,中华书局1985年版。

火车站搭彩棚夹道热烈欢迎孙中山

孙中山与欢迎者在火车站合影

行,未及共聆伟论,深引为憾,所幸先生惠然肯来,殊为欣慰。刻下时事日非,边警迭至,世凯识薄能浅,深望先生有以教我,以固邦基,世凯忝负国民付托,谨代表四万万同胞,求赐宏论,以匡不逮。财政、外交甚为棘手,尤望先生不时匡助。

孙中山答谢说:文久居海外,于国内情形或有未尽详悉之处,如有所知,自当贡献。惟自军兴以来,各处商务凋敝,民不聊生,金融滞塞,为患甚巨。挽救之术,惟有兴办实业,注意拓殖,然皆恃交通发达之媒介,故当赶筑全国铁路。尚望大总统力为赞助,早日筑成,则我国

孙中山乘豪华双白马车入城前往宾馆

孙中山与迎宾馆工作人员合影

民前途受惠实多。①

宴会后，孙中山又与袁世凯畅论时事至深夜。

8月25日，孙中山宣布北上的宗旨和政见七条：第一，男女平权；第二，大铁路计划；第三，尊重议院；第四，南北不可分离；第五，大局急求统一；第六，报界宜造成健全政论；第七，决不居政界，惟愿作

---

① 引自廖大伟：《1912 初试共和》，第150页。

自由国民。

同日，孙中山到湖广会馆出席同盟会的欢迎大会和国民党成立大会。

8月28日晚7时，袁世凯在总统府正式宴请孙中山。孙中山偕卢夫人、秘书宋霭龄，以及居正等十余人应邀赴宴，出席作陪的有各部总长、高级将领、参议院议长吴景濂、总统府秘书长梁士诒，还有孙武、宋教仁、沈秉堃、章太炎、孙毓筠及蒙、满王族计60余人。

席间，袁世凯起立致词："孙先生游历海外，廿余年，此次来京，与我所商者，大有造于民国前途。各项政见，渐有端倪……一时间殊难叙及。先是谣传南北有种种意见，今见孙先生来京，与我所谈者，极其诚恳。可见前此谣传尽属误会。民国由此益加巩固，此最可欢迎之事。"言毕，袁世凯邀在场众人举杯，向孙中山表示敬意，并高呼："中山先生万岁！"

接着，孙中山起立致答词："我中华民国成立，粗有基础，建设事端，千头万绪，须我五大民族全体一心，共谋进步，方可成为完全民国。现有少数无意识者，谓中国空有共和之名，而无共和之实，大不满意于政府。殊不知民国肇建，百废待举，况以数千年专制一变而为共和，诚非旦夕所能为力。故欲收真正共和效果，以私见所及，非十年不为功。今袁总统富于政治经验，担任国事，可为中国得人庆。""……今幸有袁总统善于练兵，以中国之力，练兵数百万，保全我五大族领土。外人素爱平和，断不敢侵略我边疆，奴隶我人民。但练兵既多，需费甚巨。我辈注重人民，须极力振兴实业，讲求民生主义，使我五大民族人民，共浚富源，家给人足，庶民生有赖，而租税有所自出，国家岁入，日渐增加，则练兵之费，既有所取，教育之费，亦有所资。以我五大民族人民既庶且富，又能使人人受教育，与列强各文明国，并驾齐驱，又有强兵以为之盾，十年后当可为世界第一强国。想在座诸公，亦乐观厥成。"① 致词毕，孙中山举杯高呼："袁大总统万岁！中华民国万岁！五大民族万岁！"顿时，全场掌声雷动，气氛极其热烈。

---

① 《孙中山全集》，第二卷，第419页。

应袁世凯的迫切请求，孙中山于8月29日电邀黄兴北上：上海黄克强先生鉴：到京以后，项城接谈两次。关于实业各节，彼亦向有计划，大致不甚相远。至国防、外交，所见亦略相同。以弟所见，项城实陷于可悲之境遇，绝无可疑之余地。张振武一案，实迫于黎之急电，不能不照办，中央处于危疑之境，非将顺无以副黎之望，则南北更难统一，致一时不察，竟以至此。自弟到此以来，大消北方之意见。兄当速到，则南方风潮亦止息，统一当有圆满之结果。千万先来此一行，然后赴湘。幸甚。孙文。①

在孙中山的催促下，黄兴于9月5日偕陈其美、李书城等十余人，乘"铭新"轮离沪北上。9月8日，黄兴出席烟台各社团联合召开的欢迎会，发表演讲称："共和虽经宣布，而南北意见往往不免有隔阂之处，故兄弟首将留守取消，表示南北统一的诚意，以释天下人之疑念。""到京后定当调和一切，使我同胞无稍隔阂，和衷共济，以巩固民国基础。"9月9日晚，黄兴一行抵达天津。次日下午，黄兴在天津国民党支部和垦殖协会联合召开的欢迎会上，再次发表演讲强调："此次革命，系全国四百兆人之发于良心，应于时势，故能收此全功。但改革以后，建设甚难。现在全国秩序尚未恢复，吾人亦不能负全国人民之希望，最为惭愧。兄弟对于现在进行，以化除党见、统一精神为第一要义。"②

9月11日下午，黄兴一行抵达北京。针对袁世凯颁令授予黄兴为陆军上将衔，黄兴于9月12日致电袁世凯，请辞上将衔称："十年以来，屡蹶屡起，中间亡命海外，虽不敢苟且旦夕，爱惜余生，然多败垂成，实无功可纪。""务恳我大总统俯鉴愚忱，而重视名器，不可滥假，收回成命，使兴得为共和国民，免滋咎戾，实所感激，不胜屏营之至。"③袁世凯复电道："该前留守奔走国事二十年，提倡共和，改革政体，热心毅力，百折不回，出生入死，坚苦卓绝，凡所经历，中外咸知，即起诸先烈于九原而质之，当无愧色。""该前留守谦挹之怀，足以风世。惟事经国务会议，佥谓该前留守名冠军界，众论翕然。所谓收回成命，碍难照准。"

---

① 《孙中山全集》，第二卷，第450页。
②③ 《黄兴集》，第254－255、257－258页。

黄兴、陈其美与欢迎者合影

袁世凯在居仁堂大殿亲自主持欢迎黄兴的晚宴，孙中山、黄兴等应邀赴宴。袁世凯首先致欢迎词，孙中山、黄兴也致词答谢。随后，赴宴的嘉宾依次致词。坐在西南角的军事处副处长傅良佐，在致辞时将孙中山、黄兴、袁世凯恭维了一番，话题一转，攻击国民党说："共和是北洋之功，同盟会是暴徒，只会乱闹……"此时席间有人相呼应，高喊："孙中山一点力量也没有！""孙中山是孙大炮、大骗子！"面对晚宴出现的骚动，孙中山和黄兴并不为所动，沉着冷静，举止从容如常。

陈其美在北京农事试验场植树

袁世凯见时机已到，便站起身来，煞有介事地用拳头猛砸餐桌，宴会厅立刻安静下来。他紧皱眉头，厉声喝道："我们今天欢迎孙先生、黄司令，不要说那些题外的话！"接着，他拱手向孙中山和黄兴说："北洋军人都是大老粗，程度不太够，望孙先生、黄司令海谅！"①

---

① 廖大伟：《1912 初试共和》，第 152 页。

二、胸怀坦荡，阐明建国主张

孙中山从 8 月 24 日至 9 月 17 日，在北京停留 25 天。其中，最重要的活动就是与袁世凯的 13 次会谈，议题涉及国家面临的政治、军事、外交、经济，以及边疆形势等诸多问题。袁世凯与孙中山的每次会谈，均由总统府秘书长梁士诒一人陪同。梁士诒在所著《三水梁燕孙先生年谱》中透露："每次谈话时间自下午四时至晚十时或十二时，更有谈至次晨二时者。每次会晤，只（孙中山）先生与袁世凯、梁士诒三人，屏退侍从。所谈皆国家大事，中外情形。"

孙中山与袁世凯十三次谈话主要内容简表（1912 年 8 月 24 日至 9 月 16 日）

序次	时间	地点	主要内容
1	8 月 24 日	总统府	质问张振武被害事；对中央政府委任官员的意见
2	8 月 26 日	迎宾馆	欧美各国政治学术及其本源；目前财政、外交情形；建设铁路系统
3	8 月 27 日	总统府	蒙藏问题
4	8 月 28 日	总统府	关于内阁与军政问题
5	8 月 29 日	总统府	10 年内建设铁路 20 万里；迁都武昌、南京或开封
6	8 月 30 日	总统府	铁道、外交、实业、党派及集权分权问题
7	8 月 31 日	总统府	借款与军民分治问题
8	9 月 1 日	总统府	输入外资修建铁路问题
9	9 月 2 日	总统府	于国民党外再组救国社以化除党争
10	9 月 3 日	总统府	迁都开封问题
11	9 月 4 日	总统府	关于财政困难与借债问题
12	9 月 5 日	总统府	蒙藏问题
13	9 月 16 日	总统府	饯别；商讨内政进行方针

引自中国国民党革命委员会北京市委员会编：《孙中山与北京》，中央文献出版社 2006 年版，第 63 页。

会谈中，袁世凯摆出诚恳的样子，显得十分"谦逊"，以获取孙中山的好感。袁一再表示："谆谆以国家与人民为念，以一日在职为苦"，"诉党派竞争之苦"，声称："俟国会召集，选出新总统后，鄙人亦可一息仔肩，退为国民，与诸君子共谋社会上之事业。"对孙中山的话，袁世凯常称"所言极是"，即使两人偶有认识相异之处，袁也认真地表示："贵论宏大，可以参考。"

一次会谈后，孙中山在回行馆的路上问梁士诒："我与项城谈话，所见略同。我之政见，彼亦多能领会。惟有一事，我到今尚疑，君为我释之。"孙接着说："中国以农立国，倘不能于农民自身求彻底解决，则改革匪易。欲求解决农民自身问题，非耕者有其田不可。我说及此项政见时，以为项城必反对。孰知彼不特不反对，且肯定认为事所当然，此我所不解者也。"梁士诒回答："公环游各国，目睹大地主之剥削，又生长南方，亲见佃者之苦，故主张耕者有其田。项城生长在北方，而北方多属自耕农，佃农者少之又少，故项城以为耕者有其田系当然也。"

孙中山确对袁世凯留下了"绝无可疑之余地"的良好印象，称赞袁"是很有肩膀的，很喜欢办事的，国民现在很难得这么一个人"，"故欲治民国，非具新思想、旧经练旧手段者不可，而袁总统适足当之。"他对同志表示：袁总统可与为善，绝无不忠民国之意。国民对袁总统万不可存猜疑心，妄肆攻讦，使彼此诚意不孚，一事不可办，转至激迫总统为恶。黄兴与袁世凯会晤后也曾次表示：袁"热心维持民国"，"实为今日第一人物"，对袁"经营国事，不辞劳怨"，"实所钦服"。

于是，孙中山推心置腹，畅所

孙中山与袁世凯多次晤谈处
——铁狮子胡同1号临时大总统府

欲言，与袁世凯交谈得颇为投机。孙中山推崇袁说："国民瞩望于公，不仅在临时政府而已，十年以内大总统非公莫属。"① 此间，孙中山曾在与人谈话中表示："维持现状，我不如袁，规划将来，袁不如我。为中国目前计，此十年内，似仍宜以袁氏为总统，我专致力于社会事业，十年以后，国民欲我出来服役，尚不为迟。"② 孙中山还在宴会上说："让项城做总统十年，练兵百万，我经营铁路设计，把铁路线延长二十万里，民国即可富强。"袁世凯则迎合孙中山的富国强兵的迫切愿望，说："办路事君自有把握，若练精兵百万，恐非易易耳。""我虽系历来做官，然所办之事，却以实业为第一大宗。"

9月9日，袁世凯以总统身份发布命令："富强之策，全借铁路交通，亟宜从速兴筑。兹特授孙文以筹划全国铁路全权，将拟筑之路先与各国商人商议借款招股事宜，按照将来参议院议决条例订定合同，报名政府批准，一面组织铁路总公司，以利进行。"③

在京期间，孙中山和黄兴无论与袁世凯的会谈中，或公开场合的言论中，都坚持了自己的原则主张，积极地阐明对时局的观点。

关于南北方的冲突、中央与各省的关系，黄兴在北京报界欢迎会上演讲称："共和成立，此五族共和，南北现已统一，而尚有以为仍未实行统一者，并非南北不愿统一实现，在政府无一定政策，南方各省无从遵守，故似未统一。若中央将此策拟定，则南北行政自然统一矣。即现在政府，对内对外问题，因无一定政策，诸事似甚敷衍。"

孙中山在答记者问时说：有关袁总统与参议院之多数党及各省都督的问题，"只须袁总统略为迁就，便可互相了解矣。"他认为，由中央简派各省都督，"即于中央不力。""第一，中央派人，不见得尽是好的，而且难得见好。若都督与地方冲突起来，则地方人民抱怨中央，反生地方与中央之恶感，而且中央往往无相当之人可派。""第二，都督即由民选，则地方上有不满意都督之处，他就来京依重中央的势力去牵制他。都督恐怕他们牵制，也就不能不借重中央。中央之权利，反能因此

---

① 《孙中山全集》，第三卷，第68页。
② 《孙中山全集》，第二卷，第440页。
③ 引自《政府公报》，命令第134号，1912年9月。

增大。"

关于借款，孙中山指出："目下财政困难，势不能不出借款之一途。但用途宜加详审，数目不可太多耳。"① 黄兴在北京国民捐会欢迎会上明确地批评说："现政府概用外债，余非谓外债之必不可用也，然据要求条件观之，已足亡国而有余。吾国成于革命，而亡于外债可乎？""我政府专借外债，以消耗于无形，而不谋生产事业，殊甚非计。"②

关于裁军，孙中山强调"宜南北同时举行"，反对只裁减南方军队。

关于军民分治，孙中山在回答袁世凯的询问时说："惟须规定一妥善之法，务使分治得宜，两方具有完全之责。然军权亦不可尽归都督，须由军长与士兵分掌之，庶免仍蹈专制故智。"孙中山和黄兴都认为此事在短期内难以实行，主张民政长"民选"，实行"有限的中央集权"。

关于出兵解决西藏独立问题，孙中山对袁世凯说："余极端反对以兵力从事，一旦激起外响，牵动内地，关系至大。故余主张两事：一、速颁待遇西藏条例。二、加尹昌衡宣慰使衔，只身入藏，宣布政府德意，令其自行取消独立。"

关于迁都问题，孙中山力主迁都，他指出："北京以地势论，本可为民国首都，故自明迄清俱无迁移。""无如庚子以后，国权丧失，形式（势）一变，南北险要，荡若平夷。甚至以一国都城之内，外人留居，特画区域，炮台高耸，兵队环集，是无异陷于外人势力包围之中，被束缚其手足。""故兄弟谓北京万不可居，将来须急速迁移。至于地点，则长安、开封、太原、武昌、南京，无之不可。""盖图存在能自强，如不自强，即远至成都，贼亦能往。不过目前择一离外国人稍远，免于就近受缚如北京之地者，自由练兵，从容活动耳。""今日世界各国，乃武装的和平。无事时不知感觉，一旦有事，北京政府只有坐以待毙。兄弟来京，认此为最大问题，二三日后，即将与袁总统详细协商。"③

关于内阁人选问题，孙中山推举黄兴向袁世凯转达国民党理事会的建议，以赵秉均任国务总理，并推荐朱启钤、梁士诒分任内务、交通

---

① 《孙中山全集》，第二卷，第427页。
② 《黄兴集》，第272页。
③ 《孙中山全集》，第二卷，第425-426页。

总长。

孙中山、黄兴与袁世凯的会谈，并未深入探讨民国的施政纲领问题。而袁世凯却试图从会谈中获得最大的政治宣传效益，他指派梁士诒主持起草了一个"内政大纲"，以袁、孙、黄、黎共同宣言的形式于9月25日公开发布。内政大纲共八条，又称"八大政纲"，其内容是：

（一）立国取统一制度。（二）主持是非善恶之真公道，以正民俗。（三）暂进收束武备，先储备海陆军人才。（四）开放门户，输入外资，兴办铁路矿山，建置钢铁工厂，以厚民生。（五）提倡资助国民实业，先着手于农林工商。（六）军事、外交、财政、司法、交通，采取中央集权主义，斟酌其余各省情形，兼采地方分权主义。（七）迅速整理财政。（八）竭力调和党见，维持秩序，为承认之根本。①

此"政纲"颁布之时，孙中山已离京南下，没有表示反对意见。黄兴致电袁世凯，称："昨承示内政大纲八条，关系民国前途，极为重要。兴才识疏浅，于政治素少研究。然顾念大局，允宜亟定方针，睹兹伟画，实所赞同"。②

三、不辞劳苦，关注民生建设

在京期间，孙中山满腔热忱地投入繁忙的工作中，与各界各方面人士广泛接触，增进感情，交流意见，宣传民生主义。

8月29日上午，孙中山出席北京广东公会召开的欢迎大会，他在会上发表演说，希望广东"对于政治应求良美，对于经济应求活动，对于军队应求拣遣，保全地方治安，维持中央政府"。③

---

① 上海《民立报》，1912年9月23日至25日。
② 《黄兴集》，第276页。
③ 《孙中山全集》，第二卷，第420页。

孙中山与广东公会欢迎者在万牲园的合影

下午3时,孙中山在王宠惠的陪同下到万牲园,出席全国铁路协会召开的欢迎会。孙中山发表了《建筑铁路之重要》的演说,指出:"富强之道,莫如扩张实行交通政策。世人皆知农、工、商、矿为富国之要图,不知无交通机关以运输之,则着着皆失败。……故今日欲谋富国之策,非扩充铁路不可。"他还举例详细解说自己关于"十年建筑二十万里铁路"的道理。随后,孙中山又在万牲园参加了北京邮政协会举行的欢迎会,并做了《谋邮政之发达,以富国便民》的演说。

当日,孙中山还出席了彭家珍、杨禹昌、张先培、黄之萌等辛亥革命四烈士灵柩迁葬万牲园的仪式。

孙中山出席四烈士灵柩迁葬万牲园仪式

8月30日,孙中山在湖广会馆出席北京教育界召开的欢迎会,发表了《求建设之学问,为全国人民负责》的演说,指出:"盖学问为立国根本,东西各国之文明,皆由学问购来。""今破坏已完,建设伊始,前日富于破坏之学问者,今当变求建设之学问。""诸君今日于学问一途,尚当改良宗旨,着眼于文明,使中国学问与欧美并驾,则政治、实业自有天然之进化,将来中华民国庶可与世界各国同享和平。""才智者既研究各种学问,有政治之能力,有政治之权势,则当用其学问为平民谋幸福,为国家图富强。诸君须知此后求学方针,乃期为全国人民负责任,非为一己攘利权。"

8月31日,孙中山出席参议院举行的欢迎会,他发表讲话,阐明民国首都不应设在北京的主张。

9月,孙中山不顾劳累,依然在京频繁参加各种社会活动。参见下表:

时间	活动内容
9月1日下午1时	出席北京军警界在万牲园畅观楼召开的欢迎会
下午3时	出席蒙藏统一政治改良会在雍和宫举行的欢迎会
9月2日上午	答拜北京银行团
下午1时	出席北京报界的欢迎会
下午3时	出席中华民国铁道协会的欢迎会
9月3日	出席五族共和合进会与西北协进会联合召开的欢迎会
9月4日	出席共和党在北京本部召开的欢迎会
9月5日	出席北京基督教等6大教会联合召开的欢迎会
下午4时	在迎宾馆举行招待会,招待国务员、参议院议员,及各界团体人士
9月6日上午	出席在京满人欢迎会
下午	游览十三陵
9月11日上午	登门访晤前清摄政王载沣,晤谈一个多小时

续表

时　间	活动内容
9月12日晚7时	出席载沣奉隆裕太后之命举行的招待宴会，由溥伦代表主持，100多名皇室成员参加
9月14日下午4时	在迎宾馆举行招待会，招待北京报界人士，有40家报社共60余人参加
9月14日	走访各国驻京使节
9月15日下午1时	在湖广会馆出席国民党展开的欢迎会
9月16日上午	在迎宾馆会见前来拜访的13个国家驻京使节
9月16日晚7时	出席国民党理事会举行的茶话会
9月17日上午	在广济庙与旗人谈话

参考张同新：《1912年孙中山在北京的日子》，载《北京文史资料》，第51辑，北京出版社1995年版。

孙中山在湖广会馆出席共和党欢迎会时的合影

赴京期间，孙中山专门抽出时间，实地考察由詹天佑主持设计的、从北京到张家口的京张铁路。

9月6日下午，孙中山游览了十三陵，当晚宿于列车上。

孙中山在十三陵的长陵祾恩殿前与随员合影

7日晨4时，孙中山乘车离京，于10时30分抵达张家口。

他出席了张家口各界举行的欢迎大会，在演说中再次呼吁"五族一家"，指出："今日中华民国成立，汉、满、蒙、回、藏五族合为一体，革去专制，建设共和，人人脱去奴隶圈，均享自由平等之幸福，实中国四千年来历史所未有。……但共和国家，既以人民为主体，则国家为人人共有之国家；既为人人共有之国家，则国家之权利，人人当共享，而国家之义务，人人亦当共担。界无分乎军、学、农、工、商，族无分乎汉、满、蒙、回、藏，皆得享共和之权利，亦当尽共和之义务。"①

孙中山在张家口火车站

下午1时30分，孙中山离开张家口，在宣化稍作停留，再到八达岭，停车参观铁路。当晚，孙中山在南口住宿。

---

① 《孙中山全集》，第二卷，第451页。

孙中山在张家口车站月台上

9月8日上午10时,孙中山到达清河,参观织呢厂。工人们在大楼前扎起一座牌楼,两侧贴出一副对联,一边是"恭祝民国万岁",另一边是"欢迎中山先生"。厂内的工人举行了一个欢迎仪式,到处都洋溢着欢乐的气氛。

孙中山参观清河织呢厂时留影

下午,孙中山返回京城。

孙中山在京期间，曾收到山西都督阎锡山邀请他访问山西的电报。9月1日，孙中山回电称："此次来京，本拟游晋，以领诸同志大教。乃先辱蒙电招，感激无似。一俟事竣，即当奉命。"① 随后，阎锡山派代表到京，专程迎接孙中山赴晋。为答谢阎锡山的热诚邀请，并考察正太铁路、山西煤矿，以及娘子关等地的状况，孙中山决定17日离京前往太原。

9月17日，在北京前门火车站举行了欢送孙中山的隆重仪式。代国务总理赵秉均和各部总长都到车站为孙中山送行。袁世凯还特派程克等人专程护送孙中山赴晋。

中午12时，孙中山及其随行人员魏宸组、胡秉柯、居正、朱卓文、张继、刘信等登上列车，站台上响起热烈的掌声和欢呼声。孙中山向送行的人们不断挥手致谢。12时20分，孙中山一行乘专列离开北京，前往山西。

---

① 《孙中山全集》，第二卷，第430-431页。

第十五章
国民党的组建及其议会斗争

一、宋教仁赴京入阁与辞职

1911年10月辛亥革命爆发后,宋教仁与黄兴于10月下旬离开上海赶到武昌,参与起草《鄂州临时约法及官制草案》。随后,他奔波于镇江、上海,联络革命党人,组建联军,于12月2日光复南京。7日,江苏都督府在南京成立,宋教仁出任政务厅长。1912年1月南京临时政府成立后,宋教仁被任命为法制院院长。他很快就主持起草了一部宪法草案《中华民国临时政府组织法》。

孙中山(右)与唐绍仪(左)在南京临时总统府前的合影

1912年3月,接任临时大总统的袁世凯任命唐绍仪为内阁总理,唐于25日赴南京组建新内阁,其中内务、外交、财政、陆军、海军等部重要部门均为亲袁政客把持，同盟会成员仅获得教育、司法、农林、工商等次要部门职权。3月30日，临时大总统袁世凯颁布命令，任命宋教仁为农林总长。宋教仁本不愿就职，致电唐绍仪称："仁无政治经验，且农林非所素习，断难胜任。"后经唐绍仪百般慰留和袁世凯的专电邀请，宋教仁才勉强接受。

4月，南京临时政府迁往北京，宋教仁偕同内阁总理唐绍仪以及蔡元培等同盟会阁员，于15日离沪北上，20日到达北京，并于27日正式上任。

到京后，宋教仁远离临时政府所在地，住进由农林部管辖的西郊农事试验场内的鬯春堂。此时，身为农林总长的宋教仁"依然穿蓝竹布衫子"，"只有带仪节性质的场合他才换上一套西服"。① 他"吃着农事试验场自种的稻米和时蔬"，粗茶淡饭，怡然自得。与他同住的"惟其书记数人"。

鬯春堂（1935年）

长期以来，宋教仁对法律、政务、财政问题有较深入的研究，而对农林方面的问题了解不多。但是，他担任农林总长后，便尽职尽责，努力实践其"为四万万同胞造福"的志愿。

5月10日，宋教仁致电副总统黎元洪、南京留守黄兴及各省都督、

---

① 宋奇璋：《关于祖父宋教仁的几件事》，转引自李景屏：《鬯春堂与宋教仁纪念塔》，载林克光等主编：《近代京华史迹》，第213－214页。

民政长、热河都统、察哈尔都统,称:"本部成立伊始,亟思规划全国农林,以谋改良而策进行。""教仁材轻任重,中夜忧思,罔知所措,深望各省都督、民政长互筹良策,共救同胞。"①

5月13日,宋教仁在参议院作宣布政见的演说:

> ……故鄙人对于农林一项,拟以十年为期,定国家施政之大方针,并逐渐实行。夫吾国以农立国,农业之发达,颇有可观,然较之各文明国有不及者,国家关于农业之施政缺乏也。农业纯为生产事业之一,当以增加其生产力为要着。今后政府拟即以此为主义,而行种种之政策,并一以增加土地之生产力为主,而副以设备。关于农业之金融、教育等各种机关,为助长生产力,增加土地之生产力,其策有三:一曰垦土地,东西南北,土地荒废者不少,拟由政府定奖励保护之法,使人民开垦,其方针以注重农民自行经营而政府辅助之为主;一曰修林政森林之利益,已无待赘言,东北边地,宜用消极的方法,中原腹地,宜用积极的方法,均拟以次设定各种制度法律,实行提倡,而尤注重于官有事业;一曰兴水利,中国水利不讲者已久,不但失灌溉之利,且为害滋甚,拟以新式之技术,兴修水利工事,先除害,而兴利继之。中国农民之缺点,以乏于经营农业之资力及知识为甚,故拟设立拓殖之金融机关,劝农之金融机关,以辅助农民之资力;设立学校及其他教育机关,为试验场等,以增长农民之知识。以上诸事业,按诸中国国力,颇有不能负担之势,然此皆为生产的事业,酌量输入外资,以为挹注,亦无不可。经营之法,不可不有次第,拟分数期,逐渐举行,第一期则行调查之事,第二期则定诸制度法律及诸行政机关,至于实施各事,在第三期以后矣。②

在宋教仁的主持下,农林部加紧制订全国农林事业的发展规划,并提出许多重要的设想和措施,涉及保护渔业,改良牧畜,改进官制、行政、裁兵、理财办法,土地管理、税务、开设银行、垦殖、治理江河等

---

①② 《宋教仁集》,下册,第394、395页。

计划，整顿矿务办法等。宋教仁还主持制订了垦殖厅、林务局、渔政厅和垦殖总管府等机构的官制草案。

不久，唐绍仪因对袁世凯的个人专断不满，而辞去总理职务，于6月15日出走天津。接任总理职务的是完全听命于袁世凯的陆徵祥，同盟会的阁员蔡元培、宋教仁、王宠惠、王正廷等也向袁世凯提出辞职。

宋教仁在《呈袁总统辞职文》中称：教仁自奉钧命，承乏农部，夙夜祗惧，期于国事稍有裨益。乃任事已及三月，部事既未就绪，国务亦不克有所赞助，伴食之讥，在所不免，虽由于开创时代，建设事业之不易，实由于教仁政治之素养与经验不足，有以致之。抚躬自问，深为惶恐，屡欲向我大总统呈请辞职，以避贤路，以民国新立，人心易动，不敢以一人之故，摇撼大局，故隐忍未发。今者国务总理唐绍仪已辞职，国务院亦有改组之势，教仁窃幸得告退之机会，谨披沥下情，恳请准予解职。①

宋教仁辞职后，仍然住在地域偏僻、环境幽静的鬯春堂。此时，他进一步集中精力开展党务工作，为组织政党内阁，以责任内阁制反击袁世凯的独裁而努力。

二、同盟会改组为国民党

时值民国创建初期，孙中山于3月11日在南京颁布临时参议院通过的《中华民国临时约法》，将此前《临时政府组织大纲》规定的总统制改为责任内阁制，内阁总理由议会的多数党产生，参议院具有广泛的权力，国务总理和各部总长负有实际的责任，而临时大总统的权利则受到一定的限制。由此，中国政坛迅速出现各派政治势力急剧分化改组，政党林立，竞逐政权的热潮，形势错综复杂，瞬息万变。

在这场严酷的政治斗争中，同盟会在孙中山的支持和宋教仁的直接领导下，改组成为国民党，坚持反对袁世凯独裁统治的斗争。

1911年11月上海光复后，同盟会东京本部迁回国内，在上海莘家

---

① 《宋教仁集》，下册，第407页。

花园设立事务所。1912年1月13日,同盟会总部由上海迁至南京。22日,本部召开各省同盟会在宁代表会议,作出改组的决定。

3月3日,同盟会本部在南京三牌楼第一舞台召开全体大会,到会数千人。大会通过新《总章》,规定同盟会"以巩固中华民国,实行民生主义为宗旨",新的政纲共九项,同时宣布同盟会改组为政党,由秘密转为公开。

会议选举孙中山为总理,黄兴、黎元洪为协理。次日,孙中山任命汪兆铭、宋教仁、张继、李肇甫、居正分别为总务、政事、交际、文事、财政各部主任干事。经修改的入会条件较为宽松,规定"凡中国人已经成年,具普通知识,赞同本会宗旨,由会员二人以上之介绍,经评议部认可者,得为本会会员"。① 从此,同盟会从一个进行武装斗争的秘密革命团体,转变为从事合法的政治活动的公开的议会政党。

4月5日,南京临时参议院宣布休会,迁往北京,21日,在北京总统府召开唐绍仪内阁的第一次会议。对此,南京同盟会本部召开全体职员会议,确认"欲谋政党事业之发展,必设根据地于中央",决定于4月25日将本部迁往北京,以便于与政府联系及在临时参议院中运作。原成贤街之会本部即作为宁支部办公之用。同盟会本部派遣张继、景耀月等先行北上接洽会址,随后魏宸组也到北京,觅定以兵部湾为同盟会在北京的本部事务所。以后,同盟会本部又迁入广安门内大街的广东学堂,该学堂后改称广东会馆。上海总机关部遂改称同盟会本部驻沪机关部。②

同盟会北京本部最初以魏宸组为代理总干事,总务张耀曾,书记李肇甫,交际刘彦、熊成章、江辛等。5月15日,同盟会在北京召开黄花岗起义纪念大会,"声势更为之一振"。③ 至7月,同盟会北京本部的新会员已发展到八百余人。

5月9日,统一党和民社、国民协进会、国民公会、国民党(由潘昌煦、朱寿朋等于1912年2月在上海发起)等5个右翼政党在上海宣布

---

① 《孙中山全集》,第二卷,第164页。
② 李云汉:《中国国民党史述》,第二编,中国国民党中央委员会党史委员会,1994年,第72页。
③ 罗福惠等编:《居正文集》,上册,华中师范大学出版社1989年版,第229页。

联合组成共和党，与同盟会成为当时实力最强的两大政党。共和党主张"保持全国统一，采取国家主义"，"以国家权力扶持国民进步"和"应世界大势，以平和实利立国"。该党拥护袁世凯"实行武断政策"，与袁世凯结成联盟，竭力反对南京临时政府，"几以对抗同盟会为职志"。

面对全新的政局，同盟会加紧制定对策，部署行动。1912年4月，孙中山指出："数月来，各处政党民党发生甚多，然皆未能十分组织完备。当此共和时代，无论政党民党，有互相监督、互相扶持之责。政府善则扶持之，不善则推翻之。然现在我民党之势力，尚甚薄弱，恐未能达此目的。惟既具此心，不可不互相勉励，各某进行，对于今后民国前途，获益非鲜。"① 他赞赏英、美的政党制度，认为搞政党政治，两党制更具优越性，指出："一国政党之兴，只宜两大对峙，不宜小群分立。"他注重政党的组织建设，提出："欲求有完全民国，必先有完全议院，必先有完全政党。"

然而，这时孙中山已将主要精力转向"比党务与政治问题更有兴趣"的"实业建国"方面，日渐脱离政治活动，"无暇顾及党务"。因而，同盟会改组为国民党是在孙中山的支持下，由宋教仁直接指导进行的。宋教仁曾说："此次国民党之合并成立，全出于孙、黄二公之发意，鄙人等不过执行之。"②

民国初年的宋教仁

宋教仁长期以来热衷于欧美的议会政治，渴望通过议会道路在中国建设一个资产阶级共和国。他坚决主张政府实行责任内阁制，组建一个"强大真正之政党"，造成两大政党对峙的局面，通过竞选取得议会多数，控制内阁，掌握实权，排除袁世凯的权势。宋教仁对当时同盟会的组织涣散与会员骄纵的状况极为不

---

① 《孙中山全集》，第二卷，第343页。
② 《宋教仁集》，下册，第420页。

满，提出欲在同盟会与统一党以外，"另求同志，更组织一党，以为国家效力之地。"① 为此，他全力投入"纵横联合，扩充党务"的工作，"对于他党之赞助本会者极力联络之"。

宋教仁认为，中国要走上政党政治的前途，须借报纸鼓吹。他委托同盟会湖南主盟人仇鳌在北京创办报社。当时随同宋教仁北上的仇鳌回忆：……他（宋教仁）筹了一笔小款，并把接收清廷农工商部的印刷机器、铅字设备等拨给我用。我在粉房琉璃街租定房屋，一面设立"共和印刷局"从事营业，一面出版《东亚新闻》。所以取这一名称，不过想扩大报道新闻的范围，没有别的用意。大约在五月上旬出版。我任社长，易象任总编辑，赵缭编杂俎，还有不少的记者。每天出版对开报纸两大张，印数不过千份左右。

《东亚新闻》除了报道中外消息外，主要是宣传政党政治。

宋教仁得孙、黄的允许，就在北京展开活动。他不仅是长于辞令的演说家，而且是下笔万言的理论家。以"桃源渔父"为笔名的长篇论著，经常见诸《东亚新闻》，读者莫不钦佩。

《东亚新闻》关于宣传组织国民党、主张责任内阁制及孙、黄来京的报道各方面，尽了很大的力量，发生了相当的作用。宋教仁要我办报的目的总算初步达到了。②

6月初，同盟会与全国联合进行会经商谈达成两会合并协议。7月16日，同盟会本部举行全体职员大会，代理总务部主任干事魏宸组提出《改定名称组织完全政党案》。21日，同盟会召开全体会员大会，商议改组政党问题，宋教仁接任北京本部总务部主任干事，主持日常工作。

宋教仁关于改组同盟会，另建新党的主张得到了张继、张耀曾、胡瑛、魏宸组等同盟会重要骨干的支持。他们初步提出"以同盟会旧部作恳亲会，以为前清革命之纪念事业，即在会中拣选人才，另行组织政党，以吸收新党员、扩张党势"。③

8月7日，同盟会与统一共和党、国民公党商定，取"共和之制，国

---

① 《宋教仁集》，下册，第390页。
② 仇鳌：《辛亥革命前后杂忆》，载《辛亥革命回忆录》，第一集，第448—449页。
③ 《中报》，1912年7月11日。

民为国之主体"之意，合并后的新党定名为国民党，以"巩固共和，实行平民政治"为宗旨。随后，国民共进会和共和实进会也自愿加入合并。据仇鳌的回忆：……这时，北京的政党林立，除同盟会外，最大的还有共和党和统一共和党。共和党是与同盟会相对抗的。统一共和党则居于中立的地位。同盟会和共和党都想争取统一共和党到自己这一方面来，但结果宋教仁获胜，把统一共和党拉了过来。终于把同盟会、统一共和党及另三个小党派国民公党、国民共进会、共和实进会，合并改组为国民党。他代表同盟会，同其他四党的重要人物商妥，并把规约（党章）、通告等文件以及理事、参议名单预先拟出，到上海向孙、黄报告，作了最后的决定。

8月13日，孙中山、黄兴联名通电同盟会海内外各支部，宣布对同盟会改组为国民党及其所订纲领"深为赞成"，指出：……文等以上列各条，与本会宗旨毫不相背，又得此多数政团同心协力，将吾党素所怀抱者见诸实行，此非独同人之幸，亦民国前途之福也。文等深为赞成。且同盟会成立之始，其命名本含有革命同盟会意义，共和初建，改为政党，同人提议变更名称者日益众，即此时而易之，可谓一举两得矣。特此通电贵支部，务求同意，以便正式发表。①

同日，中国同盟会、统一共和党、国民公党、国民共进会、共和实进会共五党本部联合发表《国民党宣言》，正式宣布合并为国民党（稍后全国联合进行会也加入宣言）。《国民党宣言》称：

> 一国之政治，恒视其运用政治之中心势力以为推移。其中心势力强健而良善，其国之政治必灿然可观；其中心势力脆薄而恶劣，其国之政治必黯然无色。此消长倚伏之数，故不必论其国体之为君主共和，政体之为专制立宪，而无往不如是也。天相中国，帝制殄灭，既改国体为共和，变政体为立宪，然而共和立宪之国，其政治之中心势力，则不可不汇之于政党。
>
> ……
>
> ……爰集众议，而谋佥同，继自今，吾中国同盟会、统一共和

---

① 《孙中山全集》，第二卷，第395页。

党、国民公党、国民共进会、共和实进会相与合并为一,舍其旧而新是谋,以从事于民国建设之事,以蕲渐达于为共和立宪国之政治中心势力,且以求符于政党原则,成为大群,借以引起一国只宜二大对峙之观念,俾其见诸实行。

共和之制,国民为国主体,吾党欲使人不忘斯义也,故颜其名曰"国民党"。党有宗旨,所以定众志。吾党以求完全共和立宪政治为志者也,故标其义曰:巩固共和,实行平民政治。众志既定于内,不可不有所标帜于外,则党纲尚焉,故斟酌损益,义取适时,概列五事,以为揭櫫:曰保持政治统一,将以建单一之国,行集权之制,使建设之事纲举而目张也;曰发展地方自治,将以练国民之能力,养共和之基础,补中央之所未逮也;曰励行种族同化,将以发达国内平等文明,收道一同风之效也;曰采用民生政策,将以施行国家社会主义,保育国民生计,以国家权力,使一国经济之发达均衡而迅速也;曰维持国际平和,将以尊重外交之信义,维持均势之现状,以专力于内治也。①

8月25日下午,同盟会等6党团在北京虎坊桥湖广会馆召开国民党成立大会。会场设在会馆的戏楼,与会者数千人,其中女士50余名,将戏楼的楼上和楼下挤得水泄不通。张继被推举为大会的临时主席。

位于虎坊桥的湖广会馆

———————
① 《宋教仁集》,下册,第747—750页。

会议开始后，首先由张耀曾报告六党合并情形，"座中会员，均有满足之象"。此时，有持不同意见的党员提出质疑。据记者报道：……某君反对"国民党"三字，主张改为"民主党"，主席张君谓，"国民党"三字已经多数党员认可，万无更改之理，众均鼓掌。

继有唐继英女士等为国民党政纲无男女平等一条，辜负昔日女同盟会员之苦心……适见宋（教仁）君于演台旁，即向前，举扇欲击，幸经张继君排解，始得无事。唐女士又演说，并有剪发少年傅女士文郁在旁翻译。大略谓：国民党政纲中删除实行男女平等一条，蔑视女界，亦即失同盟会旧有精神甚不以为然云云。斯时，赞成男女平权者，则拍掌以表同情，反对者则嗤之以鼻。女界中亦分两派，所持各有理由，纷纷莫衷一是。嗣经主席解说，国民党宗旨，亦是实行平民政策，阴寓男女平权之意，不过未曾列举，将来普遍女子平等教育，女子参政目的自不难达云云。但尊重女权派仍不认可。主席乃请会员举手表决，举手者少数，女权问题于是解决。

时白逾桓君又以预推理事参议，印成名单交会员依样选举为不合，主张自由投票，当经共同认可，于名单外仍可选举。①

接着，大会投票选举最高权力机关理事会的成员，投票结束后，军乐齐奏，孙中山走进会场。顿时，"会员鼓掌如雷，脱帽示敬"。孙中山休息片刻，便起身发表《解决民生问题》的演讲，他指出：……今五党合并，兄弟切望诸君同心合志，破除党界，勿争意见，勿较前功，服从党纲，修明党德，和五党之力量气魄，以促民国之进行。是中华民国前途之无量幸福。即有他党反对，我党亦宜以和平对付，决不宜为鹬蚌之争。中国当此危急存亡之秋，只宜万众一心，和衷共济。五党合并，从此成一伟大政党，或处于行政地位，或处于监督地位，总以国利民富为前提，则我中华民国将可日进富强。

政党均以国利民福为前提，政党彼此相待应如兄弟，要知文明各国不能仅有一政党，若仅有一政党，仍是专制政体，政治不能有进步。吾国帝皇亦有圣明之主，而吾国政治无进步者，独裁之弊也。故欲免此

---

① 上海《民立报》，1912年8月31日。

弊，政党之必有两党或数党互相监督，互相扶助，而后政治方有进步。故政党者虽意见之不同，行为之不同，要皆为利国福民者也。今五党合并，诸君皆当持此观念，则民国前途永无危险之象。

我同盟会素所主张者，有三民主义：一民主主义，二民权主义，三民生主义。今民族、民权已达目的，惟民生问题尚待解决。北方同胞误会吾党民生主义，以为劫富济贫，扰乱社会秩序。此荒谬绝伦，公理上绝无此事，富人幸勿恐怕。要知民生主义，富人极应赞助提倡之。何则？民生主义盖防止富人以其富专制毒害贫民。譬如英、奥等国，君主国也，而政治之进步与民主国无异，因君主虽有君主之位，而不能干预政治专制害民故也。民生主义即以富人虽富，不使以其富害贫人，犹之君主虽有君主之位，无君主之权以害人民也。吾国受君主专制之苦，尚未受资本家之苦。……吾国资本家尚无，然不可不预为富人劝告，预为贫人防备。此即民生主义也。

男女平权，本同盟会之党纲。此次欲组织坚强之大政党，既据五大政党之政见，以此条可置为缓图，则吾人以国家为前提，自不得不暂从多数取决。然苟能将共和巩固完全，男女自有平权之一日。否则，国基不固，男子且将为人奴隶，况女子乎？①

湖广会馆内的大戏楼

---

① 《孙中山全集》，第二卷，第408－409页。

孙中山结束演讲，全场再次爆发出热烈掌声、欢呼声。随后，他伴随着军乐声退场。

大会继续开检选举理事会成员的票数，当选理事会理事的有9人：孙中山，获1130票；黄兴，获1079票；宋教仁，获919票；王宠惠，获915票；王人文，获909票；王芝祥，获797票；吴景濂，获678票；张凤翙，获578票；贡桑诺尔布（蒙族），获384票。

次日，经大会投票选举产生的参议者30人：胡瑛、温宗尧、陈锦涛、张继、柏文蔚、沈秉堃、孙毓筠、谭延闿、于右任、马君武、田桐、景耀月、阎锡山、赵秉麟、胡汉民、李烈钧、蒋翊武、姚锡光、褚辅成、杨增新、尹昌衡、陈道一、徐谦、张琴、松毓、王善荃、张培爵、唐文治、莫永贞、唐绍仪。

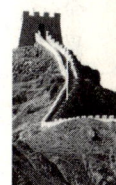

同时，理事会推定了主要领导机构的负责人，总务部主任干事：魏宸组、殷汝骊；政事部主任干事：谷钟秀、汤漪；文事部主任干事：彭允彝、杨光湛；交际部主任干事：李肇甫、恒钧；政务委员会主任干事：张耀曾、刘彦；会计部主任干事：仇亮、陆定。①

依据《国民党规约》，国民党本部设于国都北京，"综理全党事务"，办公处位于广东会馆原同盟会本部所在地。

依据"规约"，各省设立支部，且"支部应设于各省会，综理全省党务，监督各分部"。《国民党交通部及支部分部通则》规定："支部分部及交通部，得对于各该地方发表政见，但不得违背本党宗旨及政纲。"② 位于京畿地区的燕支部于1912年10月上旬在天津成立，部长：张继，副部长：王法勤，评议部长：王秉磊。

依据"规约"，各省省会设支部，省会以外的重要商埠，得设交通部。交通部直隶于党本部，其地位与各省支部相等。在京畿地区，天津交通部成立于1913年1月27日，最初在法租界大安栈设事务所，后迁往河北地纬路北楼，并租定日租界德义楼为国会议员招待所。另有保定交通部，该部执行部部长为张官云，评议部部长为田凌云，评议员有戴

---

① 崔之清主编：《国民党政治与社会结构之演变》，社会科学文献出版社2007年版，第144页。

② 李云汉：《中国国民党史述》，第二编，第109-110页。

德鑫等45人。

1912年9月3日,国民党在北京本部召开理事会选举理事长,黄兴、宋教仁等7人函电推举孙中山为国民党理事长。此时,孙中山专注实业建设,又"行止无定",不能久住北京国民党本部办公,因而不愿意担任理事长一职,后经宋教仁等竭力挽留,始行就职。9月15日,孙中山表态称:"承诸君不弃,又推鄙人为董事长,鄙人且感且惧。因一经任为董事长,则对于党中有多少义务,不能不尽。路事甚为紧要,双方并进,诚恐照料不周,推辞至再。后经党中在职诸君再三强鄙人担任,鄙人即不敢再辞。但党中事务纷繁,非一人力量所能办,尚望党中诸君合力担任。"①

9月17日,孙中山离开北京后,委托宋教仁代理国民党理事长,主持日常工作。宋教仁代理理事长一个月后也离京南下,国民党本部事务转由吴景濂代理,直至1913年11月被袁世凯查封为止。

北京的国民党人与革命同志集会庆祝辛亥革命爆发一周年

---

① 《孙中山全集》,第二卷,第469页。

三、国民党的议会政治活动

国民党成立后,即面临国会参、众两院议员的全国大选。

《临时约法》规定:约法施行后限十个月内,由临时大总统召集国会;国会组织及议员选举法由临时参议院制定。1912年7月9日,北京临时参议院审议通过《国会组织法大纲》和《国会选举法大纲》。在此基础上又制定并经参议院多数议决通过了《中华民国国会组织法》、《参议院议员选举法》和《众议院议员选举法》,8月10日由袁世凯正式颁布。

"国会组织法"规定:国会由参议院和众议院组成。参议院不取"地方代表主义",由各省省议会、蒙古、西藏、青海、中央学会、华侨等方面按规定名额选出。众议院以各地方人民选举议员组成,其名额,各省取"人口比例主义",每80万人选议员1名。总计参众两院议员共596名。

"选举法"规定:国会议员的产生,实行限制选举制,除年龄、居住期限外,最主要的是财产和教育方面的限制。众议员的选举,采用复选制,即先于初选阶段选出50倍于本省名额的初选当选人,再由初选当选人于复选阶段互选产生。参议员的选举,则先选举省议员,组织正式省议会,然后以省议员为选举人,进行选举。省议员也须经初选、复选两阶段产生。

为此,宋教仁号召全党要认清形势,深刻理解党所面临的任务,全力夺取议会议员选举运动的胜利。他指出:"以前,我们是革命党;现在,我们是革命的政党。以前,我们是秘密的组织;现在,是公开的组织。以前,是旧的破坏时期;现在,是新的建设时期。以前,对于敌人,是拿出铁血的精神,同他们奋斗;现在,对于敌党,是拿出政治的见解,同他们奋斗。""世界上的民主国家,政治的权威是集中

宋教仁

于国会的。在国会里头，占得大多数议席的党，才是有政治权威的党，所以我们此时要致力于选举运动。我们要停止一切运动，来专注于选举运动。选举的竞争，是公开的，光明正大的，用不着避甚么嫌疑，讲什么客气的。我们要在国会里头，获得过半数以上的议席，进而在朝，就可以组成一党的责任内阁；退而在野，也可以严密的监督政府，使它有所惮而不敢妄为，应该为的，也使它有所惮而不敢不为。那么，我们的主义和政纲，就可以求其贯彻了。"①

北京的国民党本部特设"选举"一科，发布指示要求"各分部为筹备选举事宜，应联合数部设分部联合会于复选举投票地"。② 北京本部曾通过决议，"分派党员（每省数人）分赴各省筹备当选，并携带款项前往，以做交际之费"。北京本部还派遣有影响力和号召力的领导骨干，分赴全国各省去宣传民众，拉选票。其中，林森、张继前往福建，仇鳌回到湖南，宋教仁则于1912年10月18日离开北京南下，一方面回乡探亲，另一方面直接指导各省选举事宜。

为扩大国民党的影响力，国民党各级四处活动，发展党员，扩充组织。在北京，孙中山和黄兴曾邀请袁世凯加入国民党，袁态度暧昧，没有应允。袁私下说："入甲党，则乙党为敌，入乙党，则丙党为敌，实不敢以一己之便安，而起国中之纷扰。"③ 国民党上层又劝说内阁总理赵秉钧和国务员加入国民党。

1912年10月4日，黄兴、陈其美在北京六国饭店举行离京前的叙别会，邀请全体国务员、国民党籍议员、国民党本部各部正副主任、干事，以及报界记者约一百余人参加。黄兴在演讲中宣布全体国务员加入国民党，他说：……现在临时政府期限已迫，内政、外交诸多棘手，将欲组织强有力之政府，必须强有力之政党，然后足彰政府威信，巩固国基，隐销外患。本党惟一宗旨，愿在扶助政府。然使政府与政党不相联属，扶助之责容有未尽，曾与袁总统一再熟商，请全体国务员加入国民党。袁总统极端赞成，后又商诸国务员，亦均表同情。今于濒行之夕，

---

① 《宋教仁集》，下册，第456页。
② 《国民党规约》，载《国民》，第1号，1913年5月。
③ 转引自廖大伟：《1912初试共和》，第182页。

约各界诸君宴叙,并以代表本党欢迎加入本党之国务员诸君。此次各国务员加入本党,实为维持民国前途起见,深望诸同志此后同心协力,共济时艰,俾成强有力之政府,各国早日承认。民国之福,亦本党之幸。①

1912年12月上旬,国会选举全面展开,约有数千万选民参加,人们普遍欢欣鼓舞,充满期望。此前,上海《申报》发表《敬告选举人》的文章称:"吾国今日之国势已如是,强弱兴亡,在此一举。"

至1913年2月,各省议员的初选和复选相继结束,国民党取得重大胜利。在众议院596席中,国民党获得269席;在参议院274席中,国民党占据123席;在两院总计870席中,国民党占有392席,占总席位的45%。国民党在国会竞选中的胜利,令全党欢呼雀跃,沉浸在一片喜庆之中。孙中山也兴奋地说:"此次国会议员之选举,本党竟得占有过半数……足见国民尚有辨别之能力,亦可见公道自在乎人心。"

1912年2月选举结束时各党议员人数统计

党籍	众议员数	参议员数	合计
国民党	269	123	392
共和党	120	55	175
统一党	18	6	24
民主党	16	8	24
跨党者	147	38	185
无所属者	26	44	70

李剑农:《戊戌以后三十年中国政治史》,中华书局1965年版,第169页。

在国民党国会选举获胜的同时,准备组建国民党内阁的宋教仁信心百倍,他豪迈地说:"今也,正式国会行将成立,据各方面报告,此次国民党大占优势,此为最可喜之现象,将来民国成立,国民党员必能占大多数无疑,抚危济倾,端在我党有志之士。"他指出:"民国虽已底定,然百事不能满意……则本党当尽力图维,此皆吾国民党员所应共负。试问国民党党员不救民国,国民尚有噍类乎?"他进一步阐明:"吾

---

① 《黄兴集》,第278页。

人则主张内阁制，以期造成议院政治者也。盖内阁不善而可以更迭之，总统不善则无术变易之。"同时，他还猛烈地抨击袁世凯的内外政策，称："自民国成立，迄今二载，纵观国事，几无一善状可述。""中国财政之状况，其紊乱已达极度，政府对于财政之将来，全无丝毫计划"，外交"不堪问矣"，"而政府犹日处歌舞太平之中"。①

---

① 《宋教仁集》，下册，第463、457–458页。

尾声
宋教仁之死与"二次革命"

此时,恼羞成怒的袁世凯却在幕后策划"做一篇激烈文章",对所谓"梁山匪魁"宋教仁下毒手。1913年3月20日晚,宋教仁在黄兴等人的陪同下到上海沪宁车站,准备北上返京。不料,突遭歹徒刺杀,身负重伤,于22日晨因抢救无效身亡,年仅31岁。临终前,宋教仁还忍痛口述,由黄兴代笔致电袁世凯称:

>……窃思仁自受教以来,即束身自爱,虽寡过之未获,从未结怨于私人。清政不良,起任改革,亦重人道,守公理,不敢有一毫权利之见存。今国基未固,民福不增,遽尔撒手,死有余恨。伏冀大总统开诚心,布公道,竭力保障民权,俾国会得确定不拔之宪法,则虽死之日,犹生之年。临死哀言,尚祈鉴纳。①

遇刺身亡后的宋教仁

---

① 《宋教仁集》,下册,第496页。

1916年6月，为纪念宋教仁，人们特地在北京西郊农事试验场的鬯春堂北面的柏树林中，为他建造了一座高约2米的"宋教仁纪念塔"，该塔在20世纪60年代被毁。

1913年7月，孙中山在上海召开国民党会议，决定兴师讨伐袁世凯，发动"二次革命"。7月12日，李烈钧在江西湖口宣布起义，组建讨袁军，发布《讨袁檄文》，带动苏、皖、粤、湘、川、闽等省先后响应，宣布独立，投入反袁斗争。袁世凯急忙派大军分三路南下镇压。至9月中旬，"二次革命"以失败而告终。

今北京动物园内的宋教仁纪念塔遗址

讨袁军在阵地装设火炮

11月4日，已身为正式大总统的袁世凯，借口国民党议员与"二次革命"有牵连，下令解散国民党，撤销国民党议员资格。

《解散国民党令》称："此次内乱，该国民党本部与该国民党国会议员潜相勾煽"，"早已置国家危亡、国民痛苦于度外，乱国残民，于斯为极。""本大总统受国民付托之重，既据发现该国民党本部与该党议员勾结为乱各重情，为挽救国家之安危，减轻国民之痛苦计，应饬北京警备地域司令官,迅将该国民党京师本部立予解散。仍通行各戒严地域司令官、各都督、民政长转饬各该地方警察厅长及该管地方官,凡国民党所设机关,不拘为支部、分部、交通部及其他名称,凡现未解散者,限令到三日内,一律勒令解散。嗣后再有以国民党名义发布印刷物品、公开演说或秘密集会者,均属乱党,应一体拿办,毋稍宽纵。"①

当日下午,北洋政府出动大批军警包围了设于北京广东会馆的国民党本部,强行收缴在此办公的国民党籍议员的证章、证书,有不服从者立即遭到逮捕。总计被收缴证书和证章的国民党籍议员先后共438人。这样,国会及宪法起草委员会均因不足法定开会人数,而名存实亡。

11月5日,天津警察厅也奉袁世凯的命令,强行解散了国民党天津支部,查封了国民党天津交通部机关。

至此,辛亥革命的风潮日渐平息,中国民主革命遭受了重大挫折。

面对日益险恶的时局,孙中山依然满腔革命的热忱,坚信革命的烈风必将绝地重生,席卷大江南北。他号召革命党人"既不可以失败而灰心,亦不能以困难而缩步。精神贯注,猛力向前,应乎世界进步之潮流,合乎善恶消长之天理,则终有最后成功之一日"。②

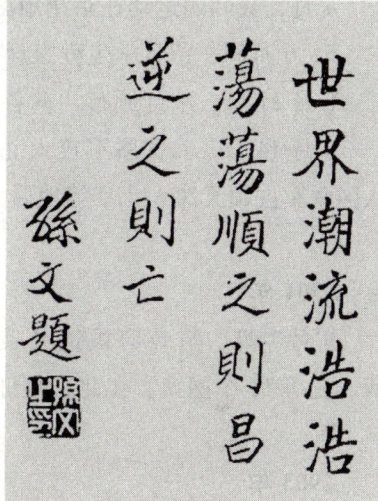

孙中山遗墨

---

① 中国史学会、中国社科院近代史研究所编、章伯锋、李宗一主编:《北洋军阀1912—1928》,第二卷,武汉出版社1990年版,第500页。
② 转引自王耿雄:《孙中山史事详录1911—1913》,天津人民出版社1986年版,第632页。

附录一
京畿辛亥革命大事记

1900 年

4 月，义和团运动在京津地区日益壮大。

5、6 月间，留日学生程家柽提出学界起兵，入京复国的倡议。

6 月 21 日，清廷颁布"向各国宣战谕旨"。

8 月 14 日，八国联军攻入北京，次日凌晨，慈禧等化装出京西逃。八国联军占领天津、北京等地后大肆烧杀抢掠。

1901 年

9 月 7 日，清政府被迫与英、美、俄、德、日、法、奥、意、西、荷、比等 11 个国家，在北京签订了《辛丑条约》。

1903 年

4 月 30 日，京师大学堂仕学馆、师范馆学生"鸣钟上堂"，集会声讨沙俄侵华暴行，参加大会的师生 200 多人。大家拟办"力争"等四事。

6 月 6 日，《苏报》发表张继的文章《祝北京大学堂学生》，声援京师大学堂学生的爱国斗争，明确提出"中央革命"的主张。

1904 年

本年，京师大学堂学生丁开嶂、朱锡麟和张榕等奔赴东北，投笔从戎，开展抗俄武装斗争。丁开嶂易名丁开山，发起创立"抗俄铁血会"。

1905 年

5月10日，上海商务总会召开工商大会，发起抗议美国排华暴行。至7月28日，正式开始全国广泛的抵制美货的爱国运动，北京各界积极响应。

6月11日，上海《时报》刊载北京抵制美货的"学生同盟会"的"公启"，指出：进行抵制美货的爱国斗争，是"未来主人翁所应尽之义务"。

6月18日，天津大中学堂等26所学校和各界代表集会，声讨美国虐待华工的罪行，大会通过抵制美货的十条办法。

8月20日，中国同盟会在日本东京正式成立。至1907年，同盟会的旅日直隶籍会员有30多人。

9月24日，革命党人吴樾在北京正阳门东车站刺杀出国考察宪政的清廷五大臣，英勇牺牲。

1906 年

年初，程家柽流亡日本回国，应聘为京师大学堂农科教授，他打入满清权贵上层，开展反清地下活动。

1907 年

夏，陈兆雯在保定创立国内同盟会直隶省支部。

本年，丁开嶂在家乡丰润青坨庄成立"北振武社"。抗俄铁血会改名为北洋铁血会，下辖28支队伍，分设京东、京北、边外、关东等4个支部。

1909 年

11月21日，保定共和会在莲池书院召开筹备会成立大会，有天津、北京、保定等地代表15人参加。

本年，同盟会骨干田桐等人在北京创办《帝国新闻》报（《帝国日报》）。

本年，留学日本回国的革命党人蒋作宾被调任陆军部军制司科长，后升任司长。

本年，留学日本回国的革命党人黄郛进入军咨府二厅、筹办军事官报局等部门任科员。

1910 年

4月，汪精卫、黄复生、喻培伦等同盟会员谋刺摄政王载沣失利，汪、黄等人被捕。

5月16日，保定共和会召开正式成立大会，到会各地代表20余人。

本年冬，革命党人吴禄贞担任北洋陆军第六镇统制，驻军保定、石家庄一带。

本年，留学日本回国的革命党人何成浚到北京，任陆军部军制司科员。

本年，留学日本回国的革命党人蓝天蔚担任北洋陆军第二混成协统领，驻军奉天北大营。

1911 年

2月，同盟会员景定成与白逾桓等人在北京创办《国风日报》。

3月，同盟会员张绍曾担任北洋陆军第二十镇统制，驻军沈阳、新民地区。

8月9日，景定成与田桐等人在北京创办《国光新闻》报。

10月10日，湖北武昌革命党人发动起义，迅速攻占武汉三镇，建立湖北军政府。

10月22日，天津革命党人王葆真到滦州，与张绍曾密商举行反清起义问题。

10月27日，张绍曾在滦州发动兵谏，派人将兵谏奏折和"政纲"十二条面呈清廷，反对武力镇压南方革命，力主实行君主立宪。

10、11月，张相文和白毓昆发起创立天津"共和会"。

11月2日，清廷委任袁世凯为内阁总理大臣，6日，载沣辞去监国摄政王位，16日，袁在北京组成责任内阁，取得清廷的军政大权。

11月4日，吴禄贞下令将清廷经京汉铁路运往武昌的军火等物资扣留在石家庄车站。

11月4日，吴禄贞到娘子关车站与阎锡山会谈，决定组建"燕晋联军"，共同推翻清室。

11月5日，张绍曾将第二十镇部队改名为"立宪军"。

11月6日，清廷下令免除张绍曾第二十镇统制的职务，另委任为长江宣抚大臣。

11月6日，吴禄贞在石家庄电报局楼上召集将领开会，宣布：采取革命行动，明晨直赴北京。

11月7日，凌晨，吴禄贞在石家庄火车站站长室被叛将杀害。

11月中旬，湖北军政府任命胡鄂公为全权代表，赴京、津一带，主持北方革命。

11月27日，南下清军攻占汉阳。

11月29日，北京革命党人发动京城起义。

张家口起义未举而止，革命党骨干秦礼、李鸿恩、尹德威、李飞仙等人被捕牺牲。

12月1日，同盟会京津分会在天津俄租界正式成立，后有保定加入，又称"同盟会京津保分会"。汪精卫任会长，内设党务、总务、参谋、军事、财政等10个部。

12月2日，胡鄂公在天津召开京、津、保、滦、通（州）、石（家庄）地区各革命团体骨干会议，一致议决加入同盟会。会议决定在天津设立鄂军代表办事处，下设北京、天津、保定、滦州、通州、石家庄总指挥处。

曾任沪军都督府参谋的著名戏剧家王熙普等人在天津被探访局抓捕，次日被敌人杀害。

12月14日，北方革命协会在天津英租界小白楼召开成立大会。同盟会、铁血会、共进会、克复堂、北方革命总团、共和革命党、北方共和会、女子北伐队、女子革命同盟等组织的代表出席了会议。

12月15日，胡鄂公、孙谏声等一行数人离津赴滦州，与第二十镇第七十九标的革命领导人王金铭、施从云等商讨起义事宜。

12月18日，在耿世昌的指挥下，任丘起义爆发。

12月19日，雄县革命党人发动起义，攻占县城，推举靳广隆任燕省民政分府第一军大元帅。

12月20日，同盟会京津保分会在天津创办《民意报》。

12月26日，任丘、雄县起义部队被敌人打散，靳广隆牺牲。

12月30日，王金铭到山海关内海阳镇第八十标驻地，与第三营管带冯玉祥密商联合起义事宜。

1912年

1月1日，中华民国临时政府在南京成立，孙中山任临时大总统。

在王金铭、施从云领导下，驻滦州第二十镇第七十九标官兵宣布：以举义直攻燕京，为达中华民国完全共和之目的。

1月3日，滦州起义军在原滦州知州府衙门，建立中华民国北方军政府。

1月5日，滦州起义军在雷庄与前来镇压的清军展开激战，王金铭、施从云入敌营谈判，不幸遇难。

1月15日，清军突袭通州张家湾，抓捕正在筹划通州起义的领导人蔡德辰、王治增等人。17日，蔡德辰、王治增等被敌人杀害。

1月16日，同盟会京津保分会的北京暗杀团成员张先培、杨禹昌、黄之萌等人在北京东安门大街狙击内阁总理大臣袁世凯，袁仓皇逃跑，张、杨、黄三人被捕牺牲。

1月26日，同盟会京津保分会的军事部长彭家珍在北京大红罗厂胡同刺杀宗社党首领良弼，英勇牺牲。

同盟会京津保分会的天津暗杀团团长薛成华带领尹渔村、樊少轩等人，在天津新站刺杀天津镇总兵张怀芝，未果被捕，遭敌人杀害。

1月29日，北方革命协会发动天津起义，因意外提前两小时发出起义信号，各路起义部队仓促行动，攻打直隶总督衙门等地受挫，伤亡惨重。

2月12日，清帝宣布退位，终结了满清王朝268年的统治。

2月13日，孙中山在获悉清帝退位诏书和袁世凯拥护共和的电报后，向南京临时参议院提出辞呈，推荐袁世凯接任总统。

2月15日，南京参议院选举袁世凯为第二任临时大总统。

2月17日，北方革命协会在天津召开北方各革命团体负责人会议，决定所有各革命团体行动，自本日起，一律停止或解散。

2月中下旬，北京、天津等地举行了热烈的庆祝实行共和政体的活动。

2月27日，蔡元培率迎袁南下就职专使团到京。

2月29日，北京发生"兵变"，城内多处商家遭到乱兵的抢掠和焚烧。随后，兵变扩展到天津、保定、京郊丰台等地，造成严重损失。

3月6日，南京临时参议院议决袁世凯在北京就职。

3月10日，袁世凯就任临时大总统的仪式在北京举行。

4月1日，孙中山到南京临时参议院正式辞职，南京民国临时政府宣告结束。

4月20日，宋教仁到京，住西郊农事试验场的鬯春堂。27日，宋正式上任农林总长。6月中旬，宋教仁辞去农林总长职务。

4月25日，同盟会本部由南京前往北京，先在兵部湾设事务所，后迁至广东会馆。

8月13日，中国同盟会、统一共和党、国民公党、国民共进会、共和实进会等5党本部联合发表《国民党宣言》，正式宣布合并为国民党，稍后全国联合进行会也加入国民党。

8月24日，应袁世凯的邀请，孙中山抵达北京。在京期间，孙中山与袁世凯多次会谈，阐明建国主张，会见各界团体和人士，考察京张铁路。

8月25日，同盟会等6党团在位于虎坊桥的湖广会馆，召开隆重的国民党成立大会，孙中山到会致辞。

9月3日，孙中山当选为国民党理事会理事长，17日孙中山离京，委托宋教仁代理国民党理事长。

9月11日，黄兴、陈其美等一行应邀到京，受到袁世凯的热烈欢迎。

9月17日，孙中山离京赴山西考察。

10月10日，中华民国第一个国庆日，北京举行了隆重的阅兵、纪

念大会等庆祝活动。

1913 年

2月，第一届国会的各省议员的初选和复选相继结束，国民党获得重大胜利。

3月20日，宋教仁在上海火车站遭歹徒刺杀，身负重伤，于22日逝世。

7月，孙中山在上海召开国民党会议，决定兴师讨伐袁世凯，进行"二次革命"。至9月中旬，"二次革命"以失败告终。

11月4日，袁世凯下令解散国民党，撤销国民党议员资格。北洋政府出动大批军警，先后查封北京、天津的国民党机关。

附录二
京畿地区示意图

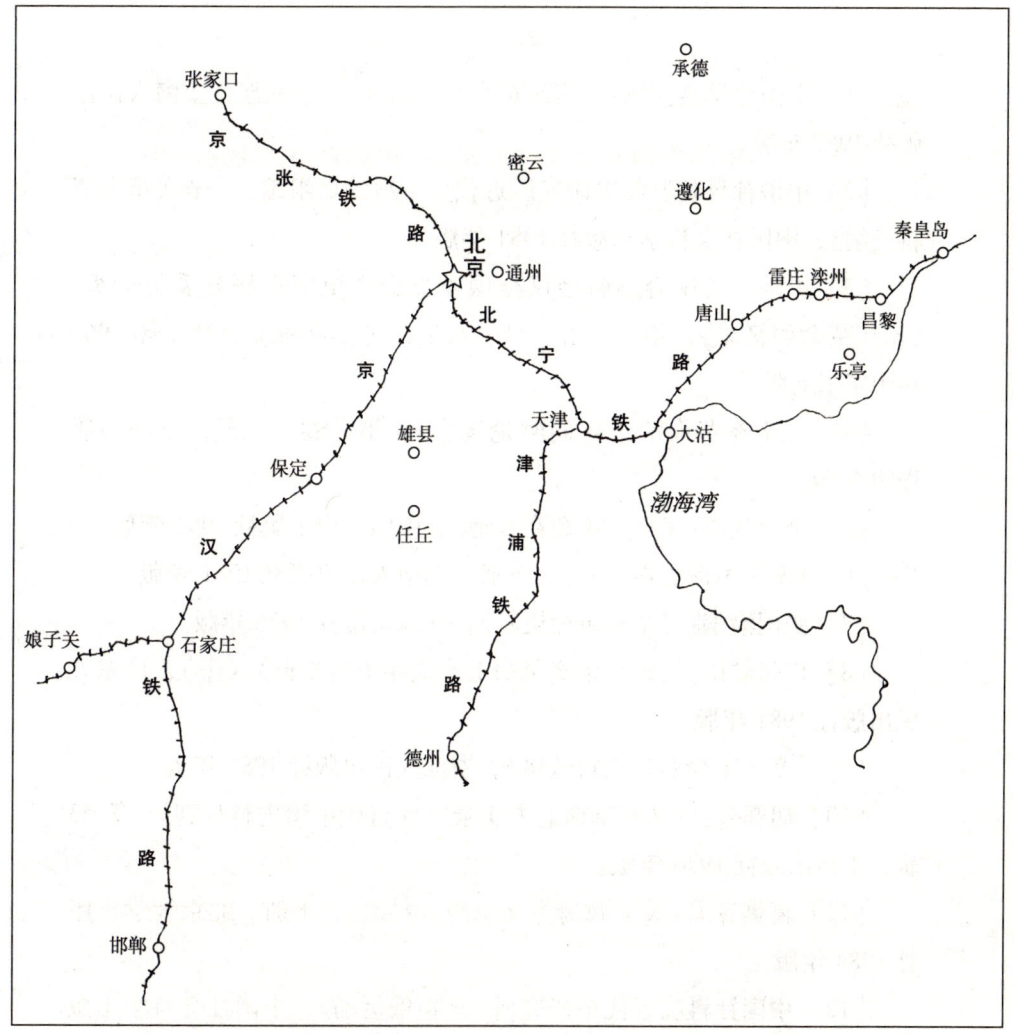

参考资料：中国社会科学院主办：《简明中国历史地图集》，中国地图出版社 1991 年版。
张武冰、傅马利主编：《中国地图集》，中国地图出版社 1999 年版。
《河北省各地起义图》，载朱文通、王小梅著：《河北通史》（民国上卷），河北人民出版社 2000 年版。

主要参考资料目录

[1] 中国史学会主编：《辛亥革命》，第一、二、六册，上海人民出版社1957年版。

[2] 中国社科院近代史研究所近代史资料编辑组编：《辛亥革命资料类编》，中国社会科学出版社1981年版。

[3] 中国人民政治协商会议全国委员会文史资料研究委员会编：《辛亥革命回忆录》，第一、五、六、八集，文史资料出版社重印1961年中华书局版。

[4] 《辛亥革命前十年间时论选集》，第一卷，下册，三联书店1960年版。

[5] 全国政协：《辛亥革命在各地》，中国文史出版社1991年版。

[6] 《辛亥革命史料选辑》，下册，湖南人民出版社1981年版。

[7] 张国淦编：《辛亥革命史料》，文海出版社1976年版。

[8] 广州政协：《纪念辛亥革命七十周年史料专辑》（下），广东人民出版社1981年版。

[9] 《辛亥革命浙江史料选辑》，浙江人民出版社1981年版。

[10] 胡鄂公：《辛亥革命北方实录》，《近代中国史料丛刊》，第53辑，文海出版社1970年版。

[11] 葛懋春编：《无政府主义思想资料选》，上册，北京大学出版社1984年版。

[12] 中国社科院近代史研究所：《拒俄运动》，中国社会科学出版社1979年版。

[13] 王铁崖：《中外旧约章汇编》，第一册，三联书店1957年版。

[14] 褚德新、梁德主编：《中外约章汇要1689—1949》，黑龙江人民出版社1991年版。

［15］国家档案局明清档案馆：《义和团档案史料》，下册，中华书局1959年版。

［16］故宫博物院明清档案部编：《清末筹备立宪档案史料》，上册，中华书局1979年版。

［17］《辛亥革命前后——盛宣怀档案资料选辑之一》，上海人民出版社1981年版。

［18］《清实录》，第五十九册。

［19］《宣统政纪》，第六十三卷。

［20］《中华民国开国五十年文献》，第二编，第五册，正中书局1963年版。

［21］章伯锋、李宗一主编：《北洋军阀1912—1928》，第二卷，武汉出版社1990年版。

［22］胡滨译：《英国蓝皮书有关辛亥革命资料选译》，下册，中华书局1984年版。

［23］上海《申报》。

［24］上海《苏报》。

［25］上海《时报》。

［26］上海《中报》。

［27］天津《大公报》。

［28］北京《民立报》。

［29］北京《帝国日报》。

［30］北京《顺天时报》。

［31］北京《正宗爱国报》。

［32］北京《民视报》。

［33］北京《临时公报》。

［34］中华民国：《临时政府公报》。

［35］中华民国：《政府公报》。

［36］罗家伦主编：《贰拾世纪之支那：洞庭湖、汉帜》，台北：中国国民党中央委员会党史资料编纂委员会，1983年。

［37］《东方杂志》，第九卷，第六号（1912）。

[38]《庸言》，1912年，第一卷，第五号。
[39]《国民》，第一号，1913年5月。
[40] 中国科学院历史研究所：《近代史资料》。
[41]《近代史研究》，1987年，第2期。
[42]《历史档案》，1983年，第2期。
[43]《民国档案》，2001年，第4期。
[44]《北京师范大学校报》，《校史专刊》，2002年1月。
[45] 河南《中州古今》，1999年，第3期。
[46]《孙中山选集》，上卷，人民出版社1956年版。
[47]《孙中山全集》，第二卷，中华书局1982年版。
[48]《孙中山全集》，第六卷，中华书局1985年版。
[49]《孙中山全集》，第七卷，中华书局1985年版。
[50] 湖南省社会科学院编：《黄兴集》，中华书局1981年版。
[51] 陈旭麓主编：《宋教仁集》，上、下册，中华书局1981年版。
[52] 汤志钧编：《陶成章集》，中华书局1986年版。
[53] 高平叔编：《蔡元培全集》，第二卷（1910—1916），中华书局1984年版。
[54] 张开沅主编：《吴禄贞集》，华中师范大学出版社1989年版。
[55] 罗福惠等编：《居正文集》，上册，华中师范大学出版社1989年版。
[56] 张謇：《张季子九录·政闻录》，第四卷。
[57]《文史资料精选·军政人物篇》，中国文史资料出版社1990年版。
[58] 中国国民党革命委员会北京市委员会：《孙中山与北京》，中央文献出版社2006年版。
[59] 陈锡祺主编：《孙中山年谱长编》，上册，中华书局1991年版。
[60] 王耿雄：《孙中山史事详录1911—1913》，天津人民出版社1986年版。
[61] 毛注青编著：《黄兴年谱长编》，中华书局1991年版。

[62] 政协浙江省绍兴县委员会文史资料工作委员会编：《陶成章史料》，1987年版。

[63] 谢一彪、陶侃：《陶成章传》，人民出版社2009年版。

[64] 莫永明：《陈其美传》，上海社会科学院出版社1985年版。

[65] 冯玉祥：《我的生活》，黑龙江人民出版社1984年版。

[66]《胡汉民自传》，传记文学出版社1969年版。

[67] 阎锡山：《阎锡山早年回忆录》，台北传记文学出版社1968年版。

[68] 吴玉章：《辛亥革命》，人民出版社1961年版。

[69] 白蕉：《袁世凯与中华民国》，中华书局2007年版。

[70] 周天度：《蔡元培传》，人民出版社1984年版。

[71]（台）中国国民党中央委员会党史资料编纂委员会：《革命人物志》。

[72] 曾绍敏等：《辛亥革命四川三大将军传》，四川社会科学出版社1986年版。

[73] 刘禺生：《世载堂杂忆》，中华书局1960年版。

[74] 林能士：《辛亥革命时期京畿地区的革命活动》，载《国立政治大学学报》，第38、39期。

[75] 中华民国史事纪要编辑委员会：《中华民国史事纪要》，台北中华民国史料研究中心印行。

[76] 眭云章：《中华民国开国记》，中央文物供应社1968年版。

[77] 邹鲁：《中国国民党史稿》，商务印书馆1947年版。

[78] 冯自由：《革命逸史》，中华书局1981年版。

[79] 李云汉：《中国国民党史述》，第二编，中国国民党中央委员会党史委员会，1994年版。

[80] 崔之清主编：《国民党政治与社会结构之演变》，社会科学文献出版社2007年版。

[81] 赵润生、马亮宽：《辛亥滦州兵谏与滦州起义》，天津人民出版社2003年版。

[82] 中国社科院近代史所民国研究室、四川师范大学历史文化学

院编:《一九一〇年代的中国》,社会科学文献出版社 2007 年版。

[83] 李新主编:《中华民国史》,第一编,下册,中华书局 1982 年版。

[84] 上海书店:《民国丛书》,第二编,第七十六卷,1990 年据商务印书馆 1948 年版影印出版。

[85] 李剑农:《戊戌以后三十年中国政治史》,中华书局 1965 年版。

[86] 廖大伟:《1912 初试共和》,学林出版社 2004 年版。

[87] 华南师院中文系:《辛亥革命时期的诗歌》,中华书局 1978 年版。

[88] 王培、金人主编:《续民国大案》,群众出版社 2003 年版。

[89] 程栋、刘树勇、张卫编著:《旧中国大博览》,上卷,科学普及出版社 1995 年版。

[90] 林克光等主编:《近代京华史迹》,中国人民大学出版社 1985 年版。

[91] 北京大学历史系:《北京史》,北京出版社 1985 年版。

[92] 郗志群:《历史北京》,旅游教育出版社 2005 年版。

[93] 萧超然:《北京大学校史》,上海教育出版社 1981 年版。

[94] 朱文通、王小梅:《河北通史》,第 9 册,民国上卷,河北人民出版社 2000 年版。

[95] 方尔庄:《河北通史》,第 8 册,清朝下卷,河北人民出版社 2000 年版。

[96] 天津社科院历史研究所编写组:《天津简史》,天津人民出版社 1987 年版。

[97] 来新夏主编:《天津近代史》,南开大学出版社 1987 年版。

[98] 北京政协:《文史资料选编》,第六辑,北京出版社 1980 年版。

[99]《北京史苑》,第一辑,北京出版社 1983 年版。

[100]《北京文史资料》,第 51 辑,北京出版社 1995 年版。

[101]《天津文史资料选辑》,第十六辑,天津人民出版社 1981

年版。

[102]《河北文史资料选辑》，第五辑，河北人民出版社1981年版。

[103]《滦县文史资料》，第七辑。

[104] 杜宏谋主编：《古韵通州》，文物出版社2006年版。

[105]《四川文史资料选辑》，第一辑，1961年。

[106]《大成文史资料》，第1期。

[107] 中国国民党革命委员会中央网站。

[108] 北京市文物局网。

[109] 搜狐："辛亥革命网"。

[110] 北京西城档案馆网。

[111] "北青"网。

[112] "人物ABC"网。

[113] 石家庄新闻网。

[114] "无尽的爱"纪念网。

[115] "千层浪"网。

[116] 杨博文编撰：《孙中山图传》，团结出版社2006年版。

[117] 中国历史博物馆编：《中国近代史参考图录》（1840—1919），上海教育出版社1986年版。

[118] 北京历史博物馆主编：《中国近代史参考图片集》，下集，教育图片出版社1958年版。

[119] 李新、董谦主编：《图说近代中国》（1840—1949），光明日报出版社1991年版。

[120] 本书编辑委员会主编：《中国近百年历史图集》，香港天地图书有限公司1981年版。

[121] 林家有、周兴樑、余齐昭：《共和国的追求与挫折——辛亥革命》，文物出版社1991年版。

[122] 编辑组：《辛亥武昌起义》，文物出版社1986年版。

[123] 潞河中学百年图片册：《百年潞园》（2001年）。

[124] 张连庆：《张家湾》，北京出版社2010年版。

后 记

怀着对中国民主革命先驱的崇高敬意，我们编著了本书，以此纪念辛亥革命爆发一百周年。

本书得到北京联合大学应用文理学院学术著作出版资助。由王培负责选题、拟纲、配图、统稿，并撰写了上篇和中篇各章，以及下篇的第十四、十五章、尾声、大事记等；刘延兵撰写了第十二、十三章的大部分草稿；李瑜做了收集和整理研究资料的工作。

本书的编写和出版得到了各方面的热情支持，首先要感谢北京联合大学北京学研究基地主任张宝秀教授的悉心指导；感谢北京日报报业集团和同心出版社的领导的大力扶助；感谢北京联合大学应用文理学院学术委员会和科研处的积极支持；感谢国家博物馆图片资料部、中共北京市委党校图书馆、北京联合大学台湾研究院图书资料室、北京联合大学应用文理学院图书馆等单位的鼎力协助；感谢责任编辑付出的辛勤劳动。

在本书的编写过程中，我们查阅了大量的历史文献资料，参考了一些相关主题的科研成果。在此，我们谨向有关成果的编著者致以诚挚的谢意。因编辑出版的时间紧迫，我们未能在本书出版前与个别图片的作者取得联系，谨向这些作者致歉，并望以后联系，以便补偿。

本书试图对京畿地区辛亥革命史作初步探讨，由于作者水平有限，掌握的资料不够充分，难免存在不妥之处，敬请专家和读者指正。

编著者
2011 年 7 月